〔德〕海德格尔 著 颜东升◎编译

MARTIN HEIDEGGER

大师思想集萃

海德格尔 说

存在与思

华中科技大学出版社
http://www.hustp.com
中国·武汉

图书在版编目(CIP)数据

海德格尔说存在与思 /(德)海德格尔著;颜东升编译.—武汉:华中科技大学出版社,2017.11
(大师思想集萃.第二辑)
ISBN 978-7-5680-3379-4

Ⅰ.①海… Ⅱ.①海… ②颜… Ⅲ.①海德格尔(Heidegger,Martin 1889-1976)—哲学思想 Ⅳ.①B516.54

中国版本图书馆CIP数据核字(2017)第229355号

海德格尔说存在与思
Haidegeer Shuo Cunzai yu Si

[德]海德格尔 著　颜东升 编译

策划编辑:闫丽娜
责任编辑:闫丽娜
封面设计:金　刚
责任校对:李　弋
责任监印:朱　玢
出版发行:华中科技大学出版社(中国·武汉)　电话:(027)81321913
　　　　　武汉市东湖新技术开发区华工科技园　邮编:430223
印　　刷:湖北新华印务有限公司
开　　本:880mm×1230mm　1/32
印　　张:10.5
字　　数:232千字
版　　次:2017年11月第1版第1次印刷
定　　价:35.00元

出版者的话

　　"大师思想集萃"系列丛书已收入阿德勒、洛克、康德、弗洛伊德、罗素、尼采、荣格、培根、叔本华、马斯洛等思想大师的智慧结晶，力图向读者展示大师们的思想精华，引领读者深刻理解人的本质、感悟人生真谛、关注现实生活、丰富自己的人生。

　　本丛书已出版的主题作品，主要涉及思想大师们对人的本质和人生的深入思考和论述的内容，分为十卷，其中包括：

《阿德勒说自我超越》　　《洛克说自由与人权》

《康德说道德与人性》　　《弗洛伊德说梦境与意识》

《罗素说理想与历程》　　《尼采说天才与灵魂》

《荣格说潜意识与生存》　　《培根说百味人生》

《叔本华说欲望与幸福》　　《马斯洛说完美人格》

　　"大师思想集萃"第一辑出版后，获得了读者的广泛认可与好评，为了适应读者的阅读要求，我们即将推出新的主题作品，主要涉及思想大师们对人的存在、人的情感、人与社会的关系等内容，分为十卷，其中包括：

《弗洛姆说爱与自由》　　　《黑格尔说否定与自由》

《波普尔说真理与谬误》　　《福柯说权力与话语》

《海德格尔说存在与思》　　《卢梭说平等与民权》

《萨特说人的自由》　　　　《维特根斯坦说逻辑与语言》

《鲍姆嘉通说美学》　　　　《休谟说情感与认知》

　　我们在编译的过程中，本着深入浅出、风格恬淡、常识与经典兼顾、推理与想象并用的原则，在保留大师经典思想原貌的基础上，依照从理论到实践的总体逻辑关系，对各大师的思想体系进行了梳理，并添加了部分标题。

　　我们建议读者阅读时，不必对各位大师的理论观点句句视为经典，甚至全盘吸收，可以明辨各位大师思想中的唯物与唯心、形而上学与辩证法的差别。我们乐意看到读者对此丛书进行批判性阅读，比较性借鉴，深思后践行。

　　本丛书编辑及出版事宜由本社"大师思想集萃"编辑组负责。出版此套丛书并不意味着本社完全赞同这些大师的所有思想和理论的立场、观点和方法。本社各位编辑同仁在编辑出版过程中付出了很多努力，希望本丛书的出版能得到广大读者的赞赏。

　　感谢广大读者的惠购、赏读！

"大师思想集萃"编辑组

2017年7月

序言

马丁·海德格尔（Martin Heidegger，1889年9月26日——1976年5月26日），德国哲学家，20世纪存在主义哲学的创始人和主要代表之一，出生于德国西南巴登邦弗莱堡附近的梅斯基尔希的天主教家庭，逝于出生地。

梅斯基尔希是黑森林东面的一个农村小镇，海德格尔的父亲弗里德里希·海德格尔在镇上的天主教教堂任司事，他的母亲也是天主教徒。在天主教教会的资助下，在1903年，14岁的海德格尔到家乡以南50千米外的康斯坦茨读中学，准备子承父业，做教堂的牧师。随后在1906年到1909年，他转学到弗莱堡的文科学校。在这六年里他学习了希腊文和拉丁文，他每日必读希腊原著，以致海德格尔后来说，这六年来的学习是他一生中最有价值的。当然，也是在这六年里，海德格尔对诗人荷尔德林产生了极大的兴趣，也正是这位诗人的诗句，贯穿了海德格尔的全部著作。

1907年，海德格尔读到了《论"存在者"在亚里士多德那里的多重意义》（该书即布伦塔诺的论文），对存在及其相关问题产生了极为浓厚的兴趣，这也成为他毕生哲学事业的起点。

1909年，海德格尔进入弗莱堡大主教管区的研究班主攻神学，辅以哲学，1911年他决定放弃神学而专攻哲学。至1913年夏，这期间一直在弗莱堡大学学习哲学，对胡塞尔的《逻辑研究》非常感兴趣，并在阿尔图尔·施耐德的指导下完成了博士论文《心理主义的判断学说》。在学习哲学期间，他还曾参加新康德派哲学家里科指导的研究班，深受价值哲学的影响。同时，他还深受思辨神学与圣经解释学的影响。

在海德格尔获得博士学位后，第一次世界大战爆发。1914年8月，他应征入伍，但时间不长便因健康问题被迫退伍。1915年到1917年间，他在弗莱堡从事军邮工作。1915年夏，他以两篇论文《邓·司各脱关于范畴的学说和意义的理论》与《历史科学中的时间概念》获得大学讲师资格。

1916年4月，胡塞尔受聘到弗莱堡大学继承里科的教席。于是海德格尔得以亲聆胡塞尔的指教，那时他白天在邮局工作，晚上则在大学里听课或讲课。1917年，海德格尔与艾弗里德·佩特蒂结婚，婚后再次应征入伍。1918年从战场回来以后，海德格尔正式成为胡塞尔的助教，他在胡塞尔的指导下边教学边学习，他的课程大多数都是关于亚里士多德的。1922年，在胡塞尔的强烈推荐下，海德格尔受聘于马堡大学任哲学教授，当时，海德格尔运用现象学方法成功地讲解哲学史，被德国哲学界认同。

在马堡时期，海德格尔的代表性著作《存在与时间》于1927年2月正式印行：一是作为单行本，二是在《现象学年鉴》第八卷上。这部著作几乎涵盖了海德格尔一生的哲学思考的端倪，被视为存在主义哲学的重要著作，此书一面世，他随即声名鹊起。1927年9月，海德格尔被正式授予教授职称。

1928年11月，胡塞尔退休，海德格尔辞去马堡的职位，回到弗莱堡大学继承胡塞尔的教席。20年代以后，海德格尔与胡塞尔在哲学见解上的差异已经相当明显，而这十年，也正是胡塞尔与海德格尔在学界地位更迭的十年，在1928年的《哲学论丛》第一期上，年轻的马尔库塞振臂高呼"是《存在与时间》将哲学带回到现时代"。20世纪30年代，胡塞尔与海德格尔对现象学的见解差异愈发深刻，胡塞尔认为海德格尔偏离了现象学原则，其哲学立场不过是人类学而已，而海德格尔的研究重点"存在"却始终未引起胡塞尔的重视，海德格尔与胡塞尔之间的关系日趋冷淡并最终破裂。

1933年4月，海德格尔出任弗莱堡大学校长。其上任之初的目的，原是非纳粹的教授们希求通过海德格尔的国际声誉，保护学校的自由和免受纳粹的极端破坏。但海德格尔后来还是加入了纳粹党，最初他的确把纳粹当作一种新兴事物，认为纳粹提供了新的可能性，在出任弗莱堡大学校长的名为《德国大学的自我主张》演讲中，他提出要在纳粹运动提供的新的可能性中彻底改造德国大学。在同年年底，海德格尔逐渐认清自己的主张由于学校教授和纳粹党的干预而不可能实施，1934年2月，他毅然辞去了校长职务。在1936年开讲的有关尼采的课程，标志着海德格尔与纳粹运动的分道扬镳，至此，他也受到了纳粹的监视与迫害。

1945年盟军占领德国以后，海德格尔因与纳粹合作的短暂历史而受到审查并被禁止授课。1951年恢复授课，海德格尔在那不久后也退休了，但仍作为弗莱堡大学的荣誉教授在校内授课并带研究班，直至1959年。海德格尔作为教授是极为成功的，他的学生包括后来成名的伽达默尔、阿伦特等人，而据学生们回忆，海德格尔的授课颇有古代圣哲的风范。退休后的海德格尔极少参加社会活动，避居在家乡的山间小屋，只和极少一些最亲近的朋友来往，讨论哲学问题。1976年5月26日，海德格尔逝世于梅斯基尔希，终年87岁。

海德格尔毕生研究哲学，而且他还坚信，一切关于哲学的探索必与时代不符，因为哲学并不在时代的准绳之下开展自身，而是将时代置于自己的准绳之下，正如他言："哲学的一切根本性问题必定是不合时宜的，之所以如此，是因为哲学或者远远超出它的当下现今，或者反过头来把这一现今与其先前以及起初的曾在联结起来。"[①]而探讨并研究哲学不被常人理解，甚至为人所耻笑，于是他为哲学这样下定义："哲学就是那样的一种思考，人们从其出发本质上什么都不可能开始，并且必然会遭到女仆的嘲笑。"[②]若要理解一位哲学家，尤其是极富原创性的哲学家，我们需要从他对哲学本身的见解开始，这源于要在哲学上另辟蹊径有所突破，必须重新理解并阐释哲学。

哲学在本质上是超时间的，它不会在当今找到直接的反响与呼应。同样，哲学也不像其他科学知识或技术工艺等可以直接习得并实际运用，它无法得到直接的应用，更不能依照是否有用来进行判断。超时间的东西总会拥有自己的时间，而哲学这种无用的东西却拥有真正的威力，这种不能在当下获得直接反响的东西，却能与民族历史的本真历程发生最内在的共振谐响。因为哲学从来不具备直接的力量，不可能造成生发一种

[①]　海德格尔. 形而上学导论[M]. 熊伟，王庆节，译. 北京：商务印书馆，1996.

[②]　海德格尔. 物的追问：康德关于先验原理的学说[M]. 赵卫国，译. 上海：上海译文出版社，2000.

新的历史状态的机会和方法。之所以如此，有诸多原因，其中之一便是哲学是极个别人的直接事务，其更为广大的影响则通过不可预知的间接方式或迂回道路发挥出来，直至最终沦为一种不言自明的状态，而此状态的肇始之初却早已被人遗忘。因此，哲学在本质上是"一种而且必须是一种从思的角度来赋予尺度和品位的知之渠道的视野和开放。一个民族就是在这种知并从这种知中体会它在历史的精神世界中的此在并完成其此在。正是这种知，激发着而且迫使着而且追求着一切追问和评价"。^①哲学活动正是这样一种追问，追问的是那异乎寻常的事物。正如尼采所说：哲学家就是那种不断经历着、不断地看、不断地怀疑、不断地希望、不断地梦想那超乎寻常事物的人。追问即在哲学内运思，而超乎寻常的问题即超出日常秩序中经验的问题，而海德格尔指的是"为什么在者在而无反倒不在？"^②这是所有问题中的首要问题。不难看出，海德格尔对哲学的见解已然包含了存在与思，这也是我们在下面要着重阐述的。

---

①② 海德格尔. 形而上学导论[M]. 熊伟，王庆节，译. 北京：商务印书馆，1996.

Contents

目 录

第一讲
存 在

一、"存在"问题的必要性

海德格尔终其一生，只思考了这样一个问题，或者说他认为这样一个问题是一切哲学问题的本源，即"存在"。希腊哲学因惊异于存在而生发，柏拉图和亚里士多德曾为存在问题而殚思竭虑，然而从那以后，作为哲学的本源追问，"存在"这个问题就不再被单独提出，在经过了世代哲人们的各种阐释与偏离后，留存在黑格尔的"逻辑学"那里。"曾经以思的至高努力从现象那里争得的事物，虽说是那么零碎那么初级，早已被弄得琐屑不足道了。"①古希腊文化是人类文明的童年，历史、神话、戏剧等文化元素都源于那个时代，民主意识、法制观念也都诞生于那个时代，这样洋溢着蓬勃生命力的童年文明充满神秘，惊异于世界竟可以这样存在着，进而竟有"存在"这回事。而在希腊哲学后，随着文明进程的行进，人类文明也逐步脱离了孩童时期的神秘而渐渐成熟。人们认为追问"存在"是多余而且毫无意义的，"是"或"存在"成了最为普遍而空洞的概念，不可能对它下任何定义，并且它也无须下定

---

① 海德格尔. 存在与时间[M]. 陈嘉映，王庆节，译. 北京：生活·读书·新知三联书店，1999.

义，因为当每个人在用到它的时候，一定明白其所指。于是，"那个始终使古代哲学思想不得安宁的晦蔽者竟变成了昭如白日不言而喻的事物，乃至于谁要仍追问存在的意义，就会被指责为在方法上有所失误。"①

按照日常的思考方式，无论如何存在也不能成为一个问题。世界存在着，陆地海洋、山川河流、城市乡村均存在着，你我存于这样的世界上，看似一切尽合情理、平淡无奇，然而这一切的宁静随时都可以被一道乍现灵光打破，即"这个世界竟存在，这个世界上竟存在我"。这样的情景可能发生在某些生活变故后的心力交瘁时，也可能发生在某个夜晚抬头仰望星空的时候，往往在此时，关于死亡的思考也一并涌现。人们用尽平生都在思考和探索该如何生存，极尽能事关注当下，将外部世界作为生存的凭借与依据，甚至是目的与意义，却忽略了存在这一基本事实，而我们的确是每天都在用心灵或身体感受着存在。

海德格尔提出存在问题，不仅包含着这种源始形态中的惊异，更有很多学理上的缘由。对于海德格尔来说，首先，存在问题极富有现实感，又带有学术性，它对每个人来说都是一个不可逃避的问题。其次，他又可以将存在问题在哲学历史过程中的流变加以梳理。最后，与希腊的存在思想合流，将存在问题还原到初始。

海德格尔将哲学发展历史过程中对存在问题的意见加以整理，来说明存在问题重新提出的必要性。

---

① 海德格尔. 存在与时间[M]. 陈嘉映，王庆节，译. 北京：生活·读书·新知三联书店，1999.

　　所谓"存在（是）"，是最普遍的概念。而"最普遍"这个概念是从类属的意义上来理解的，任何事物都属于某一特定种类，个别事物上有种属，种属上面有类，而存在却不是类或种属意义上的普遍性。猩猩是灵长目人科的一个种属，与人同为哺乳类动物，哺乳类动物又包罗万象，当然还有爬行类、两栖类等，最高类与一般种属不同，类的规定在于包含它所含的种属的共性，而这共性却又与其他类相区别。但无论怎样界定它们的类或种属，都可以归结到存在上来，它们的确都存在于世界上并与我们息息相关。可见，存在无法以类或种属来区分，它的"普遍"不能等同于类的普遍，或者说，它的"普遍"超越了类的普遍。

　　亚里士多德将存在的"超越普遍"视为类别的统一性，以与类或种属的多样性相对应。如"美丽的容颜"与"美丽的心灵"，都是"美丽"的，"美丽"是存在的，尽管一个是外在的，一个是内在的，却都可以蕴意为"美丽"的类别，并且具有统一性。尽管亚里士多德的存在论在很大程度上继承了柏拉图的学说，但仅凭借这一见地，他就把存在问题置于全新的基础之上了。"诚然，连他也不曾澄明这些范畴之间联系的晦暗处。"①黑格尔最终把"存在"定义为"无规定性的直接性"，并且把这一定义作为他的《逻辑学》中各范畴进一步阐述的基础，在这一点上，他与古代存在论的眼界基本相同。但对于亚里士多德提出的关于范畴的多样性与存在的统一性相对的问题，他反而丢掉了。因此，要说"存在"是最普遍的概

① 海德格尔. 存在与时间[M]. 陈嘉映，王庆节，译. 北京：生活·读书·新知三联书店，1999.

念，可不等于说它再清楚不过，无须再讨论，毋宁说它是最为晦暗的概念。

"存在（是）"这个概念是不可定义的。这是从它的"普遍性"问题所推论出来的。定义的形式靠种属与类别，这显然不适用于最高的种属。我们不能把"存在"定义为"存在者"，令"存在者"存在并不能使"存在"本身得以规定，它既不能从较高的定义当中导出，又不能从较低的定义中归纳总结。传统逻辑的定义方法来自于古希腊存在论，虽然它在一定程度上可以对"存在者"进行规定，但对于"存在"无法规定。

"存在（是）"是自明的概念。在人类的一切认识、一切命题和与一切"存在者"相关的活动中，甚至在对自身的一切行为中，我们都广泛运用着"存在"，而这种说法无须教学，无论谁都从咿呀学语之时便通晓，谁都知道"天空是蓝色的""我是快活的"等，然而这并不表明我们都理解"存在（是）"的概念，或者说我们先天地就生活在"存在（是）"的概念之中，其意义始终隐晦，这更证明了重提存在问题的必要性。康德说"存在"是"自明的东西"，而且只有"自明的东西"，即"通常理性的隐秘判断"，构成了"哲学家的事业"。

二、"存在"问题及其优先性

海德格尔在《存在与时间》中用柏拉图的疑问开宗明义："当你们用到'是'或'存在'这样的词时，显然你们早就很熟悉这些词的意思，不过，虽然我们也曾以为自己是懂得的，现在却感到困惑不安。"①我们要把握存在，然而把握到无法把握之处。

究竟什么是"存在"？如果说这个问题是一个基本问题，且只有它才是唯一的基本问题，那么就必须对问题的发问本身做一番研究。任何发问都是一种对答案的探求，任何探求都有从它所探求事物的引导。发问是在"其存在与如是而存在"的方面来认识存在者的探求，这种探求可以被视作对所问对象的规定分析方面的"探索"。发问不仅包含问题本身，更包含了被问及的事物，在探索性的问题，即在理论问题中，被问及的事物应当得到规定而成为概念。而在问题中还包括发问的目

---

① 柏拉图. 柏拉图全集（第三卷）[M]. 王晓朝，译. 北京：人民出版社，2003.

的，即"问之何所以问"①，这也是发问的真正目标，发问行为在这里得到了意图的实现。另外，发问本身是存在者的发问行为，因此它存在某种本己特征：作为发问者的存在者自身的存在方式。

如这样一个关于引力作用的问题，它总是通过某种媒介提出，如几个天体、一个星系，通过考察宇宙中的天体运动，得到引力的互相作用，这就是问题之根源处。但我们考察引力作用的目的是什么呢？更好地认知宇宙，了解地球，这是发问者的真正目的之所在，即"问之何所以问"。问这种问题的发问者，或是学生，或是学者，总之从事着与物理相关的学习或研究工作，这就是他们作为这一类存在者的存在方式。

前文已述，作为一种探求，发问行为都有它探求而来的对象的事先引导。所以，存在的意义已经被我们事先所利用，"我们总已经活动在对存在的某种领会了。"②这明确地提出存在问题的必要性，包括存在的意义、获得存在的概念都是从对"存在"的某种领会中产生的。我们问道："存在究竟是什么？"我们已经栖居于对"存在"或"是"的某种领会之中了，尽管这种领会模糊且含混，尽管我们并不能从概念上确定这个"存在"或"是"意味着什么。

在存在的问题中，被问及的对象是存在者，使存在者被规定为存在者的就是存在。无论我们怎样讨论存在者，我们都已经先觉察到了它的存在，所以，我们对存在已经有了领会。但它只是某一"存在者"的"存在"，这种"存在"不是"存

①②　海德格尔. 存在与时间[M]. 陈嘉映，王庆节，译. 北京：生活·读书·新知三联书店，1999.

在者"，存在者也非存在。我们从作为某一个体的存在者追溯存在，追溯到另外一个存在者的存在，都无法追溯到存在的源头。如若想追溯到"存在"这一概念，必须找到一种特别的追溯方式，而"问之何所以问"，即存在的意义也需要一种特殊的追溯方式。

在存在问题中，存在是存在者的存在，被问及的问题始终都是存在者，若要探索存在，不妨说是从存在者身上逼问存在。而存在者要通达存在，审视、领会与形成概念、选择、追溯这些活动都是发问行为的一部分，所以它们就是某种存在者特殊的存在方式。因此，要彻底解决存在问题，即让发问的存在者进入澄明之境。发问存在本身就是这样的存在者的存在方式，而发问本身本质上是由存在所规定的。这种发问的存在者，即我们向来所说的存在者，可以用"此在"这个术语来称呼。就此在的存在对这类发问的存在者加以适当的解说，是存在的意义里的特殊要求。

然而，这样做岂不就陷入了一种循环论证之中？先以存在规定存在者，甚至规定为此在，然后再依据这种存在者解决存在问题。在原理研究领域中，旁观者可以轻易地指出研究陷入了循环论证中，即问题的答案不是在解答问题的时候已经被预设为前提了。在具体的探索途径中，这样的质疑毫无益处，而且还会妨碍我们闯入探索的园地。

何况，上述提法并非循环论证，我们完全可以用存在对存在者加以规定，而同时却不必对存在的概念进行明晰和确定，否则，就不会有任何关于存在论的认识了。的确，在迄今为止的存在论中，均把"存在"设为前提，不过却并未把存在当作是可供利用的概念，更未把存在本身作为我们探求的最终目的。存在被"设为前提"具有先行着眼于存在的性质，即一旦着眼于存在，被问及的存在者就在规定它的存在中得到言说。以这种方式"设为前提"实质上是基于对存在的模糊且含混的领会上的，我们自身就生活于这种领会之中，而且它亦属于此在的内在建构。这种前提方式与假设一个命题进而演绎出一连串命题有着本质上的区别，存在的意义问题不在于以命题推导论证，而是用展示的方式使问题的根源处显露出来。

如前所述，这里根本就不可能出现什么循环论证。只不过在这里，作为问题的存在已经与发问行为本身产生了本质的关联，而且发问行为正是这种存在者的存在方式，这也正是存在问题最为本己的意义所在。这也恰好说明了，作为此在的存在者和存在问题本身有着一种天然的与众不同的关联，这样一来我们就有了关于探求存在问题的范本，此在在存在问题中的优先地位，也已初露端倪。

存在问题具有独特性，只有对存在问题的起因、作用和意义加以界说之后，存在问题的与众不同才会呈现出来。存在总是存在者的存在，我们可以把全体存在者按照性质分解为一些特定的领域，包括诸如历史、自然、空间、生命、语言等，这些特定的领域又可以作为科学研究探索的对象。科学研究简单又粗糙地将这些特定的领域界分并加以固定，凭借的是对存在性质的经验与理解，建立在这些经验与理解之上的"基本概念"始终指导着具体的科学研究。虽然各门科学研究总是侧重实证研究，其结果被堆积进各种手册，但是科学的进步与实证研究无关，而主要是靠对这些领域的基本建构提出质疑，"这些疑问往往是以反其道而行之的方式从那种关于事质（特定领域）的日积月累的熟知中脱颖而出"①。

我们通过修正"基本概念"来推动具体领域的科学研究的进步，一门学科能在何种程度上承受其基本概念的危机，从某种意义上规定着这门学科的水平。在某一领域的科学发生内在危机的时候，实证研究的方式与对象的关系发生了根本性的变化，当今，各门科学都有觉醒过来的倾向，并把研究工作移置新的基础上。一门科学要以其特定领域内的研究对象作为基础，基本概念就是事先得到领会的那些规定，因此，只有先行对这些特定领域自身的存在做一番研究，这些基本概念才能找到根据与基础。那么，创建基本概念即按存在者的基本建构来解释存在者，这种研究应当且完全可以领先于实证科学。这种奠基工作和"逻辑"有着本质的区别，它不过是按照某项科学的偶然状况来探索这门科学的"方法"而已。而奠定基础的工作是先行跳入某一领域，对这一领域率先开展存在建构，然后将获得的结构交给各个实证科学。举例来说，哲学对历史的贡献，主要不在于构造一种理论，或是适用于历史学概念、历史学知识或历史学对象，而在于阐释历史上本真的存在者的历史性。这里的哲学工作指的就是广泛意义上的存在论。与实证科学在存在者层面进行研究相比，作为哲学工作的存在论的研究就更为源始。但如果存在论在研究存在者的存在时，任由存在的一般意义而不经讨论，那么对于存在的研究仍然是幼稚而混乱的。存在论的任务在于非演绎性地构造各种可能的存在谱

---

① 海德格尔. 存在与时间[M]. 陈嘉映，王庆节，译. 北京：生活·读书·新知三联书店，1999.

系，而这一任务要求我们必须对"存在"究竟指什么先行有所领会。因此，存在问题的澄清不仅是保障科学研究工作的先天条件，更是保障存在论本身的条件。"任何存在论，如果它不曾首先澄清存在的意义并把澄清存在的意义作为自己的基本任务，那么，无论它具有多么丰富多么紧凑的范畴体系，归根到底它仍是盲目的，并背离了它本身的意图。"①

各门科学均是人的活动，因而都包含着其中的存在者（人）的存在方式，而科学研究既不是这种存在者唯一可能的存在方式，也不是它最为切近的存在方式。此在则与之不同，此在是一种存在者，但并不仅仅是它们中的一个，从存在者的层次上来看，此在作为存在者与存在本身发生交涉，即此在在它的存在中对这个存在具有存在关系，在它的存在中总以某种方式、某种明确性对自身有所领会。此在与存在的关系可以解释如下：它的存在是随着它的存在并通过它的存在而对它本身开展出来，对自身存在的领会本身就是此在的存在性质——此在在存在论层次上存在。在这里，存在论层次上的此在并非指构建或研究存在论，如果是这样，那么我们完全可以说此在先于存在论而存在了；同样，存在论层次上的此在亦非简单地指在存在者层面实际存在着，而是指在对存在有所领会的层面上存在。

此在的这种存在方式，即无论如何也要和存在发生交涉的存在，我们称为"生存"。作为存在者的此在的本质，不能简单地靠列举些关乎事实的"什么"来界定，它的本质在于它

---

① 海德格尔. 存在与时间[M]. 陈嘉映，王庆节，译. 北京：生活·读书·新知三联书店，1999.

所包含的存在一向都是它有待去成为的那个存在，而选择"此在"这个名称，也是为了区分这样一个存在者。此在总是从它的生存来领会自身的存在，即总是从它的各种可能性来理解自身。此在选择了一种可能性，或陷入了一种可能性，它以抓紧或者延误的方式决定着自身的生存。生存问题只有通过生存活动本身才得以明晰，以这种方式产生的对生存活动的领会我们称为生存上的领会。生存问题只是此在作为存在者层面的一般事务，无须进行理论描述。生存的存在论结构，即要解析是什么构建了生存本身，我们称为生存论建构。对生存论建构的分析即生存论分析，这不同于生存层面上的领会，而是生存论层面上的领会。然而，只要生存规定着此在，对这个存在者的存在论分析就要求先对生存论建构做一番研究，并且，生存论建构既是此在的存在论建构，也脱离不了一般的存在论的范畴。

此在存在于世界之中，因而此在所包含的对存在的领会与理解就同样关系到诸如"世界"及其中存在者的存在的领会与理解，这种领会和理解即其他各门科学。由此可见，各门以世界内存在者为研究对象的科学的存在论，都建立在此在自身的实际存在结构的基础上，存在论所生发出的其他一切基础存在论，都可以从此在的生存论分析中得到响应。

综上所述，与其他存在者相比较，此在具有以下几层优先地位。首先，存在者层面上的优先地位，此在作为一种存在者，它的存在是通过生存得以规定的。其次，生存论层面上的优先地位，由于生存规定了此在，此在存在于存在论层面，作为领会生存的"受托者"，它的领会同样还包含了其他一切非此在的存在者的存在。最后，有了上述两个层面的优先地位，此在的优先地位还体现在：它使一切存在论在存在者层面和存在论层面得以体现；在存在论中，此在优先于其他一切存在者。

关于此在的生存论分析在现实层面有其根源，即在存在者层面有其根源。我们把哲学的研究与追问理解为一种生存着的此在的一种存在的可能性，唯有如此，我们才有可能对生存论进行分析，从而才有可能进行一般存在论问题的讨论，于是，存在问题在现实层面的优先地位也显而易见了。

早有先哲预见到了此在的优先地位，尽管并未从存在论层面把握此在或规定此在。亚里士多德说："（人的）灵魂以某种方式是一切存在者。"[①]灵魂通过知觉和理解揭示着一切存在者，从其存在和如何存在方面，在存在者的存在中揭示存在者。这个命题可以回溯到巴门尼德的存在论论点。后来，托马斯推导出了存在的超越属性：存在超出了存在者的一切可能的关乎事实而可能归类的规定性，超出了一切存在者可能存在的特殊样式之外，同时却又是无论什么存在者所必须具有的。真理是这样一种超越者。同时，他还指出，要阐明这一切，需要求助于这样一种存在者：这种存在者依其存在方式就具备其他任何一个存在者"与生俱来"的特点，这种与其他一切可能的存在者与生俱来的与众不同的存在者，即灵魂。可见，灵魂即此在，其优先地位也显露无遗，但恶劣地把此在加以主观化却毫不足取。

---

①　亚里士多德. 灵魂论及其他[M]. 吴寿彭，译. 北京：商务印书馆，1999.

从存在论层面上看，对此在的存在论分析本身构成了基础存在论，所以，此在在原则上首先要寻求其存在的存在者。从存在的意义的层面上看，此在在其存在中已经对存在问题有所交涉。因此，追问存在问题，不过是廓清此在本身所包含的存在倾向、先于存在论的存在之领会而已。

三、存在与现象学

　　1916 年，胡塞尔受聘于弗莱堡大学，也是从那时起，海德格尔得以亲聆胡塞尔的指导。1918年，海德格尔正式成为胡塞尔的助教，在胡塞尔的指导下教学与学习。到1922年，海德格尔受聘于马堡大学任哲学教授时，他运用现象学方法成功地讲解哲学史，其功绩业已为德国哲学界所认同。从此，海德格尔与胡塞尔一道，成了现象学发起人。胡塞尔曾说："现象学运动，海德格尔与我而已。"《存在与时间》一书出版于1927年，那时海德格尔正处于现象学运动的中心。此书第一次发表于胡塞尔主编的《现象学年鉴》上面，并题词献给胡塞尔。

　　尽管海德格尔与胡塞尔在现象学运动中合作紧密，但海德格尔的现象学与其导师胡塞尔的还是有很大的差异，主要体现在以下两个方面：其一，海德格尔不接受先验唯心论的立场，认为存在或存在者是客观的，而胡塞尔一直将先验还原和先验唯心主义结合在一起，乃至后期现象学最终演变为更彻底的主观先验唯心主义，现象学已经还原深化为"纯粹意识"或"纯自我"，知识的"客观性"或确定性建立在纯主观性的基础上；其二，海德格尔不接受一个与世界相脱离的主体，主张

"此在"一直是世界中的存在，与世界中的存在发生交涉，而胡塞尔则主张一切意义的终极源象必须在先验主观性中找寻。于是，海德格尔一面声称将追随导师胡塞尔的现象学，一面又称有权修正和完善它。而最为根本的差别是海德格尔的现象学是作为方法论出现的，存在论的提出也并非只要确立某一门哲学学科，恰恰相反，"只有从某些特定问题的本质的必然性出发，从'事情本身'所要求的处理方式出发，才能形成这样一门学科"[①]。处理存在问题的方式是现象学的方式，现象学意味着一种"方法概念"，它并非某种哲学流派或哲学立场，它最关心的应当是哲学研究如何进行或开展，而不是哲学研究的对象是什么。

现象学这个名称表达出了一条原理："面向事情本身！"这句座右铭反对任何虚构的偶发之见，反对任何未经证实的含混概念，反对任何伪问题——虽然他们一代代地往复循环，被大肆铺张为"问题"。实质上，这句座右铭体现了海德格尔有意切近具体考察的一种"自明性"，这使得海德格尔从"现象学"这个词的含义着手，而作为一种流派或者立场，有哪位哲学家如何看待或者运用现象学倒与其并无多大关系。

"现象学"这个词产生于沃尔夫学派，但其由来在这里无关宏旨。现象学（Phenomenology）这个词可以分为两个组成部分，一部分是现象（Phenomenon），另一部分是学，即逻各斯（希腊文Logos，德文Logik）。表面上来看，现象学就和神学、生物学、社会学这些名称结构是一样的，而这些名称可

---

① 海德格尔. 存在与时间[M]. 陈嘉映，王庆节，译. 北京：生活·读书·新知三联书店，1999.

以看作关于神的科学、生物的科学、社会的科学等，所以现象学可以看作是现象的科学。但是我们必须把"现象"和"学"这两个组成部分的复合意义确定下来，才能对现象学做出规定。

据海德格尔对希腊语的考证，"现象"这个词由动词"显现自身（显示）"而来，因此，"现象"意味着"显示着自身的事物，显现者、公开者"，进而可以定义为："就其自身显现自身者、公开者。"而"现象"，即大白于世间或能够带入光明的事物的总和，希腊人有时把它和"存在者"视为一回事。由于通达存在的方式不同，存在者又可以以不同的方式显示其自身，甚至它可能以非本身的事物来显现自身，这种显现，海德格尔称为"显似"。因此，"现象"这个词在希腊语里也有"看上去像是的事物、貌似的事物"的意思，可实际上却不是它显现出来的那样。于是，"现象"实质上具备两重含义：一是作为自现者的"现象"，二是作为假象的"现象"。但在假象中，实际已经包含有作为自显者的源始含义，因为只有当某种事物就其自身意义来说是假装显现，也就是说，假装是现象，借此它才会按照它非本身的事物显现。进而，海德格尔用术语对"现象"做了规定，即其中正面的源始的含义，借此与假象加以区分。

另外，需要提出注意的是"现相（Erscheinung）"，在德语的一般用法中，它与"现象（Phenomenon）"是同义词，但"现相"意指通过显现其自身呈报一个不自身显现的他物，仅是"像"而非"象"。海德格尔举例说明，说到病理现相，它显示出身体上的某些变故，在显现的过程中，标示出某种不显现自身的事物；这种变故的显现体现了身体上的某种失调，但这些失调本身并不显现自身。"现相是一种不显现。"① "现相"不是"现象"意义上的自身显现，它需要通过某种媒介，才能完成显现，这种显现虽然完成了现相的显现，但显现的不是现象自身。也许会有人说，"现相"呈现的是某种不显现现象的事物，它是这种事物的现象，而这种说法已经把现象概念作为前提了。现相绝不是现象，虽然任何现相都貌似现象。由此可见，现相同样也具备两层含义：其一是呈现意义上的现相，即呈现而不显现；其二是呈现者本身，它在显现中标示出某种不显现自身的事物。进而，现相就好像从那些永不显现自身的实质之中辐射出来，而那不显现自身的事物仿佛有着永远也不显现自身的本质，于是，现相所呈现出来的事物就永远不能构成那类事物的本真存在。这种现相就是"单纯现相"意义上的现相。显然，现相这种非本真存在的掩藏有别于假象的掩藏，但康德就是在这种双重性中使用"现相"这一术语："现相"是"经验直观的对象"，即在经验直观中显现的表象，但这种表象（即"源始意义上的现象"）同时又是另外一种"现相"，从现象背后隐藏的实质那里发出的影像。现象可以蜕变为假象，现相也可以蜕变为纯粹的假象，例如在某种特定的光照条件下，一个人面颊赤红，这种赤红可能是发烧的假象，而可能的发烧又呈现着机体失调。

　　假象、现相都植根于现象，现相只指存在者层次上的或存在者之间的相互关联，假象实际上是指包含着显现自身的源始含义的。综上观之，只有当把现象确定为"就其自身显示其自身者"，才能廓清现象、假象、现相和单纯现相等这些概念的混乱。

① 海德格尔. 存在与时间[M]. 陈嘉映，王庆节，译. 北京：生活·读书·新知三联书店，1999.

更重要的是，如果我们不对何种存在者视作现象做出相应的规定，也不对显现自身的是存在者本身还是存在者的某种存在性质做出相应的判断，那么我们获得的就只是形式上的现象概念。如果我们只限于康德的提法，即把显现者领会为通过经验来直观通达的存在者，那么形式上的现象概念也算得到了合理的运用。但这种现象概念仍然停留在流俗的层面，还并不是现象学里的概念。要对现象学里一般的现象概念有所领会，首先要对形式上的现象概念有所洞见，其次要对流俗意义上的正确运用的意义有所了解，不过，在对现象学概念做出先行的确定之前，海德格尔还界说了"学"或"逻各斯"的含义，唯有如此才能弄清楚现象学的概念。

普遍认为，在柏拉图和亚里士多德那里，逻各斯具有多重含义，没有哪一种可以起到主导作用。实际上，这是假象。它的含义是"话语"，但如果我们没有适当地规定"话语"这个词究竟说的是什么，那么这个字面的翻译就毫无用处。关于"逻各斯"这一含义的历史，特别是后世哲学家随心所欲地阐释，使得它的本真含义受到蒙蔽：它被翻译或解释为理性、判断、概念、定义、根据、关系等。"话语"这个词怎么能演变出这么多的模式，使它的含义如此宽泛，而且还均在科学的语言体系之中？一旦把"逻各斯"的含义理解为"命题"，进而领会为"判断"，这样看似正当的翻译实际上会使我们与"逻各斯"的真实含义失之交臂，如若在当今任意一种判断理论中来理解领会，把"逻各斯"理解为"评判"或者一种认可或反对的态度，"逻各斯"肯定不是上述含义。

"逻各斯"的含义是"话语"，实际上就是将话题所包含或涉及的实际公开，亚里士多德就话语的功能做了更加详细的解说，他解释为有所展示。"逻各斯"是让人看某种事物，即话语中所交谈的事物，只要话语是真切的，那么在话语中，话语之所谈及即取自话语之所关涉，只有这样才能借助话语之所谈，把话语中真切关涉的实质公开出来，从而使他人能够领会话语中所指涉的事物。这就是"逻各斯"的"使……公开"的展示结构。在具体的过程中，话语是付诸音声语词的，通过它们来展示。这就使得话语具备某种综合结构形式，所谓"综合"并不是指众多表象的联系，也不是指心理作用层面上的调适，正因如此，许多人才会有这样的疑问：心理层面的内在的东西是如何与外部的事物相符合的？殊不知话语只是纯粹展示的意思，即把某种事物呈现出本质来让人看。

"逻各斯"是让人来看的，所以它才可能是真的或者是假的，同时还要摒弃"符合论"这种虚构的真理概念，因为这种观念并非真理（去除遮蔽）的源始概念。话语（逻各斯）可能是真的，即在说的过程中，将其所关涉的存在者从其遮蔽状态中拿出来，让人们在去除了遮蔽的状态下看清存在者，揭示话题所关涉的存在者。同样，假的是遮蔽意义上的欺骗，把某种实质挡在所关涉"事物"前面，从而使所关涉的事物以非自身的事物呈现出来。

正是由于真理具有这一意义，而"逻各斯"又有这种确定的样式，因此"逻各斯"不能被当作真理的本来处所。如今人们习以为常，把真理归属为"判断"一类的范畴，还援引于亚里士多德，实际上这种援引毫无根据，而且也背离了希腊关于真理的理念。在希腊，关于真理的概念中，"真"是对某种东西的"朴素"的感知，甚至比逻各斯更加源始，如果一种觉知的专职就是它的目标，即一种存在者天生只有通过它并且只为了它才能通达，那么这种觉知就总是真的。例如看揭示颜色形状、听揭示声音律动。在这种最源始的意义上，"真"只是有所揭示而不受蒙蔽。而认识（所产生的理性）则以最朴素且直观的方式觉知着存在者作为存在者的存在规定性，实际上，认识（理性）也是一种朴素直观的觉知，纯粹的认识（理性）也是最源始意义上的"真"。这样一种认识绝不可能是假的，充其量只是非觉知，即未能提供朴素而适当的道路来通达。如果被揭示的实质不是纯粹地让人来看，而是追溯到另外的某种事物，从而让人把其他的某种事物作为此种事物来看，那么，正如上所说，这样的综合性结构形式里就有被蒙蔽的可能。实在论与唯心论都不符合希腊"真理"的概念，结果人们从希腊真理的概念中只领会了一种学说，即把"理念学说"当成了哲学认识。

　　"逻各斯"亦可以被领会成理性，因为它的功能仅在于纯粹地让人来看某种事物，让人觉知存在者。"逻各斯"又可以被领会为根据，因为它不仅表示话语，还表示话语所关涉的事物，而话语所关涉的事物就是一切话语的根据。"逻各斯"同样也可以被理解为关系或相关性，因为话语所关涉的事物总会有缘由。在话语过程中，我们总会因为某些其他的东西而谈及我们要谈的事物，这种事物也正是在这样的关系中变得公开可见。凡此种种，均是"逻各斯"的各种解释，但原则上我们仍旧将"有所展示的话语"作为逻各斯的源始含义。

　　以上，海德格尔阐明了"现象"的基本概念，继而解释了"逻各斯"的源始含义，我们已经可以看到其中的内在关联了，把两个组成部分联系在一起，我们可以得出现象学说的是："让人从显现的事物那里如它从其本身所显现的那样来看它。"①这就是现象学形式上的意义所在，而这里所表述出来的，也正是前面提到的那句座右铭："面向事情本身！"

所以，现象学这个名称就其意义来说着实不同于神学、社会学或生物学之类的名称，这些名称按照指称的事实（也就是研究对象）来称谓，而现象学既不称谓其研究对象，也不描述任何关乎的事实。无论在这门学说里论述什么，它只告诉我们如何展示和处理这种事物，即"现象"。关于现象的学说，即以如下方法来考察研究对象——这些对象所要讨论的一切都必须以直接展示或直接指示的方式加以描述。而"描述性的现象学"除了表述了同样的意义外，还表述了"远避一切不加展现的规定活动"的意义，因为只有从"描述"的实际出发，才能把描述性本身确立起来。所以，无论是从现象学的形式概念，还是从现象学流俗的意义上来说，凡是如存在者如其自身存在所显现的那样展现存在者，我们就称其为现象学。

至此，海德格尔在概念层面明确地界定了现象学，但若我们不只停留在形式层面，我们就必须严格地区别现象学意义上的现象概念与流俗意义上的现象概念。在现象学中，"让人来看"的究竟是什么？什么东西应当称其为"现象"？显然是这样一种事物：它通常不显现，同总是显现着的事物相比较，它隐藏不露；但本质上它又包含在总是显现着的事物之中，这构成了这些事物的意义与根据。这种事物在通常意义上隐藏不

① 海德格尔. 存在与时间[M]. 陈嘉映，王庆节，译. 北京：生活·读书·新知三联书店，1999.

露，或沦入遮蔽状态，或以伪装的方式显现，它不是这种或那种存在者，就像前面所探讨过的，它是存在者的存在。存在被遮蔽得如此之深，乃至已被遗忘，存在及其意义也少有人问津，所以，存在这种事物发自本己、显现自身，就被现象学作为专题对象加以讨论。

存在论只有作为现象学才是可能的，存在论中的各种课题只有通过现象学才能通达。现象学中的现象概念标示的显现者可以表述如下：存在者的存在和这种存在的意义、变化和衍生物，但需要说明的是，显现并非随意显现，更非"现相"，存在背后绝不会有什么其他不存在的——在现象学的现象背后别无他物，但现象本身很可能深藏不露，也恰恰是因为现象本身并不是公开展现的，才需要现象学。遮蔽状态是现象概念的对立面。现象有各种各样的遮蔽方式，有的根本未经揭示，而有的曾被揭示后又掩盖。遮蔽本身亦有偶然和必然之分，后者植根于被揭示者的存在方式。我们从源头汲取的现象学的概念与命题，一旦作为传达出来的命题或概念，就有蜕化的可能；源始的对现象的把握可能会僵化而不可控，现象学研究的困难之处恰恰就在于在积极意义上让研究本身对自身进行批判。需要特别指出的是，"本原的""直觉"地把握现象，与"直接的""不假思索"地"观看"是对立的。

海德格尔已经界说了"现象的"和"现象学的"两种概念，以"现象"这种形式展现并可以解说的，我们称其为"现象的"，现象的结构这一说法便由此而来；而属于展现的方式或解说的方式的范畴，我们称其为"现象学的"。现象学中的现象是存在，存在从来都是存在者的存在，因此，若要让存在显现，必须以正确的方式展现存在者本身，即存在者必须以能够天然通达它的方式显现，必须从现象学上保证存在者作为本真分析的出发点。

现象学是关于存在者的存在的科学，即存在论。前面的论述中已经产生了基础存在论的必要性，基础存在论把存在者层次上以及存在论层次上的"与众不同"的存在者（此在）作为课题，这样就涉及了一般的存在论的意义的问题。从这种研究方法出发，现象学所描述的方法论意义就是"解释"或"诠释"。通过"解释（诠释）"，"存在的本真意义与此在的本已存在的基本结构就向居于此在本身的存在之领会宣告出来"。①此在的现象学就是阐释学，阐释学标志着此在的解释工作。只要发现了存在的意义与此在的基本结构的意义，也就进一步对非此在的存在者的存在论研究提供了视野，在这种意义上的阐释学就有可能探索一切存在论。另外，根据此在的生存性质，阐释学亦是生存的生存论建构的分析。

作为哲学课题的存在必须寻求存在的"普遍性"，存在与存在的结构超出一切存在者以及一切存在状态的可能性，存在是地地道道的超越者。而此在存在的超越性更是与众不同，因为此在存在中包含着最为彻底的个体化的可能性与必然性。关于存在的开展都是超越性的认识，现象学的真理乃是超越的真理。现象学以胡塞尔的《逻辑研究》开山，对其先行概念的解释说明了现象学并非只作为一个哲学流派才是现实的，可能性高于现实性，唯有从可能性来理解现象学，才能从真正意义上理解现象学。

---

① 海德格尔. 存在与时间[M]. 陈嘉映，王庆节，译. 北京：生活·读书·新知三联书店，1999.

第二讲

"此在"分析

一、此在与生存论

海德格尔将存在论的任务确定为对存在者的分析，就像所有存在主义一样，在这里分析的存在者的出发点是我们自己。这种存在者的存在总是我的存在，这种特殊的存在者在自己的存在中，对自己的存在有所作为。或者说，它已经被交付给自己的存在了，对这种存在者来说，关键在于它怎样存在，如果以此来描绘此在的特征，将引出下面两点。

第一，这种存在者的本质在于它被抛于世，真实存在。如果可以言明存在者"是什么"，那么也必须从它怎样去是、它的存在来理解。海德格尔用"生存"这个专有术语来明确此在的存在，因为按照流传下来的含义，存在在存在论上差不多等同于现成存在，而为了区别两种存在方式，我们将始终用现在状态这个表达式来解释或代替"存在"这个名称，而用生存来规定此在的存在。

此在的本质在于它的生存。所以，此在的各种性质都不是"看上去"如此的存在者的现成属性，而是去存在的种种的可能方式。此在首先就是存在本身，也正因如此，我们用"此在"来表达这个特殊的存在者，而不是用它是什么，是表达它如何去是，即它的存在。

第二，这个存在者在其存在过程之中有所作为的那个存在，总是我的存在，所以此在不可能成为现成存在这个群体中的典型或一员。现成存在者对其无关紧要，对它自己来说，此在具有自由属性的性质。此在总以这样或那样的方式去存在，此在早就决定了自身以何种方式展现自身，并且将自身的存在作为最本己的可能性来对之有所作为，此在总作为它的可能性而存在。此在在其本质上总是作为其可能性来存在的，所以这个特殊的存在者可以在其存在过程中选择自己、获得自己、失去自己。此在唯有在其本质上是本真存在的时候，或者说可能拥有本己存在的时候，才能失去自己。

存在有本真状态和非本真状态两种形式，这是由于此在是由自由属性规定的。其中此在的非本真状态并不意味着存在的"较低"层次，非本真状态反而可以在最丰富的具体状态中规定此在，如忙碌、激动、兴趣、嗜好等。

由此看来，此在的两种性质基本已经确定了：一是存在先于本质，二是向来我属。这两种性质告诉我们，在分析此在的时候，我们所面临的是一种独特的现象领域。此在在存在者领域，没有以现成存在的方式出现，所以我们也不能以发现存在的方式来使其成为课题。实际上，如何正确地先行给予此在并非不可能，我们对此在的先行规定就已经构成了这种存在者的存在论分析的一个本质部分了。只有在正确又可靠地给出这种存在者的同时，才有可能获得此在的存在之领会。此在总是从它所是的一种可能性、从它在存在的不同状态中领会到的一种可能性，来规定它的存在，这也是此在生存建构形式上的意义。这会引导我们陷入一个误区：此在的内涵可以用一系列具体的生存观念来组建。此在恰恰不应在一种确定的生存活动的差别中来区别阐释，而要在无差别的生存活动中来发现。此在的日常状态的无差别并不是虚无，而是一种积极的现象。一切如其所是的生存活动都从这一存在方式中来，而又回到其中去——我们称其为"平均状态"。

正是因为"平均状态"揭示了此在作为存在的当下状态，所以它一再被忽略，这种在存在者层次上最为人所熟知的事情，在存在论层面却变得陌生且遥远，而在存在的意义层面也是不断被遗忘。但我们不可错过这个此在在其现象上最切近的存在方式，而且还要通过正面且积极的特征描述，使其变得可以通达。我们不可以将"此在"的平均状态只看作它的一个方面，此在在平均日常状态中仍以某种方式为它的存在而存在，甚至也先天地具有生存论结构，只不过在平均状态下此在处于逃避它的存在和遗忘它的存在方式当中。

对此在做的所有的分析，都是着眼于此在的生存结构中的，所以我们把此在的存在特性称为"生存论性质"，非此在的存在规定成为"范畴"。这两者须加以严格区别。古代存在论把世界范围内的存在者作为它解释存在的基本样式，"理性"或"逻各斯"则被认为通达这种存在者的存在形式，但是这种存在者必须在一种与众不同的"公开"中才能把控，这种存在就成为先行可理解的。在存在者层面谈及存在，这首先意味着：责问存在者，让所有人就其存在来看存在者。"逻各斯"以各个有别的方式谈及存在和存在者，而这种范畴就概括了一切先天规定，生存论性质与范畴乃是存在性质的两种基本可能性。

　　同样重要的是，在哲学上对"人是什么"这一问题进行讨论，就这一点，我们必须看到某种先天的禀赋，剖析这种先天的禀赋也是我们的重要任务。此在的生存论分析任务相较于心理学、人类学等学科都具有先天的优先性，更不用说生物学了，如果我们把生存论的课题同这几种关于此在的研究区分开来，生存论会更加清晰。

　　迄今为止，以此在为目标的探索与研究虽然在事实方面收获颇丰，但错失了哲学的基本问题。把此在分析同人类学、心理学和生物学区分开来，也是生存论的内涵之一。从科学理论上说，上述各门科学的学科结构并未从深层次揭示"科学的态度"，它们需要更为先进的动力，这种动力来自于关于此在的分析。从历史角度上说，此在分析就更加明确了如下事实：人们把"我思故我在"的近代解释归功于笛卡儿，而他只是在某种限度上确定了"思"，尽管"我思"与"我在"被设定为一样源始，可笛卡儿对"我在"的讨论并不深入，此在分析将对"我在"的存在提出存在论的质问，只有做此规定，才能够把握"我思"的存在方式。

　　需要特别指出的是：从首先给定的"我"和"主体"入手，就会完全错过此在现象。尽管人们可以在存在者层面极力反对"灵魂实体"和"意识的物质化"这类观念，但未经任何"净化"的主体观念，免不了将物性、实体当作根据。因为物性本身的存在论渊源还有待明察，所以我们究竟应当如何正面地、积极地领会主体、灵魂、意识、精神、人格等这类非物质化的存在？而且这些名称的背后全都是确定的、已有基本框架的现象领域。更需注意的是，在使用这些名称的时候，我们仿佛无须询问标示这类名称的存在者的存在，所以，我们尽量避免使用这类名称，就像避免使用"生命"与"人"这类词来标示我们自己所是的那类存在者一样。另外，如果能够正确领会生命哲学，那么在一切科学的、严肃的生命哲学中，都有一种领会此在的存在的倾向，但"生命"本身却没有作为一种存在方式在存在论上成为问题，这也是生命哲学的根本缺陷。

对于"生命"的追问激发了狄尔泰对生命的研究，他试图按照生命的结构网络与发展网络来领会关于"生命"的"体验"。他的"精神科学的心理学"不愿再依循心理元素制定研究方向，借心理原子拼凑起灵魂与生命，而是以"生命整体"和各个"形态"来展现的。不过不论怎样，狄尔泰首先开启了追问"生命"的道路，但其缺陷也十分明显，即它们都不再提及"人格存在"本身的问题——所有狄尔泰的继承者，即"人格主义"流派，所有的哲学人类学倾向，都受制于此。而更为透彻的现象学人格阐释也不曾进入此在的存在这一维度，但其透彻之处可以举例说明，如在舍勒看来，我们不能把人格设想为一个物件或一个实体，人格是直接被体验的生命体验的统一，而不是被体验之外的某种被设想出来的事物。人格不是任何物质实体性的存在。

人格不是实物，不是对象。这就是胡塞尔所强调的，他要求为人格的统一提供一种建构，一种不同于自然物的统一的建构。行为是非心理性的，人格的本质就在于它只存在于行为的过程中，所以人格在本质上不是对象，而任何把人的行为解释为心理性的层面的做法，都是非人格化的。心理存在和人格存在毫不相关。行为被行使，而行使者是人格。那么，如何在存在论层面上规定人格的存在方式？进而我们把问题引到了最关键的部分，即人的存在——通常我们把人作为灵魂、情感、肉体的统一，某些探索工作可以对其分别进行探讨研究，但若我们询问究竟什么是人的存在，却不能把灵魂、情感、肉体加在一起计算出人的存在，更不用说上述各种存在方式本身仍有待解决。即便能够以这种简单叠加的方式进行存在论尝试，那也一定把人作为一个整体存在的某种现象设为前提了。因为人们始终依循传统的（即希腊、罗马的）或基督教的人类学和古代的基督教来制定研究方向，导致了此在存在的原则性问题的迷失。传统的人类学有两点值得说明：其一是把人定义为理性动物。在这里，动物的存在方式是以现成存在来领会的，而理性则被看作是一种比较高的禀赋，但它的存在方式并不明朗；其二是神学层面对人的定义，即"我们按照我们的形象，按照我们的样式造人"。[①] 从这个角度出发，神学获得了一种对于人的传统的解释，正如上帝的存在是借助古代存在论得到解释，作为有限存在者的人也得到了相同的解释。近代以来，基督教的教义逐渐非神学化，指出了人是某种超越自身的事物，按照这种超越的观念，人不止于理智。这种超越观念通过各种各样的形式发挥作用。

　　传统的定义与神学层面的定义是传统人类学的两个源头，它们很明显地表明：在谈到"人"这种存在者的本质的时候，这种存在者的存在却被遗忘，或者说人们把这种存在理解为不

---

① 《圣经·创世纪》。

言自明的，它是受造物的现成存在。而近代人类学的思维、意识和体验活动等等和上述两条源头互相纠缠，并且也被当作现成存在而接受下来。然而，只要这些表象的"存在"没有被当作问题提出，人类学问题的提法在其存在论基础上仍是未被规定的。

上述问题对心理学也依然有效。如今，我们已经不难看出心理学所具备的人类学倾向，即使将心理学和人类学合并成为一种普遍的生物学，也弥补不了它们所缺乏的生存论的基础。就探索与理解的可能的顺序来说，生物学作为"生命的科学"，应当以此在的存在论为基础。生命自有其存在方式，但只有在此在中才能通达。我们对生命的存在论可以做如下规定：如果有某种生命的事物可以存在，那么它一定会具有规定性，可以这样说，生命既不是某种现成的存在，但也不是此在。另外，如果把此在看作生命或其他，也绝不会促使此在在存在论上得到规定。

至此，海德格尔指出了人类学、心理学和生物学都没有为我们自己所是的存在者的存在方式提供意义明确、在存在论上加以明确论证的答案。但这并不是在否定各门科学的实证研究工作，实证研究工作看不到存在论基础，它把这种基础当作不言而喻的，但这并不证明存在论不是最基本的理论，更不用说它比其他学科中任意一个论题都具备基本的意义。

此在的日常状态的阐释和描述此在的源始状态并不是一回事，因为日常状态和源始状态互不相干。在高度发达或已经分化的文化之中，此在甚至仍会或更是以日常状态的存在方式出现。另外，源始状态下的此在也有它非日常状态下的可能，它有其特殊的日常状态。不过，依循源始状态下的此在来制定此在分析的方向具备一定的积极意义，因为"源始现象"的遮蔽较少。源始状态下的此在往往有更加直接的表露，这种笨拙而粗糙的概念方式往往对此在分析有着积极的助益。

现如今，我们对源始人的知识都来自于人种学，而它还在汲取、筛选和加工材料的时候，就已经对人产生了先行的概念与确定的解释。那些日常心理学、科学心理学或者社会学能否为此在分析提供通达的解释，并非确定无疑。人种学本身就要求以此在分析作为引导，但是实证科学不可能也不会去等待哲学层面的存在论的论证，所以进一步的探索与研究并不是向前进展式的，而是重温回顾式的，以期获得更加透彻的理解。从形式上把存在论的探寻与存在者层面上的研究区别开来也许并不是难事，但此在的存在论分析并不容易，在这一任务中包含一亟待解决的问题：厘清"自然的世界概念"这一观念。哲学为此事久久不得安宁，但要完成这个任务又谈何容易。

如今，看似丰富的文化和知识进入我们的视野，但这些文化或知识却无法为我们解决这项任务提供任何方便。泛滥的知识与文化恰恰使人们无法通达本真，以调和的方式把一切加以比较与分类并未表达出本质，把形色丰富的事物井然有序地排在一张表格上，也并不代表完全领会。真实的秩序原则自有其内容，并不是通过排列才被发现，而是将自身的秩序或原则作为排列的前提条件。因此，排列世界图像没必要对世界具有明白的观念。如果世界本身就是此在的一个建构要素，从概念上领会世界，就必须对此在的基本结构有所理解。

二、此在的构建

　　海德格尔提出，此在的基本建构是"一般的在世界之中存在"。在前文中，我们已经讨论了海德格尔关于此在的性质、含义和状态等的解释，现在我们以"在世界中存在"这一建构来更进一步理解此在的存在规定性。"在世界之中存在"意指一个统一的现象，其中的存在实情需要作为一个整体。我们不可以把在世界之中存在分解为可拼凑的内容，但并不排除这一建构环节具有多重环节的可能性。海德格尔从三个方面入手，来讨论这一整体现象：一是世界；二是谁在世；三是"在……之中"的自身建构。在分别阐述上述三者之前，先对第三个方面进行描述，以便展现生存论分析的特殊性，但我们无论单独拿出哪一部分来加以阐释，就等于拿出所有部分来加以探索理解。

　　"在……之中"说的是什么？首先，我们会在省略处填上"世界"。其次，这完全可以被理解为一个存在者在另外一个存在者之中，比如水在杯子之中、衣服在柜子之中，等等。这些存在者被放在"世界"之中，是现成存在的存在者，而且水与杯子、衣服和柜子等存在者在空间上有"在……之中"的相对关系。它是某种现成存在的范畴，但不属于此在式的存在方式。相反，海德格尔的"在……之中"意指一种此在的存在建构，它具有一种生存论性质，并不意味着两个现成存在物在上述空间上的相对关系。

就源始意义而论，"之中"意指"居住、逗留"，更进一步地可以认为"之中"意味着"我已住下、我习惯、我照料"，我们把带有这种含义的"之中"所属的存在者标注为"我向来所是"的那个存在者。而"我是"这个词又和"缘乎"联系在一起，于是，"我是"和"我在"等于说：我居住在这个世界，我栖居于这熟悉之所。若把存在领会为"我在"的不定式，理解为生存论环节，那么存在就意味着"栖居于……，同……相熟悉"，所以，"在……之中"是此在存在形式上的生存论术语，而这个此在带有在世界之中的本质性建构。根据以上的分析，我们意在看到此在的源始存在结构，鉴于此，我们应该更加贴近地考察这个"栖居于"。我们选择的探索途径又有别于范畴上的存在关系，这是一种在存在论上有着本质不同的存在关系，可是表述它们的语言手段却是相同的，我们必须明确地从现象层面再现出基本存在论的特殊性，哪怕是冒险讨论"自明的东西"。通过对此在的分析，我们发现我们对这些"自明的东西"还远远不到了如指掌的程度，对其存在意义还远未涉及，至于用专业的术语来表达它们的概念结构，就更谈不上了。

"栖居于"是一个生存论环节，绝不是指把一些现成物品摆在一起的现成存在，而"此在"也不可能与作为存在者的"世界"相提并论，但在我们的语言习惯中，更倾向于把两样共处的现成物品的空间关系表述出来，如："桌子'依'

着门"，"凳子'触'着墙"，严格说来，这里根本就没有"依"或"触"，因为根本没有真正的接触，即使间隙为零，也不能说它们有接触。作为存在者的桌子和门、凳子和墙只有具备了"在……之中"的这种存在方式，它们在世界中被揭示出来，这个存在者才能接触现实存在在这个世界的事物。这些存在者只能从"世界"方面才能以接触的方式展现出来，进而在它的现成存在中成为可通达的。如果对这些存在者自身来说，它们是"无世界"的，那么永远不可能有"接触"。此在本身，也可以在某种限度内看作某种现成的存在是存在于世界之中，但此时我们也恰恰忽略了"在之中"的生存论性质，我们不可以把这种看法同此在特有的"现成性"混为一谈，而要通达这种现成性，绝不可忽略此在特殊的存在结构。此在在某种特殊的"事实上的现成存在"的意义上领会着自身的存在。每一此在总作为实际此在而存在，我们把此在的这一事实称为此在的实际性。实际性概念包含有这样的意思：某个存在者在世界之中，它能够领会在自身的"天命"中，已经在它自己的世界内和其他存在者捆绑在一起了。

在这里，我们应当首先看到"在之中"的生存论性质同体现空间关系的"在里面"的存在论区别，但"在之中"并不代表此在没有任何空间性。相反，此在本身是一种在空间之中的存在，不过这种空间存在必须在一般的世界之中才是可能的。或许有人这样以为："在之中"是一种精神特性，而人的空间性是人的肉体的一种属性，精神特性以肉体的属性为基础。这种存在层次上的区分也不能从存在论上澄清"在之中"，因为如果这样，我们见到的是精神与肉体的整体现成存在，但这个存在者的存在本身依旧未被言明。唯有对此在的本质结构的在世有所领会，才能觉察生存论上的空间性。

"在之中"并非此在可有可无的属性，好像此在有这种属性同没有这种属性一样存在。此在并不是一个无须"在之中"的存在者，仿佛它是心血来潮才接受某种对世界的"关系"，而是因为此在如其所是地在世界之中，所以它才能接受世界的"关系"。如今，人们常说"人有他的环境"，但只要这个"有"未加规定，这句话和存在论就毫无干系。"有"就其可能性而言，植根于"在之中"的生存论建构，因为此在在本质上是以"在之中"这种方式来存在的，所以它能够明确地照见来自周围的各个存在者，能够知道它们利用它们，能够拥有世界。虽然在生物学领域中，人们经常会用到这一存在建构，因为它必须以这种结构为前提来不断提到它、利用它，但这种结构必须在哲学上以此在分析作为解说才能被理解。

在上文的此在分析中，我们提到了"在之中"，而"在之中"的具体表现方式为安排、制作、使用、浪费等，当然也有询问、考察等诸如此类。我们把这种方式称为"操劳"，此处的"操劳"并非科学含义下的操劳，而是将其作为存在论的术语，用它来表示可能的存在方式。从而，操劳还有可能是苟安、耽搁和拒绝等残缺样式，选用"操劳"这个词并不是因为此在首先是"实践性"的，而是着眼于存在的"操心"的属性，无论是在存在论还是存在者的层面上，以操劳方式在世都具有优先地位。

然而，我们开篇至此所谈到的关于存在建构的规定全都是否定性的命题，我们讲的"在之中"不是这个，也不是那个。的确如此，我们使用否定性的描述方法不是偶然，正是否定性的命题表达出"在之中"的特殊性质，在世的现象学有去伪存真的意味，因而它在适应于本身的真切意义的现象下是肯定的。在每一个此在中，在世现象总是先被某种方式看到了，而之所以被看到，是因为它随着自身的存在过程，已经对其有所领会，这也构成了此在的基本建构。如前文所述，这种现象经常会被误解，或者它所得到的解释在存在论上并不充分。不过，这种误解本身也包含在这样一种存在建构之中，按照这种存在建构，此在在存在论层面，首先以它自己所不是，但是它通过在自己的世界内来照面的存在者与存在来领会自身，即领会它的在世。

在世这一存在结构对此在及其自身来说，总是以某种方式被熟悉，若要认识这种存在建构，认识活动就突出出来，但在这样的任务下，认识本身即沦为了"心灵"对世界的关系范本。因此，对世界的认识就仅限于就世界而谈世界，成了首要的样式，虽然在世并未被领会和理解。人们首先又将存在领会为世界之内的存在者，而它在存在者层面又被经验为存在者（世界）与存在者（灵魂）之间的关系，于是，人们就立足于这两种存在者，将它们之间的关系领会为现成的存在，所以，在存在论层面上，在世未被领会。直到如今，人们还如此领会此在，并且将它视为自明性的事物。这种不当理解总会以"主体"和"客体"抑或是反过来的关系呈现出来，而这一呈现首先需要把关系设为前提，这个前提本是无可厚非的，但正是这一关系，导致了存在论意义仍然处于晦暗不明的状态。

人们往往以上文中提到的对世界的认识来取代"在之中"

这种现象，把实践性的活动理解为"非理论性"的活动，因为这种情况，或者说因为认识的优先地位导致了认识的最根本的意义误入歧途，所以我们应当从认识世界这一角度来提出"在世"问题，将其作为"在之中"的生存论吸纳进来。

在存在论层面，"在之中"由进行认识的在世来规定，需要解决的问题就是从现象上描述认识在世界之中的存在和向着世界的存在。当我们对这种存在关系有所反思时，关于作为存在者的自然被当作认识者是当下给定的，如果认识本身确实存在，那么这个认识活动本身也是去接受认识的那个存在者。无论是从世界角度来说，还是从人这个存在者角度来看，认识都不是现成的存在。而认识本身又不是像物品那样可以从外部加以规定，认识既不属于这个存在者，也不是外在的性质，所以认识一定就是"内在的"。

人们越是这样明白无误地主张认识的内在性，主张认识和心理的、物理的存在方式并不相同，越能证明他们的见解已经愈发深入。于是，我们便产生了以下的疑问：这个进行认识的主体怎么从他的内在范围进入到另外一个不同的外在的范围？认识究竟能有一个怎样的对象？如何确保认识主体只进入这样一个对象而不会涉及其他？这一入手千变万化，却始终忽略了认识主体的存在方式。当然，它虽然未被言明，但已经在这样的论题之中，可是这样的主体的"内"或"内在范围"一定不能被理解为一个密闭的空间，那么它究竟可以被领会为什么，关于它的肯定的含义是什么，它的存在性质是如何植根于其主体的存在性质之上的呢？它又是如何"从内而外"进而获得"超越"的呢？人们发现认识成了问题，但是并未澄清这个问题以及它究竟如何存在。

认识是此在在世的一种存在样式，认识在在世的存在建构中，有其存在者层面的基础。实际上，认识同认识现象与认识者的存在方式实质上是相通的。认识本身已先行植根于"已经寓于世界的存在"之中，而这一存在方式在本质上构成了此在的存在。在世作为操劳活动沉迷于外观世界，为了使对现成存在的观察的规定性认识成为可能，必须对这种沉迷进行了断，这就要求操劳去除干预世界的活动，即仅剩下"在之中"的样式，我们可以称其为向着世界的样式。这种样式使得在世界中照见的存在者只剩下纯粹的外观，唯有如此我们才可能以明确的形式来观察这种存在者，并且这种存在者总是现成的存在者。这种观察进入了这样一种样式：独立滞留于世界之内的存在者。它的这种滞留是对所有操作和利用的放弃，进而发生对现成存在者的知觉。知觉的完成方式是把某事物看成某种事物，将其作为某种事物来谈论，从最广泛的意义上来说，知觉在这种程度上就成了规定。有所知觉地保持对某一命题的关注，这本身就是在世的一种方式，而不能阐述为某个主体获得了关于某事物表象的过程，它们作为被据为己有的表象始终被保留在体内，于是，这些表象就好像与现实"相符合"。

此在按照本来的方式，一向在外，一向滞留于已被揭示的世界中前来照面的存在者之间。有所规定地滞留于这些有待认识的存在者之间，这并非离开了内在范围，而这种外在存在的就是真正意义上的在内。因为此在本身就是作为认识着的"在世界之中"，对被认识的事物并不是由外而内，而是进行认识的此在，仍然是作为在外的此在。"单纯地"知道存在者的存在联系；"简单地"想到存在者的存在联系；认识主体仍然寓于外部世界的存在者处。即便是遗忘，也必须被理解为"在之中"的变式，一切迷茫和错误也必须以此来理解。通过认识，此在对它自身中一向已经被揭示的世界取得了一种新的存在地位，这种新的存在的可能性可以成为独立的任务，作为科学承担的在世的领导。但是，认识并不是最先创造主体同世界的联系，这种联系也并不是从世界对主体的作用中产生出来，认识只是此在在世的一种样式，因此，要对作为基本建构的"在世界之中"进行阐释。"在世界之中"要从"世界"这一环节入手，把世界作为现象描绘出来，让人们看到世界之内的存在者及其存在。我们要追寻的正是存在，"现象"在形式上一向被规定为作为存在与存在结构所显现出来的事物。以"现象"来描绘"世界"即把世界之内的现成存在者的存在展示出来并从概念上固定下来。世界之中的自然物的存在性是一切事物的基础，自然物这种存在的性质，就是实体性，而自然本身是一个要在世界内照面并通过不同的途径、不同的阶段得以揭示存在者的角色。实物在某种程度上显示了自然的存在，但也是自然之中的存在者。

对世界之内的存在者，无论从存在者层面上加以描绘，还是从存在论层面上加以阐述，这两种欲达客观存在的手段都已经预设了世界，所以无法从世界现象层面上加以解说。那么世界是否可以被当作存在者的规定呢？我们已经阐明存在者在世界之内，世界是否是一种存在性质呢？那么每一个此在不都有它的世界，世界不也就是主观的了？世界的问题被提了出来，那么世界究竟是指什么样的世界呢？既不是指客观的世界，也不是指主观的世界，而是指作为一般世界的世界。

三、世界之为世界

海德格尔所指的"世界之为世界"无论从何角度都是一个存在论层面的概念，是"在世界之中"整体结构中的一个环节，在世是此在的生存论性质，所以"世界之为世界"是一个生存论的环节，"世界"在生存论层面上来说，是此在的一种性质，对"世界"的研究必须通过世界之内的存在者及其存在途径来完成。同时，海德格尔认为世界的含义众多，需要廓清以便揭示诸现象及其内在联系。

第一，世界被用作存在者层次，指能够现成存在于世的存在者的总和。第二，从存在论术语角度来说，世界意指存在者的存在。第三，世界可以被理解为一个此在在其中的实践性。世界在这里有一种优先于存在论的生存论的意味。第四，世界还指"世界之为世界"的存在论上的概念，"世界"可以在此变作任何一个特殊世界的结构整体，同时也包含着一般世界作为世界的先天性。因此，作为存在论的术语，"世界"是指此在的存在方式，而不是现成存在者的存在方式，因为它们是属于世界或在世界之内的。

因为错失了"在世"的建构，所以遗失了"世界"作为现象的描绘，目前人们却在力图探索世界之内的现成存在者。从存在论的意义上来领会，自然可能是处在世界之中的存在者存在的极限状况。此在只有在它的在世的一定样式上，才能揭示自然及其内部的存在者。自然作为某些特定现成存在者的总和，不可能使"世界之为世界"得到理解。

前文已经说明我们从此在的实践性的、日常平均状态的视角来解释世界，因为这种状态是此在最切近的存在方式。日常此在最亲密的世界就是周围的世界，"周围"这个词含有空间的性质，但构成周围世界，具有组建意义的"周遭"却未体现出任何空间意义，空间性质附属于周围。

世界本身并不是世内存在者，但它对存在者起着决定性的规定作用，唯当"有"世界，世内存在者才能来照面，但世界如何才能"有"？如果此在在存在者层面上是通过在世建构起来，在本质上属于它的存在，因此它具备对世界的领会的功能。对于操劳来说，存在者均在世界之内，世界现象就先于现象学展现出来，操劳所及的存在者的世界性与存在者本身一起出现。操劳作为此在在世的日常状态出现，操劳所及的现成存在者一出现，它们的合世界性随之而一道出现，在操劳活动中，可能会遇到一些工具，它以合用与否来确定自身的用途，然而要靠什么揭示"不合用"？不是通过工具本身的属性来确定，而是通过存在者之间的关系来确定。不合用的工具只是摆放在那里，它只是看上去是可用的工具而已，而在它的使用状态中，它是可在手使用的，在单纯的使用状态中，它作为使用工具始终体现出了可使用性。工具使用状态的展现，使工具退回到了被操劳的事物上去，不合用的工具所展现的并不是物的改变，而是物的属性的改变。

操劳不仅会遇到工具层面不可用的事物，它还发现根本短缺的事物。这些事物不仅不合用，而且它根本就不能使用，这种方式的缺失又具有某种揭示作用，它以某种"仅仅现成在手的存在"中揭示着当下可用的工具。另外，某种工具不能上手使用，并不是因为它不合用或不能使用，而是因为它"阻挡"着操劳活动，不愿从事或无暇顾及，在进行操劳前必须要处理的其他事情，都是不会被使用的工具。工具不合用而使操劳变得"触目"，材料短缺让人窘迫，不得不处理的事情让人厌烦，这都是操劳在日常状态中的可能性，这些可能性在上手使用的工具方面呈现出了现成存在。但是在这些情况里，上手使用的工具和现成存在仍然联系在一起，工具并不是单纯的物。

可上手使用工具的存在结构是由指引来规定的。工具在顺利使用时，作为"物"的自明的自在性是使用着却未曾注意着它们而体现出来的。操劳也可能遇到用不了的工具，一种工具不能用，恰恰预示着"用作……之用"或"用于此"的指引架构被扰乱了。指引本身并未得到考察，但操劳置身其中，它们已经"在此"。在指引发生扰乱之际，即在"不合……用"的情况下，指引却突出醒目了，使我们注意到工具的"何所用"。

随着工具对其合用与否的各个零件互相联络，操劳活动滞留其间也一并映入眼帘，而世界就随着工具作为一个整体而显现出来。在工具指引结构变得触目之际，存在者身上显现出了周围世界的合世界性。如此这样显现的并不是上手使用的事物或其中的一种，更不是在手使用的事物。如果上述考察只局限于存在者，考察本身就无法通达自身，但被考察的事物的确已经对其展开了，唯有世界先行展开，考察才能通达世内的存在者。因此，世界就是此在作为存在者业已在其中的"何所在"，是此在的"何所向"。

世界不是由上手可使用的事物所组成的，但世界一旦在操劳的样式中显现，上手使用事物的异化便发生了，它显现为"现成在手的存在"。反而，世界不在操劳的样式中显现，工具可以体现"自在"。在操劳顺畅之际，工具指引构架的整体性并不足以引起重视，上手使用的事物就在这种不触目的自在中组建起它的现象结构。

不触目、不窘迫、不厌烦这些否定性术语意指上手使用的事物的存在具有一种正面的积极意义，这些意义指向了它的自在性质，但就传统的存在论来说，自在性质首先给予了在手使用的事物，这一点很能说明问题：如果人们乃至唯一依据现成事物制定方向，那就在存在论上对"自在"毫无阐明。人们往往在存在者层面强调存在的自在性，实际在存在者层次上的自在性根本不足以满足存在论的需求，只有依据于世界现象，才能从存在论上把握世内存在者的自在存在。

如前文所述，任何操劳都依据于它对世界的熟悉，在这种熟悉中，此在很有可能迷失于世内与其照面的事物。既然考察活动处于指引整体性的活动中，而指引的整体性有可能发生断裂，而使在手使用状态触目，那么应当如何来领会指引的整体性呢？

（一）指引与标志

通过对工具的存在结构的阐释，引出了指引现象，指引及其整体性对世界之为世界具有组建作用。而至此我们所看到的，世界显现为以某种方式操劳于周围世界上手使用事物的方式，这种显现是随着上手使用的状态而进行的。我们仍旧从上手使用的事物的存在出发，把握指引现象本身。为此，我们将引入一种存在论分析工具，这种工具就是"标志"，"标志"这个词称谓着太多形形色色的事物，不仅仅是各个种类的标志，还有某个事物的标志，而这就可以被表述为某种普遍的联系。标志结构就可以为一切存在者的描述提供一条指导线索。但标志首先就是一个工具，其性质在于显示，比如界石、路标、旗帜，等等。标志可以被规定为指引的一个种属，因为指引标示的是一种关系，大概可以将这些关系分为标志、象征、表达、含义等。关系却不是根据这些分类起作用的，它是一种形式上的规定，事实上，我们总可以通过形式化的方式在各种事物与其存在方式之间挖掘出关系。

一切指引都是关系，但并非所有的关系都是指引。一切显示都是指引，但并非所有的指引都是显示。由此可见，一切关系都是显示，但并非所有的显示都是关系。这样，关系在形式上的普遍性就可以界说了。由于这种普遍性，关系本身在存在论上还源于某种指引。目前，我们先将分析限于根据指引来解释标志，首先，我们不可能对所有的标志进行探讨，其显示也各不相同。其次，我们完全不谈充当这些标志的事物，这些标志可以区分出以下类别：痕迹、残留、纪念碑、文件、物证、象征、表达、现相、含义等，根据以上现象的形式将其形式化并不难。类似的是，我们现在很容易遵循着这样一种关系，将一切存在者加以阐释，而这种阐释总是"入调"的，因为它就好像将现象形式化而毫不费力。

海德格尔拿机动车的指向标（类似于现如今的转向灯）举例说明，这个标志在交通工具和交通管理工具的联络整体中都是上手使用的，作为一种工具，它是通过指引组建起来的，并且具有用以确定的效用。它的存在就是为了可以显示，我们把这种标志的显示命名为"指引"，但作为显示的"指引"并不标明这种工具的存在论结构。或者说，作为显示，"指引"以工具的存在结构为基础，以其效用为基础，然而效用并不能使存在者成为标志。比如，锤子这种工具也是由效用组建，但并不能成为标志。作为显示的"指引"把效用的"何所用"在存在者层次上具体化，向着"何所用"来对具体的工具加以规定，而"对……有效"的这种指引则是存在论层面的规定。从标志这个例子，我们可以看到作为效用的指引和作为显示的指引之间的区别了。在某些情况下，两种指引的统一才可能使某些工具更加具体化。从建构的层面看，显示有别于指引，但不能否认的是，显示与周围世界中可上手使用的工具的整体及其合世界性的存在方式有一种特殊的联系，用来显示的工具在操劳中具有优越的用途。

标志的显示意味着什么？还拿前面所阐述的机动车指向标为例，相对应于在世内照面的标志的活动，应当是根据它的显示，选择是"躲避"还是"停止"。这个标志的存在显现在空间的指示上面，当我们与这个标志照面，把它当作标志并对其显示加以规定时，也正是我们未能本真地把握这个标志之时。标志有赖于操劳，也就是说在过程中追随着标志的显示，并在周围世界中带入了明确的"概观"，即它获得了一种周围世界的定向。而从另一个角度来说，这个指向标是机动车的工具，这时就无须揭示它的特殊工具的性质了，它要显示什么、如何显示，这些可能是不确定的，所以这样的照面揭示了它并不是纯粹的物，而是作为工具的物要求其自身获得确定性。这样不确定的标志让上手之物的某种联络成为可通达的，但它并不是一种同另一种物具有显示关系的事物，它是一种工具，把某种工具进行整体的探索和确定，从而使这些上手之物的合世界性明确地显现出来。它显现出来的意义并非将要成为现成的存在加到已经现成的事物上去，而是正要到来的存在的显现，面对正要到来的，我们对它有所准备或未曾准备。标志的提示显示人们"何所在"，操劳滞留的"何所寓"以及这些事物又有何种联系。

在"设置标志"的活动中，标志特有的工具性质就体现得格外明显，这种活动是在探索过程中有先行预见并以此为出发点来进行的，这种先行预见是一种可上手使用的可能性，即能够让当下的世界通过某种上手使用的事物显现出来，但是，世内的可上手之物具有前面那种守身自在、裹足不前的性质，所以，我们需要在周围的世界中寻找一种工具，这种工具可以让上手使用的工具变得"触目"，在设置标志的时候，首先需要考虑的是它是否触目。

标志的设置不一定非要造出不可用的事物，还可以用已经上手的事物来做成标志，在这种情况下，设置标志的公开活动就具有更加源始的意义，甚至还可以起到最初的揭示作用。取为标志的事物唯有通过它自身的上手使用状态，才能成为可以通达的。例如，在农耕时节，人们将南风作为雨的标志，南风这种带有预兆的功能并不是建立在已经现成存在的南风的价值之上，在日常的操劳活动中，南风绝非先是现成存在，而后才有的标志作用，而是在农民操劳之际，揭示了南风的存在。

不过，这会有反对的说法：被用作为标志的事物首先就其本身成为可以通达的了，它在设置标志之前就已经得到了把握。的确，它已被人们所发现，而且早已在那里了，问题在于，作为坝成存在的它是如何被揭示的？它是作为纯粹的物，还是作为未上手使用的工具得到揭示？未上手使用的工具的性质还未得到揭示，但不可以被阐释为纯粹的物性，因为这样就使单纯的物性成了先行规定。

源始的此在大量使用偶像或魔幻类的标志，这说明标志在日常操劳过程中对领会世界早有了优先的地位，的确，在这类标志的使用过程中，固有的标志设置不是为了理论目的，也不是为了理论思辨所准备的，这类标志的设定与使用完全停留在"直接的"世界之内。对源始人来说，标志及其所指的事物是共生的，即标志不仅在意义上可以替代它所表示的事物，而且它始终是其所表示的事物。那个时候，标志还未摆脱其所代表的事物，这样的使用还完全融合在所指的存在中，以至于标志作为标志还未从其中摆脱出来，也没有作为一种工具被揭示出来。也许这条存在论的线索对于源始世界的阐释根本无济于事，但若存在之领会对源始此在与源始世界有组建作用，那么就迫切地需要把世界之为世界的现象的观念清理出来，因为所有的存在论命题都能从它的否定阐述中获得一定的积极意义。

经过上文的论述可以得出，标志与指引的关系有三个层面：第一，显示是效用的具体化，其基础在于一般的工具结构，即在于指引。第二，标志是可上手使用事物的一种工具特性，其显示属于工具的整体，属于指引联络。第三，标志是一种存在者层次上的上手使用的事物，它首先既是一种可使用的工具，同时又具有显示上手状态，显示出整体性与世界之为世界的存在论结构的功能。指引在存在论上是标志的基础，那么指引本身就不应被理解为标志，也不应是存在者层次上的规定性，它倒是在上手使用事物之间构建起上手状态本身，指引在何种状态下是上手使用事物在存在论上的"前提"？它又在何种程度上是世界之为世界的组建环节？

（二）因缘与意蕴

上手的事物总在世界之内照面。因此，在存在论上，这种可上手的存在者的存在总与世界之为世界有着密切的关系。在一切上手使用的工具中，世界总已在此。任何事物只要照面，世界的存在就已先行被揭示了，即使不是被专门揭示的。正是世界使可上手使用的工具上到手头，然而如何让可上手使用的工具来照面？在世内来照面的工具，被操劳揭示了它们的存在。我们在前文指出，上手使用的状态是指引，世界如何让这样的存在者的存在被揭示出来？我们曾提及效用、合用等，它们可以称为恰当的指引，并且已经先行描绘出了先行指引的具体化。但标志的"显示"，锤子的"锤"，这些却并非存在者的存在属性。可上手使用的工具最多具有合用和不合用、可用和不可用等类似于此的属性，而它的"属性"就束缚于此，但指引并不是某一存在者的适合性，而是存在者可以用适合性加以规定的存在的条件。可上手使用的事物存在指引结构，它本身就有受指引的性质。存在者作为它所是的那种存在，被指引向某种事物，这个存在者因为自身而同某种事物结缘，可上手使用的工具的存在性就是因缘。这种"因……缘……"的关联应当由指引来明确。

因缘是世内存在者的存在，存在者之为存在者，一向都有因缘。因缘是存在者在存在论层面上的存在规定，而不是在某种存在者层面上的规定。因缘的"何所缘"，就是效用层面的"何所用"，随着效用的何所用，又能有因缘。比如，锤子可以捶打东西，和修葺相关有缘；可以修葺，又和防风避雨有缘，这个可供防风避雨的处所，因此在在此防风避雨的形式而存在。也就是说，锤子因为此在的某种可能性的存在而"存在"，某些可上手使用的工具何因何缘，这是作为整体性描绘出来的。因此，因缘的整体性先于个体的工具，而其整体性是要追溯到一个个体的"何所用"上面，这个"何所用"也就不再有因缘。这个"何所用"本身并不是一种在世内以可上手使用的方式存在的存在者，这种存在者的存在被规定为"在世界之中的存在"，世界就在它的存在状况之中。这个存在者的"何所用"已经丧失了功效，而是以一种"因何之故"来体现，这种"因何之故"同此在的存在相关，这个此在本身就是为了存在而存在的。由此可见，因缘的结构导向了此在，导向了"因何之故"。

在存在者层面上，了却因缘意味着在操劳过程中，让手上使用的工具像它现在所是的那样存在，它也能像那样存在。我们要从存在层面上，把握"让它存在"在存在者层面的意义。先行让它存在并不等于把它带入存在的状态或者创制出来，而是向存在者揭示了其可上手使用的状态，让其可上手使用的存在方式与存在者照面。在存在者层面上，此在与其他存在者照面的时候，可以了却其因缘。从存在论上领会的了却因缘却不同，可上手使用的工具一般都是上手所及的事物，它通常不能被了却其因缘，除非我们不让存在者如其所是地存在，还要改变它、改善它、消灭它。

当了却因缘成了一种先天性的完成时，它即是此在的存在方式。如果从存在论上加以领会，即把可上手使用的存在者的状态向周围的世界敞开，了却因缘的"何所缘"揭示了"何所因"。只要操劳活动展现了某种存在者，那么它就是从周围世界而照面的可上手使用的，而不"首先"是现成在手使用的世界中的材料。至此，我们已经揭示了上手使用的存在者的因缘的整体性。

在因缘的整体性中，在来照面的可上手之物中，那合世界性已经先行被揭示出来了，因为因缘的整体性与世界包含着某种极为密切的存在论关联。把存在者向着因缘的整体性敞开了自己，这一定已经以某种方式使它向宇宙生命开显了自己，因此，从周围世界上到手头可使用的存在者必须向此在敞开，才能作为世内存在者，得以澄明。此在包含对于存在的领会，领会在某种活动中有其存在。如果此在本质地包含有在世这种存在方式，那么对在世的领会就是此在对存在的领会的本质。从世内来照面的存在者中已经先行敞开的事物不是别的，正是对世界的领会，而这个世界也正是此在有所作为的那个世界。

这一先行的对因缘的了却基于对"何所因""何所缘"的先行领会，这些存在者及其它们所凭借的事物，已经先行地被理解了，甚至，作为在世界存在中的此在，已经先行领会了自身。在领会上述因缘的整体性后，此在将自身的"能存在"指引到"为了做"，"能存在"本身可能是言明的，也可能是未被言明的，可能是本真的，也可能是非本真的，但此在总是因为这个"能存在"而存在。而那个"为了做"把某种"所用"先行标示出来，这个"所用"就是了却因缘中的"何所缘"，此在总以"因何之故"把自己指引至"何所缘"，只要此在存在，它就让存在者作为可上手之物来照面。此在以自我指引的样式优先领会自身，此在在其中领会的"何所在"，就是来照面的存在者的"何所向"，而上述两者，即以因缘的存在方式照面的"何所向"与自我指引着的"何所在"，就是世界现象。而此在自我指引的"何所向"的结构，也就是世界之为世界的构成。

此在源始地熟悉着它的自我领会，这种熟悉不一定要求对世界之为世界的构建进行理论上的透视，但明确地对这些关联做出生存上的阐释，依赖于这种熟悉，并且它也构成了此在对存在的领会。通过上面的分析，在我们的视野里，已经探索出世界与世界之为世界的关系，但又引出了下面的问题，即在存在论上，此在的自我指引究竟是什么？

领会活动必不可少，它是自我指引的方式，或者说是将自我指引保持在这些世界内的关联之中，并让自己在这些关联之中得到指引。我们把指引的关联性质把握为"赋予含义"，它使自己在世并源始地领会自己的存在与之所以存在。"因何之故"被赋予了"为了做"的含义，"为了做"被赋予了"所用"的含义，"所用"被赋予了了却因缘的"何所缘"的含义，而"何所缘"被赋予了因缘的"何所因"的含义。此在就在这种赋予的含义中使自己对自己的在世有所领会。我们把这种关联的整体性称为意蕴。它构成了世界的结构，是此在之为此在的结构性的原因，处于对意蕴的熟悉中的此在，是在存在者层次上的存在者得以揭示的条件。只要此在存在，可上手使用的事物的联系就被揭示出来，并且它也来到了这个可以同存在者照面的世界，此在的本质中包含受指派的状态。

此在总是熟悉意蕴的。意蕴就包含有此在有所领会，并在解释之际把"含义"展现出来的存在论条件，而"含义"又是语言和言说可能存在的基础。意蕴是此在和此在在世的生存论建构，同时也是因缘的整体性得以揭示的存在者层次上的条件。我们就这样把可上手使用的存在与世界之为世界本身规定为一种指引，但作为实体存在的存在者不就消失在这一关系系统中了？而世内存在者的存在不就消解到纯思中了？

目前，我们已经明确了三种区别：一是在世内照面的存在者的存在（可上手使用状态）；二是可以对可上手使用状态进行揭示，并对这种存在者的存在加以发现和规定（现成在手状态）；三是世内存在者可以得到揭示的存在者层次上的存在，即世界之为世界。最后的这种存在是对此在的生存论规定，前两种存在乃是范畴，它们关涉的存在者不具有此在式的存在。指引的联络作为意蕴组建着世界之为世界，在形式上它体现为一种关系系统，但诸如此类的形式化会使真正的现象内容消逝不见，特别是意蕴包含在自身之中的简单关联更容易导致这种情形。这种关联绝不是单纯想出来的，而是在实践的活动滞留中的其中关联，作为世界之为世界的组建，这种组建因素不会对存在本身造成威胁，反而恰恰是因为这种组建，存在者才把自身"实体的""自在"揭示出来。

（三）世界的规定

笛卡儿把"思执"与"肉身"或"物质实体"加以区别，以致后来演变为"自然与精神"的区别，无论如何演变，这一对立的存在论基础始终未被澄清。没有得到澄清的根源在于这两种存在者的存在没有得到很好的理解。自在者的存在有时指实体的存在，即实体性，有时指实体本身。如果要从存在论上规定物质实体，那就要规定实体和实体性，笛卡儿认为：我们通过某些属性认识实体，每一种实体都有它的属性，这种属性构成了实体的本质，其余的属性都附属于这样的属性。那么，实体的根本属性是什么呢？长、宽、高三个方向上的广袤。实体的属性都是由广袤决定的，实体的一切规定性，包括形相、运动、位置等都只有作为广袤的样式，才可以被理解，反过来，没有形相、运动的实体，从广袤的角度一样可以得到理解。

形相是广袤的一种样式。一个实体可以在广袤的总量上不变，而在广袤的不同向度上有所变化，从而呈现出不同的形相。运动也是广袤的一种样式，只要对实体的位置变化有把握，不问它的力量，我们也能掌握它的运动。上述这些规定并不构成实体的本真存在，即便它们的确存在，也不过是广袤的样式而已。而广袤则是一切变化中保持不变的事物，是实体的本真存在，其实体性是由广袤加以规定的。

由广袤规定的存在性观念就是实体性。"所谓实体，我们只能领会为这样存在着的存在者，即它能无须其他存在者即能存在。"①充分满足实体规定性的，就是完善的存在者。我们只可设想一个绝对独立而完善的实体，即上帝。其他的事物都是受造者，它们之所以能够存在，必须借助上帝的力量，需要制作与维持。在由受造物构成的世界内部，有两类实体无须人的制作与维持就可以存在，一类是思执，一类是广袤物。这两种实体的存在都是有限的，上帝是无限的，无论受造物还是造物者，它们都是存在者，都切实存在着。

于是，我们要规定实体的根本属性，需要澄清三种实体所共有的存在意义。可是，有限的实体与无限的实体之间，有着"无限的"区别，笛卡儿据此认为把"实体"一词同时应用到上帝和受造物并不恰当。既然在上帝和受造出的世界中有着无限的差别，"存在"这个词就不可能指代这两种存在者。既然如此，于是经院哲学家们把"存在"理解为"类比的"含义，至于这个含义究竟是什么，谁也不曾追问下去，存在的意义也始终未得到澄清，因为人们把它当作是不言而喻的。笛卡儿既不谈实体性的存在论问题，也还认为实体作为实体的存在本来就无法通达，存在本身无法触动我们，所以它无法被觉知。这样一来，纯粹的存在问题就被搁置了，反而去寻求实体的各种规定性，因为存在不能被通达，只能通过存在者的属性而加以

---

① 海德格尔. 存在与时间[M]. 陈嘉映，王庆节，译. 北京：生活·读书·新知三联书店，1999.

表达了。然而所探索的属性应当是未被言明，但已经确定为存在意义的规定，即实体的广袤性。于是，世界被规定为"广袤物"的存在论基础就已经显而易见了，这一规定实际上是以存在者的属性来支撑的。

（四）空　间　性

空间在某种程度上参与着世界的组建，所以我们在前文对上手使用的事物进行描绘的时候，已经开始讨论它的空间性了。不过我们并没有规定空间在何种意义上参与世界的组建，也并未讨论空间性如何包括在上手使用的事物的存在结构中，下面我们就来加以讨论。

我们首先探讨上手使用的事物，这不仅是说与其他上手使用的事物相比，它是最先来照面的存在者，而且也是在近处的存在者，它在日常状态中，具有切近的性质。"上手状态"本身已经提示了工具之近，但是这个近并不是用距离来衡量的，而是由"有所计较"的操作与使用来了解的，操劳又是着眼于随时可通达用具的方向确定远近。这不意味着只是从空间上随便哪个点就是近处，而是从用具本质上配置好、安置好，并且调整好的。即便它只是被堆在一起，也不同于单纯摆在什么地点。周围的世界中上手的工具之间的联络，使各个位置均为方向，每一个具体位置都是由位置的整体性来规定的，它们之间的多样性并不能被解释为物的现成存在于"何处"，而是各属其所地确定的"那里"或"此"。每一各属其所都同工具的上手使用的属性相适应，即以因缘方式与用具的整体性相适应。工具能有各属其所的性质，是因为一般的"何所往"，工具联络的位置性就被指派到了"何所在"，我们把这个各属其所的"何所往"称为"场所"。某个场所不仅指某个方向，同样也指某个环境。这个环境也是在那个方向上放着事物的环境。我们必须先揭示场所，才能揭示位置。依场所确定周围的用具器物的形形色色的位置，这就构成了在世存在者的周围的性质，即在周围世界中切近照面的存在者环绕我们周围的情况。空间性绝非指在三个维度内标示出的种种空间点，然后有现成的物体摆放在那里，空间性还掩藏在上手事物自身的空间性中：例如"上面"就是"房顶那里"，"下面"就是"地板那里"，"后面"就是"门那里"，一切"何处"都是由日常操劳过程中的步骤和途径来揭示的，由操劳来解释，而不是以测量空间的考察来确定和标示的。

场所并非要靠共同摆在手头的物来形成，场所本身已经成为上手之物。位置本身是由操劳本身指派给上手之物的，或者就作为位置本身摆放在那里，操劳对持续上手之物是有所规划的，它在何处上手使用，这也是操劳可以提供出来的，并向着其他的上手事物制定方向。例如，太阳的光和热就是人们日常利用的，而太阳就因为它所提供的表象的不断变化而有其位置：日出、日落、午夜，这种变化着但又循环恒常的事物到手上变成了突出的"指针"，提示着包含在这些位置中的场所。房子有向阳面和防风面，"房间"的划分是按照这两面制定方向的，而内部的摆设用具也依据它们制定方向。教堂和墓地是向着日出和日落来设置的，那是生与死的场所，它规定了此在最本己的存在。此在为它的存在而存在，此在一向揭示着与它有关的场所，这种场所的先行揭示是因缘的整体性参与规定的，而上手使用的事物前来照面就是向着因缘的整体性而展开。

每一场所中，先行上手的状态是上手之物的存在，它是一种更加源始的熟悉而不触目的性质。唯有当揭示上手状态的时候，场所才以一种触目的形式出现，而且是以操劳活动的残缺样式显现的。我们往往不曾在预期的位置上发现某种所需要的事物的时候，场所才被明确并成为可以通达的。空间被揭示为整体的空间性，那么空间中的位置也属于存在者的存在。在空间内，具有空间性的上手事物具有合乎世界因缘的整体性，空间的整体性就是通过因缘的整体性得以体现，需要注意的是，并不是周围世界摆设在一个预先给定的空间里，而是周围世界所具有的特定的世界性质在其意蕴中勾画着因缘的联络，进而体现着整体性。周围世界向来揭示自身的空间性，而因为此在本身也具有空间性，所以在存在者层次，才能让世内的存在者来照面。

此在在本质上不是现成存在，它的空间性不能体现为在世界中具体的某一处，更不意味着可处于在某处上手使用的状态，这是现成存在所特有的。但此在的确在世界之中，它同世内来照面的存在者打着交道。所以，无论空间是在何种程度上以何种方式附属于此在，都只有根据这种"在之中"才是可能的。"在之中"的空间性显示出了"去远"与"定向"的性质。去远是此在在世的一种存在方式，并非普遍意义上我们理解的距离等方面，此在是指一种存在建构。从这种存在建构着眼，移除眼前的存在者使其离开只是去远的一种实际的存在样式，实质上，去远是指使相离之距消失不见，是去某物之远而使其近。此在在本质上是去远的，它作为其所是的存在者让其他存在者来到近前照面。相去之远是现成存在者的非此在式的存在范畴，而去远必须把握为生存论性质，唯有此在揭示了"相去之远"，两个一般的存在者之间的距离才能被发现和被测量。

此在的在之中有一种求近的本质倾向。当今社会发展速度也在加快，我们一旦被迫加快速度，例如利用无线通信来传达消息，而这一切都是在克服相去之远。去远并不需要估计出可上手使用的存在者有多近和多远，若要估计多近和多远，这是日常行为中的"其远几许"，并不精确计算，但它们在此在的日常生活中自有其完全可以理解的确定性。我们在日常生活中说：到那里有好一程路要走，有"一箭之遥"，还有"一袋烟的工夫"，这些量度并不是常规的量度，而是人们的操劳着的存在者。即便这些量度是正规的，我们也还要把握这个量度下所估计出来的，如"到那所房子需要半个钟头"，这里的"半个钟头"并不是准确的三十分钟，而是一段绵延，这一绵延并不是按照时间的长度来延伸的，而是按照惯常的操劳来规定的。这些相去之远都是由操劳加以估计，即使在常规的确定的量度也是这样，因为被去远的事物在这种估计中上到手头，所以它保持着自己特有的世内特性。周围的世界上到手头并不是免于此在的永恒观察摆在那里，而是在此在的日常操劳中来照面的。接近与去远向来就是向接近与去远的事物操劳地存在着。现成存在者的客观距离同上到手头的存在者的相去之远互不干涉。

人们依照"自然"和"客观"测量的物之距离为准来评价

上述相去之远，简单地将其认定为"主观的"，但这样的"主观的"大概是世界上揭示存在者最为实的。这种"主观的"和主观及主观主义毫不相关，此在在日常活动中的去远活动揭示着世界的"自在"存在，而这个世界就是此在作为存在者依存的存在者。

把相去之远近首要的乃至唯一做测定的距离，这掩盖了"在之中"的源始空间性，通常认为"最近的东西"根本不是离我们距离最短的事物，"切近的东西"若要在日常状态中去达到、去抓住，它倒相去相远了，因为此在在本质上是以去远的方式具有空间性的，此在在其中活动的那个周围世界总是与此在相去相远的"周围世界"，因此，我们总是最先越过最近距离的，去看去听远处，这并非因为它们可以到达远方，而是因为此在的去远本质。决定这种本质的乃是操劳，操劳最先滞留其中的就是切近的事物，同样它也是调节着去远活动的事物。例如我们用眼镜来观察事物，来观察周围的存在者，而眼镜这种工具要距离我们相去甚远，远不如手边的水杯更加切近，同时，眼镜这个工具也不具备触目性质。再例如我们行走在街道上，街道本身也不具有触目性质，行走时每一步踩在街道上，仿佛它就是最切近的上手使用的事物，但当我们遇到了一个熟人，此时的街道就已经相去甚远，而熟人却成了切近的了。

此在在本质上是去远的，而且它绝不能跨越这种去远，抑或者说，此在具有空间性。此在不能在它的空间中环游，它只能改变远近，它不断去远，来对前来照面的存在者有所作为。同时，此在的去远具有定向性，操劳活动本身就是具有方向性的去远活动。在这种操劳活动之中，"标志"是先行给定的。标志承担着定制方向的任务，它使场所保持开放，使"何所去"保持开放，只要此在存在，就一定会有被揭示的场所。定向和去远一样，它们作为在世的存在样式就被操劳活动引导。所有固定的方向都源自于这种定向的活动，并且它始终带有这种方向性。在世作为定向去远活动的基础，左和右这些方向并不只是主观性的，而是被定向为上到手头的世界里的方向。通过左和右这种单纯的感觉，主体从一个虚构点入手，这个点不去过问主体的真实建构，只是依照自身在一个世界之中，此在为了给自己指定方向，也不得不在一个世界之中。

海德格尔对此举例说明：假设某人走进一个熟悉又昏暗的房间，房间内所有的陈设均已重新布置，把原来处于右边的事物全部移到了左边，他若要为自己制定方向，必须首先把握住一个熟悉的物，否则仅靠左右这种单纯的区分是没有用处的。在这里，这个人必须依靠它所熟悉的世界，并从这个熟悉的世界出发来给自身制定方向。因此，世界中的工具的联络必先给予此在。此在在世，这对制定方向起的是组建性的作用，其重要意义绝不亚于左或右的感觉。此在的这种存在建构不言而喻，但绝不能像心理学方面去阐释，理解为"我在记忆中"的某种方式，此在的一般定向活动才是本质性的，它首先需要在世。

此在在世随时都已揭示了一个世界，上文已述，这种世界之为世界的揭示活动，把存在者向着因缘的整体性展开，了却因缘以自我指引的方式进行着，而自我指引又以意蕴的领会为基础。现在又显示出，在世是具有空间性的在世，因为此在的去远和定向都具有空间性，周围世界中上到手头的事物才能到空间中来照面，即上手使用的事物在空间中将各属其所的状态展现出来，同时，在意蕴中就有空间性的开展。但是，在这种状态下的一般的世界之为世界所展开的空间尚不具备三维及其多重性，以上手使用的切近状态来说，作为计量的地点秩序和地域规定的空间的"何所在"依旧不明确。在前面，我们把场所领会为上手使用工具联络的所属"何所往"，而用具的联络可以以定位的联络来照面。一般的何所往通过操劳活动的"为何之故"的整体性而先行规定出来，了却因缘就在这一整体中自我指引。上手使用的事物来照面，同场所发生了因缘，因缘的整体构成了周围世界的存在，它包含着场所的空间因缘。

让世内存在者来照面，规定了一种给定的空间，称为"设置空间"，这种空间提供了上手事物的位置，于是我们可以为其制定当下的方向。如果将设置空间领会为生存论环节，那么它就属于此在的在世。但是，这样的空间并不鲜明，因为操劳中并不体现出其触目性质。空间的本质就随着这样一种操劳活动而得到揭示，我们也只有通过这样的空间本质来通达空间本身。

空间不在主体之中，世界也不在空间之中。在世展开了空间，如此说来空间在世界之中，从存在论上讲，此在是具有空间性的，也因此空间貌似具有先天性。先天性意指凡是上手之物来照面之际空间就已经先在于此。在操劳中首先来照面的，可以成为操劳专门的对象，可以成为计算和测量的任务，例如在测量土地的时候，就是这样——周围世界的空间性已经映入眼帘，我们可以通过放弃操劳来单独获得这一对空间的通达。

空间的形式直观揭示出空间关系的纯粹可能性，而我们只是从存在论上对空间的现象进行廓清。

　　对于在世的此在，先行给予的总是已经揭示了的空间，但就其本身而言，空间还是被掩盖着的。空间本质上在一世界上显示自身。它不需要某种具有空间性的上手使用事物和现成存在的事物的存在方式，同时它也不具有此在的存在方式。空间存在至今仍未阐释清楚，这是由于对一般存在的可能性缺乏探索与研究所导致的。要在存在论上领会空间问题，就应该将空间从存在概念中解放出来，着眼于现象本身以及现象层面的空间性，把空间存在的阐释在一般存在的可能性上澄清。基于世界才能揭示空间性，空间也参与着世界的组建。

四、共在与常人

（一）此在是谁

前文已述，此在是我一向所是的那个存在者，此在的存在就是我的存在，即一向有一个"我"是这个存在者，而不是别人。这个存在者在变化多端的体验中保持同一，并同多样性发生关系。在存在论上，这个类似于"我"的封闭的事物具备一定的优越性，因为它作为同一者在形形色色中保有自我。人们可以拒不承认灵魂的实体性、人格的对象性、意识的物性，但仍有某种事物，这种事物总有现成性的意义。虽然没有被言明，但人们始终把此在理解为现成的事物，此在存在的无规定性总是体现出这种情况，而现成性则是非此在式的存在方式。

此在向来就是我吗？在日常状态下，此在不总是"我自己"。人们说我就是这个存在者，从存在者角度来说，尽可能是正确的，但从存在论层面讲，从原则上还未必切近本质。"我"只是"不具有约束力"的形式标记：在当下的这种现象中，这种事物很有可能展露出它的"对立面"，但"非我"的绝不是缺乏"我"的存在者，而是"我"本身的某种确定的存在方式，比如失落、沉沦等。

我们前面关于在世的讨论已经阐明：首先存在的或一直给定的不是无世界的单纯的主体，无他人的绝缘的自我也不先行给定，在世之际，他人共同在此。世内存在者的自在存在在存在者层次上不言而喻，这会误导我们，以为世内自在存在的意义在存在论上也是不言而喻的，从而忽视世界现象。此在向来也是我的此在，这种存在者层面上的自明性就把存在论导入歧途，由此看来，此在不仅在存在论上是个问题，在存在者层面依旧没有廓清。

此在的本质植根于它的生存，如果"我"是此在的本质性规定之一，那么就必须从生存论上解释这一规定性，只有从现象层面让此在显现，我们才能揭示此在究竟是谁。如果此在只有在生存者的层面才能实现自我，那么我们必须追问自我如何才能常驻，以及自我如何才有可能不常驻于自身，但仅仅以自我作为存在论上的存在方式之一，也不足以支撑此在的本真核心，尽管人们在谈到存在者的时候，总是以现成存在的存在者来分析，谈到人的时候也不一定非要谈到人的实体性。但是，人的实体不是综合灵魂与肉体的精神，而是"生存"。

我们前面分析了此在同不具有此在性质的工具和现成的自然照面的情况，这样的分析不仅只是为了简化解释，更多的则是此在同其他此在的照面情况和这种情况完全不同。此在展开的世界中有这样一种存在者：它不仅和工具与物有根本的区别，而且按其自身作为此在本身的一种存在样式在世界之中，并且它又以在世界之内的方式来照面。它不是现成可以上手的，而是与所有敞开的此在自身一样，"它也在此，它共同在此"。假如人们要把一般世界和世内存在者相等同，那么，世界也是此在。

但不可否认的是，针对他人来照面的情况，总以自身此在为标准。我们需要特别注意这种观念，"他人"并非除我以外的其他所有此在，而是一个我们也在其中的整体，我和"他人"并无大别。"这个和'他人'一起的'也在此'没有一种在一个世界之内的'共同'的现成存在的存在论的性质。"①这个共同，是此在的共同。这个"也"是指存在的同等，存在则是在世操劳着的存在。"共同"和"也"需要在生存论上加以理解，而不可以从存在者的范畴角度加以理解。由于我和他人共同在世，世界向来就是我和他人共享的世界，"在之中"就是与他人的共同存在，他人在世界之内共同的自在存在就是共同此在。此在并不是将自身与他人区别开来，来切近地掌握自身，也并不是首先考察自身，才确定将自身与他人区别开来的凭借，此在不是通过上述手段与他人来照面的。他人是从此在的操劳过程中，从此在滞留于其中的那个世界来照面的，从某种程度上来说，所有的此在都是从这个世界来照面，包括自己的此在自身。或者说，此在在世界中的种种操劳活动与体验中，根本不曾展望或考察的时候，此在才发现了自身，并在它所操劳的上到手头的工具中，发现了自己。

此在通常从自己的世界来领会自身，他人的共同此在通过世内操劳的事物来照面，但他们并不是作为现成的人称物来照面，而是通过在操劳活动中，也就是在他们的在世中和他们

---

①　海德格尔. 存在与时间[M]. 陈嘉映，王庆节，译. 北京：生活·读书·新知三联书店，1999.

照面。所以，人们都在其世界中的共同此在来照面。作为此在的存在者首先与他人无关，在此情形下存在，也可以与他人共在，他人作为在世内的存在者就对此在敞开，因为此在在本质上就是共在。我们需要注意的是，不可以将此在的本质理解为作为此在的我并不是独立的存在，还有像我这样的其他人处于那里，这也就是说此在的在世本质是由共在组建的，那么共在就不是一种生存论上的规定了，也不是此在的规定，而是凭借他人的出现而规定了的。即便他人不在那里，也不被感知，共在也在生存论上规定着此在，此在的独在也是世界中的共在。他人只能在一种共在中，而且只能为一种共在而不在。独在是共在的一种残缺样式，独在的可能性恰恰是共在的证明。另外，实际上的独在也不能因为他人的样本的出现而消除，即便更多的人在那里，此在也能独在。因此，共在并不代表着许多人共同出现，独在也不能说明共在只是许多人现成存在，共在是每一个此在的规定性，只要他人的此在通过世界为共在开放，共同此在就是他人此在的特点之一，只有当自身的此在具备共在的本质，自己的此在才能成为共在中的此在。

此在的存在性质可以用操劳活动来揭示，但这不适用于共在，尽管共在这种存在方式也同此在的操劳一样，是一种对在世内照面的存在者的存在。此在作为共在对其有所作为的存在者，都不是可以上手使用的存在方式，而是此在。这种存在者不被操劳，而是处于"操持"之中。我们把"操持"这一表达领会为生存论结构术语。此在通常在操持的残缺样式中行事，互相怂恿、互相反对、互不需要、互不关己等，这些都是操持的可能方式，而仅就举例而言，它们可能也代表了日常状态，这些存在的样式又体现为不触目与不言而明的性质，这类性质为日常世界中他人的共在中所共有，一如操劳活动所关涉的上手使用的工具的状态一样。这种淡漠的方式很容易将存在论导入歧途，存在成了各个主体的单纯的现成存在，但从本质上说，共在的存在者之间的淡漠方式与随便什么物件摆在一起二者之间有着本质的区别。

操持有两种极端，这是它积极的样式体现。一种是为他人将有待操劳之事包揽，于是这个他人可以从所操劳之事中抽身，在这样的操持中，他人很有可能变成附庸，虽然这在通常情况下都不会被言明，这种操劳大部分都是对上手之物的操劳。另外一种是为他人做出表率，不是要把操劳之事包揽过来，而是要把他需要操心的事情真正回给他，这种操持涉及操心的本真，而不是涉及他人所操劳的上手之物，反而涉及他人的生存，这种操持有助于他人在他的操心中反观自身并在本己的操心中实现自我。操持表明自身的此在是这样一种建构：按照操持的种种不同的可能性，这种存在建构既与操劳所涉的存在相关联，同时也与此在本身的存在相关联。共处往往基于这样的共同的被操劳的事物，由于这些事物往往衍生出共处，大部分保持在外在的世界中，而且还采取保持距离的审慎态度，人们的共处就少不了猜疑，反之，如果人们为同一事业共同努力，这是在掌握了自己的此在的基础上的，这是最本真的团结，从而把他人的自由从他人之中解放出来。而日常的操持往往保持在这两种极端之间，它们的混合形态构成了日常的人们的共处。

世界不仅把上手事物作为世内的存在者向存在者敞开了，

而且把此在和他人的此在在他们的共在中敞开了，在这种被敞开的世界中，存在者是在同一个世界的"在之中"，即共同的"在之中"。同时，此在先行领会了意蕴，它让上手之物在因缘中被揭示出来，意蕴中的指引联系在此在的存在中被固定下来，因而这种最本己的存在本质上不能有任何因缘，此在本身就是这样如其所在的存在。但是与最本己的此在不同，他人的共在乃是为之存在的那种存在，所以，作为共在的此在是为他人而存在的，即便某人真的离群索居，不趋于他人，他也是共在的此在。在共在中，他人的此在已经先行展开了，所以，这种以先行展开的方式构建起来的共在，也展开了意蕴，同样也参与构成世界之为世界，他人作为共同的此在随着操劳活动一同来照面，他人并非单纯地与其他的物一同现成地摆在那里，而是在操劳中随着周围世界中可上手之物一同来照面。

此在的存在是共同存在，所以此在的存在之领会中有对他人的领会，这样的领会不是从对他人的认识中得出的认识，而是一种源始生存论上的存在方式，唯有这种源始的生存方式才能使认识成为可能。自我认知以源始的有所领会共在开始，同他人一道在周围世界中有所操劳，而操持是在操劳的过程中对其有所领会而展现的。所以，他人是在有所操劳的操持中得以展现的。海德格尔还悲观地认为，操持首先是在操劳滞留其间的残缺或淡漠的样式中而得到领会的，因此，滞留在淡漠中的此在，只能首先通过自我结识来获得自我认知。公开自身或者封闭自我都是共处的存在方式，明确的操持是从与他人共在的视野中展现出来的。

从存在论来看，向着他人存在与向着现成存在物存在有着重大区别，这个其他的存在者本身就有此在。所以，在向着他人的存在中，有一种此在与此在的存在关联。人们也许会说：各种此在的存在关联已经对此在发挥建构作用了，因为每一此在都从它本身而领会此在，从而同其他的此在发生关联，于是他人的存在关联变作一种投射，把自己对本身的一种投射关联到他人的身上，他人就成为此在的一种复制。只要此在向他人存在这个观点没有被证实，以上的说法就是没有前提与基础的。向他人的存在是一种独立的不可还原的存在关联，这种关联作为共在在此在的身上存在着。以共在为基础的相互认知常常取决于此在对自身的领会，这以当此在在世且与他人共在为基础，并非"移情"组建起共在，而是"移情"要以共在为基础，并且"移情"之所以无法避免，是因为共在的残缺样式占据了主流。

"移情"不是源始的生存论现象，但为了能够正确地有所领会，需把积极的生存条件设为前提。共同存在是此在共在的生存论组建因素之一，共在表明自己具有世内存在者的存在方式。只要此在存在，它就有了共处的存在方式。共处可以被理解为许多现成主体的结合，数目不能被揭示，除了此在以某种特定的共处与相向的特定的存在方式来存在。

（二）日常与常人

从存在论上来说，不论是此在的还是他人的"主体性质"，都是从生存论上得到规定的。也就是说，从某些去存在的方式上得到规定。他人在操劳过程中来照面，他人是他们所从事的事物。无论与他人的关系是怎样的，人们往往操劳与这种关系中的差别，即便是为了消除这种差别。无论是落后于人，还是领先而压制于人，这种差别让人操心，这种差距让人们的共处纷扰。从生存论上来说，共处就会庸庸碌碌，这种存在方式对此在越不触目，它就越是顽强地发挥着源始的作用。

此在作为日常共处的存在，它就处于他人可以影响或号令的地方，这些他人并非某个确定的他人，而是一种代表。他人从不触目的、从作为共在的此在那里接管了统治权，人本身属于他人之列并巩固着他人的权力。人之所以用"他人"这样的称呼，就是为了使自己尽量不从属于他人，而他人首先就是日常生活中在此的人们，这些人就是"常人"。随着生活方式的同质化，共处的同在把本己的此在完全消解在"他人的"存在方式之中，而各具差别的他人就消失了。在这种不触目而且又不成定局的情况里，常人开始了他真正的独裁。常人怎样享乐，我们就怎样享乐；常人对文艺如何评论，我们就如何评论；常人对什么愤怒，我们就对什么愤怒，常人就是一切人——这个常人是日常的存在方式。

常人有日常的去存在的方式，这种庸庸碌碌的状态被我们称为为平均状态而操劳。这种平均状态正是常人的一种生存性质，常人本质上正是为了这种平均状态而存在，因此常人往往保持在各种平常事务的状态之中，而且它已经先行描绘出了什么是可能而且容许冒险的尝试，它防止任何例外的渗透。为了平均状态而操心又揭示了此在的另外一种本质，我们称为对一切存在的可能性的平整。庸碌、平均和平整作用都是常人的存在方式，这几种方式组建了我们称其为"公众意见"的事物，它调整了关于此在的一切解释，并且始终保持着其所谓的"正确性"，这种正确性并不来自于公众意见对日常事务有特殊的存在关系的要求或者较强的辨别能力，恰恰相反，公众意见对日常事务的"不深入"是它们的主要根据，它对水平高低与货色真假毫不敏感，却使这些不敏感和不辨别的言论作为众所周知的事物使人人通达。

常人到处在场，但当此在出面决断的时候，常人却已经溜走了。常人，或大众意见预设了一切判断和决定，此在身上的这个责任却被拿走了。常人仿佛能够在"人们"中树立威信，使人们不断相信它。它负有一切责任，因为它并不是主要的责任人。常人一直是担保人，但又不曾有其人，在此在的日常生活中，大多数事情都是我们说的"不曾有其人"的那个存在者造成的。常人就这样卸掉此在在日常生活中的责任，只要此在有轻取与轻举的倾向，常人就卸掉其责任。也正因为此，常人维护了它的权威。没有一个人是他人本身，但每个人都是他人。这个常人就是此在是谁的答案，但这个常人并无此人，一切在共处中的此在总是听这个人的摆布。

我们已经在前面论述了日常很多状态，在这些状态中，就有着此在最为接近的"常驻状态"，它不是某种现成存在的持续不断，而是此在作为共在的生存方式，在这种方式下，本己此在的自我和他人的自我远未发现自身或者已经失去了自我，而常人以非本真的状态而存在，以这种方式存在的此在，并不减少任何实际性，恰恰相反，如果将此在的存在领会为"实在"，那么这样的此在正好符合。常人也不是现成存在的，但在此在的存在面前，它把自己暴露为最实在的主体。如果我们把这个现象揭示为许多主体的共同的现成存在加以总结而得出的结果，那么从存在论的角度来说，这个现象就得到了说明。常人也不像是"一般主体"这样的事物，只有把这些主体理解为非此在式的，且成为一个族群的现成存在，才会有这样的看法，进而得出：凡不是个别事例的事物，就只能从种类的意义去领会。但是常人不是此在的类，更不是此在身上可以得到的一种常驻的现成的存在性质。常人是一种生存论环节，并作为源始现象而属于此在的积极状态。在日常生活中，此在就是常人。

我们对本真的自己和日常的自己加以区别，作为常人，此在就消解在常人之中，在操劳中涣散于最为切近的来照面的世界之中，而涣散恰好就是这种方式下的"主体"特点。在这种情形下，此在最为熟悉常人，这个常人把世界揭示了出来，在日常生活中，这个此在是为自己为常人之故而存在，同时也是这个常人将因缘的整体展现出来，其限度也是由常人的平均状态来确定。如果此在为本真的自己，那么主体并不先决存在，首先出现的存在是他人，而他人是以常人的方式出现的。这个此在是作为常人而被给予自己。如果以此在自身揭示世界，就其自身展开本真的存在的话，那么此在也就把世界中的一切日常状态下的掩盖与蒙蔽拆穿了。

日常中的此在从它最为切近的日常的存在方式中汲取它的存在，并且这种存在是先于存在论而揭示的。而存在论的阐释追随着这种此在，它从世界方面领会此在，并且把此在作为世界之内的存在者来发现。存在者的"主体"也是靠存在的意义来领会，但也正因如此，世界现象本身也被世界内的现成存在者取而代之，共在的存在者的存在被理解为现成状态了。在日常的存在方式中，这种存在建构本身就已经错过了自身和遮蔽自身的屏障。本真的自己存在并不单纯依托于主体对常人的摆脱，作为常人的此在在本质上也是生存论层面上的，本真的自己存在则是常人的一种生存方式的变种。本真生存着的自己的"同一性"与在纷繁中保持自我的"同一性"，从存在论角度来说有天壤之别。

五、在 之 中

在世是海德格尔分析此在的核心，这一工作的切近目标即从现象上产生此在存在的源始统一结构，此在"去在"的方式及其可能性在存在论上得到规定。世界这一结构环节以及在世的存在者及其日常生活中是谁来进行的，从我们一开始对此在的准备性的基础分析这一任务之时，就已经预先就在世之中本身做过说明。我们要以一种贯穿始终的眼光来容纳结构整体，防止在分析个别环节的时候现象的分崩离析。

除了"寓世"、共在和自己存在之间的本质联系外，在世还有什么可以展示呢？我们还可以对操劳、操持及其种种衍生进行描述，还可以揭示存在者的存在，从而把此在从非此在式的存在者那里揭露出来。如此等等，除上述这些以外还有很多。但我们探索的目的不止于此，我们不能使用从其他现象派生出"在之中"这一现象的方法，但源始的非派生性并不抵触存在性质的多样性，如果这些性质是在世界中展示出来的，它在生存论上就是同样源始的。存在性质的多样性同样对源始的事物具有组建作用，但在组建环节上同等源始的现象在存在论上经常遭到忽视，因为人们在探索的方法上总是倾向于用一个简单的"元根据"来指明渊源。

要揭示"在之中"这种现象，"在之中"有别于现成存在者在另一存在者"之中"或"之内"，在之中不是现成主体的一种性质，仿佛这种性质可以通过"世界"的现成存在受到影响，"在之中"可以说是这种存在者本身本质性的存在方式，也可以说就是在这"之间"的存在，而这个"之间"已经被理解为两个现成的事物相契合的结果。存在论的关键就在于防止这种现象的碎裂，保证正面的现象实情。由在世组建起来的那个存在者，其本身向来就是它的"此"，"此"也可以理解为这里与那里，"这里"总是通过"那里"来领会自身的，"那里"的意义则有所去远、有所定向、有所操劳地向那里存在。在生存论上，此在的空间性以这种方式规定着此在的处所，这种空间性本身则基于在世。只有当此在展开的空间性的存在，这里和那里才是有可能的，而那里则是世界之内来照面的存在者的规定性。此意指本质性的展开，通过这一展开，此在同世界的在此一道，为它自己在"此"。在存在者层面，用形象的语言描述在人内部的任性，指的是应当以此的方式存在，它作为在世的存在本身是敞开的，不是由其他存在者来照亮，而是它本身就是明敞的。只有在生存论中就已经如此明敞的存在者，现成的事物才能在光明中通达。此在从来携带着它的此，此在就是它的展开状态。

（一）此在的现身

从存在论角度上看，我们用现身情态这个名称来指代情绪或有情绪。在谈论任何情绪心理学之前，把这种现象视为基本的生存论环节，并探索它的结构。日常操劳活动中的无忧无虑与心平气和，或者受到阻挠心烦意乱，或者在其间流转，诸如此类的在存在论上并非无所谓，尽管这些现象一向在此在中被看得无足轻重。情绪可以使人变得无精打采，此在总是有情绪的。没情绪也不是无所谓，而是在没情绪中对自身的此在厌倦了，并且存在本身变作一种自身的负担。在各种情绪现象中，此在作为"此"的存在展现，它对自身公开了"自己感觉如何"这种情形。但这种展现，并不代表"认知"，也正是这种日常状态，此在的存在在它"在且不得不在"中展现出来。"它存在着"展现了出来，而"何所来"和"何所往"仍未明晰，通常情况下，此在并不屈就于这些情绪，不愿被带到"此在"的存在面前来，这同样更是这种现象的证据。此在在存在者层次上闪躲这样的情绪，这在存在论上意指：此在在不肯屈就于情绪之时，也就已经将"此"揭示了。

此在的"何所来"与"何所往"依然未被明晰，此在这种展开了的存在性质我们称其为"被抛境况"，存在者在这种境况中被抛入了它的此在状态。这个存在者在世界中就是这个此。被抛境况就是指托付的实际情形，此在的不得不在存在论范畴上表达事实性的"它存在"，这种事实隶属于现成性。实际性并不是现成事物的那样的客观性，而是此在的一种生存性质，被接纳到生存之中。"它存在着"，不是摆在那里，而是由无操劳的静观发现。此在向来都是它的此，它以言明或未被言明的方式，体现在它自身的被抛境况中。此在一旦处于现身的情形中，它被带到自己面前来，而且总已经发现了自己，不是那种有所感知地发现自己，而是带有情绪的。这种发现，并不是带有目的性的直接的寻找，而是来自一种逃避，情绪不是在被抛境况下展开的，而是在背离与趋就中展开的。

情绪把此在带到它的此的"它存在着"面前来，但我们绝不能用关于纯粹现成事物的理论认识的确定性来衡量此在的现身情态，这么做只能让现象更加隐晦，也绝不可将现身情态归为非理性的事物。此在应当凭借知识与意志成为情绪的主人，这也许意味着意志和认知的一种优先地位，但在存在论上，不能否认的是情绪总是此在的源始存在方式，情绪先于一切认知和意志，而且对其自身开展。海德格尔就此总结了第一个存在论的本质性质：此在在被抛境况中现身，并且通常以背离方式展开此在。

此在的现身情态与灵魂状态等大相径庭，它并不具备可以先行理解的性质，一切内省之所以能够"体验"自身，是因为此在已经在现身中展开了。此在在"纯粹情绪"中展开得更加源始，然而比起任何不感知来，它把此在深藏其中。沮丧的情绪最能体现一切，在沮丧的时候，此在面对自己，操劳所关涉的周围世界已渐渐隐去，此的现身不是反省而来，恰恰是无所反省地委身于周围世界，而周围的世界却在操劳之际干扰此在，于是情绪袭来，它并非由此在自身生发出来，而是在在世的方式下，从其中生发出来。情绪总是将在世作为整体展开，同时我们可能根据某种事物制定方向。情绪并非首先关系到灵魂上的事物，它并非一种在内的状态，这种状态体现为由内及外生发出来，并且给人涂抹上一种色彩。据此，海德格尔提出了此现身的第二个性质，即世界、共同此在和生存是被同样源始地展开的，现身是它们展开状态的一种生存论上的基本方式，因为展开状态本身本质上就是在世。

以上规定了两个性质，还有第三个性质，这一点更有助于深入地领会世界之为世界。世界让在其中的存在者来照面，世界的这种"在之中"的先行展开状态由现身参与规定，某个存在者来照面并不是一味地感受或注视。操劳与让某存在者来照面具有牵连的性质，而在存在论上，若说同上手之物的无用、阻碍、威胁等发生牵连，就必须对"在之中"本身做如下规定，它可能是涉世内照面的存在者以这类方式显现，是现身在惧怕或无所畏惧之中，把周围世界向着可怕的方向揭示了。现身的情绪从存在论上组建着此在的世界的敞开状态。

感官是一种具有在世的存在方式的存在者，所以它才有可能与世界有所关涉，才能被"触动"，对"某事物有感觉"，是被触动者在感触中体现出来。如果不是现身在世的存在已经指向了一种由情绪先标示出来、同世内存在者发生关涉的状态，那么无论多么大的压力和阻碍都不会出现任何感触这类事物，然而阻碍在本质上也仍是未被揭示的。从存在论层面来看，此在的现身中有一种向世界敞开的状态，发生关涉的存在者是从这种指派状态方面来照面，而从存在的原则来看，我们必须把对世界的揭示留归"纯粹情绪"，直观即使能深入到一种现成存在者的存在的最深处的内在，它也绝不能揭示可怕的事物。

在首先展开的此在的现身基础上，日常的探索广泛地出现错误，产生错觉。按照对"世界"的绝对认知，这种情况就是"不真"，但是这种"不真"在存在论上的积极性质却被忽略了，正是这种不稳定的、随着情绪波动的探索中，上手使用的事物才能以某种特定的世界性显现出来，因为世界没有一天不在变化之中，世界之为世界亦是如此。理论总是把世界淡化到纯粹的现成存在者的统一性中，当然，在这之中的关于存在者的纯粹规定可以被当作一种新的知识或财富，但实质上，它们并未甩开情绪。只有当理论可以平静地滞留于某种存在者，让现成的存在者前来照面的时候，现成的事物才能向着理论方向去显现。认知的规定活动是通过现身在世组建的，这与将"科学"与"情绪"混为一谈有着天然的区别。

此在被抛向、被指派向哪里，随着它的存在展开了世界，现身不仅在这种情形中展开，而且此在以这种方式把自己交付给世界，让自己同世界有所关涉，并以某种方式逃避自身。现身是一种生存论上的基本方式，前文也已讨论，此在在这种方式中才是它的此。同时，它还在生存论分析中具有方法论的含义，这种分析工作只可以从展开了此在的存在者身上来获取存在和关于存在的启示。现象学的阐释必须让此在阐释自己，在这种阐释活动中，现象学只是跟随着此在，将现象上升到理论层面。

（二）作为领会的此在

前文已述，现身的情态是"此"的生存论结构之一，"领会"同样构成此的在。现身一向是领会了的现身，即使其本身抑制着领会，而且领会总带有情绪。此在生存着，这就是它的此，世界在此，世界的在此是"在之中"，在之中本身也在此，存在在世界之中本身也是展开了的，而其展开状态被称为"领会"。在这种领会中，被领会的意蕴一同展开，领会的展开及意蕴源始地关涉整个在世。可以这样说，此在是为它自身而在世的存在者。

在存在者层面上，有所领会是指"能够理解、能够胜任、能做或会做某事"，但在生存论层面上的领会，它能做的并不是现成存在的，而是生存活动的存在。此在并不是这种现成事物，而一向是它所能是的那个存在，此在如何是其可能性，它就如何存在。此在的本质性的可能在对世界的操劳与对他人的操持之中，在这一切中也总已关涉它本身并为它本身之故而存在的可能性了。同时，这种可能性有别于逻辑上的可能性，有别于现成事物的偶然性或可能性。偶然性或可能性表示的是某些事情借助这个现成事物"发生"，可能性表示现成状态的范畴，意味着尚未实现的事物和永不必然的事物。在存在论层面上，它低于现实性和必然性。相反的，生存论层面的可能却是此在的最源始[1]、最积极的规定性，领会为可能提供了现象根基。

可能性在存在论层面上并不意味着"为所欲为"，此在是现身的此在，一旦现身就已陷入某种可能性，同时它不断地舍弃着自身的可能性。此在是委托给它自身的可能性，是被抛的可能性，是为本己的能在而自由存在的可能性。在各种可能的方式与程度上，可能对此在最为透彻明晰。作为领会的能在并不对尚未形成的事物有所期待，此在总是随着它能存在的方式去完成存在，它知道它于何处随其本身一种存在，这个知道并非一种内在的自我感知，它是属于此之在的，而此之在的本质就是领会。只因为此在领会着它的此，它才会迷失或犯错。因

---

[1] 源始：即起源，意为表述的现象出现之时。

为只要领会局限于现身的领会，在存在论上它就已经将自身交给了被抛境况的领会，此在就已经迷失了。

此在本身的本己能在在生存论意义上体现为领会，这个领会体现在此在在其本身的存在开展着随它本身一道存在的何所在。领会始终关涉在世界之中存在这个基本建构，作为能在的"在之中"一向就是能在世界中，不仅世界是作为可能的意蕴展开，而且世内存在者也是向着本身的种种可能性展开。上手使用的事物在它的有用、可用中被揭示为上手之物，其间因缘的整体性作为上手之物的可能联络也展现出来，甚至各种现成事物统一成的自然也根据它的可能性解释出来。自然的存在基于其可能性的条件，非此在的存在者向着它的可能性的条件展开的时候，我们就领会了它的存在。

从领会中展开的事物的任何本质维度来说，领会总是介入到各种可能性之中，因为领会带有"筹划"的生存论结构。领会把此在向着"因何之故"加以筹划，把此在之在向着那个使此在的当下世界成为世界的意蕴加以筹划。这两种筹划是同样源始的，而且它实际组建着在世的存在，它也使能在在存在论上具有活动空间。此在一向对自己已经有所筹划，只要此在存在着，它就筹划着。但领会并不会将可能性作为专题来把握，因为一旦如此，它也就取消了筹划之事的可能性，使其降低为一种已有所指的、给定的内容，筹划应当在被抛境况中将可能性作为可能来存在。在领会中，此在就是它的各种可能性之为可能性，即从生存论层面上说，此在就是它在其能在中尚未实现的。

领会的筹划始终关涉在世的整体展开状态，领会作为能在，其本身就具备种种可能性，这些可能性通过本质上可以在领会中展开的事物先行标示。领会可以首先置身于世界的展开状态之中，此在可以从它的世界方面来领会自身，当然，领会也可以将自身抛入"为何之故"的问题中，这样的领会是本真的领会，即领会到此在如其本然地生存着。领会也可以是非本真的领会，这并不是此在"仅仅"领会世界，世界属于此在的自身存在，而自身存在即在世的存在。无论是本真还是非本真，领会都有可能是不真实的，始终贯穿着可能性，而且本真与非本真互不排斥。在对世界的领会中，"在之中"也一同被领会了，对生存本身的领会也总是对世界的领会。

就筹划性质的角度来说，领会在生存论上构成此在的视，操劳活动的寻视、顾视以及对存在本身的视，这些都已经表明此在存在的基本方式，此在是生存论上随着此开展的一同存在的视。首先，关涉整体的生存的视，我们称为透视。这个术语同样也包含着"自我认知"的含义，意指并不只是观察自我一个点，而是贯穿在世的所有本质环节，从而领会在世的整个开展状态。其次，只有当生存着的存在者同样源始地在它的寓世之在与共他人之在中对自己成为透彻的，它才"自视"。"视"所对应的境界是个澄明的境界，在这种情形下，澄明可以来描述此的展开状态，"看"并不意味着用肉眼来感知，也不意味着非感性的认知这个现成事实，"看"是让那个它可以通达的存在者与其本身无所遮蔽地来照面。

所有的视首先植根于领会，操劳活动同样也是知性的领会，于是我们取消了纯直观的优先地位，这种认识论上的优先地位同现成事物在传统存在论上的优先地位相适应。"直观"

与"思维"是领会两种远离源头的衍生物，连现象学的"本质直观"也植根于存在论的领会。只有存在与存在结构才能成为现象意义上的现象，只有当我们获得了存在与存在结构的鲜明概念之后，才可能决定看的本质直观的方式。

"此"展开在领会之中，这本身就是此在能在的一种方式。它向着"为何之故"筹划自身的存在，这也就是向着世界筹划其自身的存在，在这种状态中，有着一般存在的展开状态。在筹划中，存在被领会。与此同时，对在世尽心筹划是此在的存在方式。现身和领会这些生存论环节描述出此在在世的源始展开状态，此在以有情绪的方式"视"它的能在，而在筹划过程中的开始之时，就已经带着这样的情绪。关于最本己的、能在的筹划已经托付给了此在的实际状态。

组建着此在以及在世状态的基本生存论环节是现身和领会，解释是对被领会的事物的占有，只要现身与领会是同样源始的，那么就会有解释可能来自于现身。解释本身就有一种说和道的概念性，语言的生存论存在论的基础是话语，在第一章里，现身、领会、解释等我们已经不断地重复这种现象。

话语和现身、领会在生存论上是同样源始的，是解释与命题的根据。可在解释中分环勾连的，更源始的可以在话语中分环勾连。我们把这种可以分环勾连的结构称作意义，话语中的分环勾连的事物可以被称为含义整体，其中可分环勾连的事物分环勾连，就是含义，因此，含义也总具有意义。话语是此的可理解性的分环勾连，展开状态由在世来规定，话语也就一定从本质上具有世界式的存在方式。在世的可理解性可用话语道出自身，可理解性的含义通达言辞，言语汲取含义而生长，并非现有言辞，然后配有含义。

将话语说出来，就是语言，在语言中，包含了它"在世界之中的"存在，于是，言辞的整体就成为世内存在者，好像其他现成存在者一样摆在眼前。语言可以拆解成现成的言说物，具备含义的话语表述是此在的展开状态，而这种存在者的存在方式是被抛的在世，所以，话语在生存论上就是语言。话语对此在的生存具有组建作用，听、沉默都属于话语，只有通过这些现象，话语对生存论结构的组建作用的现象才变得清晰。

话语是对在世的可理解性的"赋予含义的"分解。在世包含共在，共在一直就在某种操劳的共处中，赞许、苛责、请求、警告等这些都是共处中的话语，此外还有很多，诸如发言、协商、说情，等等。另外，话语是关于某种事或物的话语，"关于什么"通常不具有规定的命题或专题的性质，所有的话语都具备这个"关于什么"的结构环节，因为话语共同规定着在世的展开状态，它特有的这一结构已经由在世这一建构形成了。话语所关涉的事物总是从某种角度、限度内说到的，话语之所关涉本身，也是所关涉的对象本身，在其中话语传达着它自身。

我们有必要从最广泛的存在论意义上领会"传达"这一现象，有所领会的共处的分环勾连是在生存论原则上有所领会的传达之中构成的。这种分环勾连"分享"着共同现身与共在的领会。传达活动并非将某些体验（或某些意见与愿望）从一个主体传输到另外一个主体，而是以"分享"共在来体现的。共在在本质上已经在共同现身和共同领会中公开了，只是在传达之前，没有被占有进而被分享而已。

同样，话语还具有道出自身的性质，此在通过话语道出自身，并非将自身的内部展现出来，而是此在作为在世的存在者已经有所领会地在"外"了。道出的事物恰恰在外，也就是当下的现身方式，而现身早已涉及"在之中"的整个展开状态。现身的"在之中"通过话语公布，同时将现身状态的生存论上的可能性加以传达，把生存展开。这本身是"诗的"话语的目的。

话语把现身在世的可理解性以含义为依据分成若干环节，其环节包含话语所关涉的事物、话语本身、传达和公布。它们并不是一些仅凭经验聚在一起的语言性质，而是由此在的存在建构起来的生存论环节生发出来的。从存在论层面来说，只有这些东西才能使语言成为可能。同时，这些环节不在字面上得到表达，这只是说明了人们说话时采用的某种特定方式。但话语之为话语，必然处于这种结构的整体性之中。

海德格尔曾提出要经验语言，语言是人说话，它可以分离主客体，同样也是人的天性。存在与语言密不可分，上文已经阐述，但我们总想把握语言的本质，却困于上述其中某一个环节，诸如"表达""象征""命题"等此类都是我们理解语言的线索。而实际上起着决定性作用的，是在此在分析基础之上，把话语结构的存在论和此在的生存论做一整体厘清，这并非要收集关于语言的科学知识，而是让经验触动内在的此在。

听作为一种生存论的可能性属于话语的一个环节。并且，听把话语和领会、理解的联系明确化了，如果我们听错了，那么就不会理解，也不会领会。听是话语的一个构成，语言上的发音以话语为基础，声学上的收音以听为基础。听某事或物就是此在作为共在向他人敞开的所在。每一个此在都听，因为它在领会。共在是在互相听闻中形成的，这个互相听闻可能有追随、同道等方式，或有不听、反感、抗拒、背离等反面的样式。

在日常生活中，我们能听到摩托车和汽车的声音，能听到建筑工地施工的声音和林间的鸟鸣，这是一种现象层面上的证据，证明此在作为在世的存在，已经滞留于世内上手的工具，而不是"感知"，感知只是提供了一种方式或手段，此在作为本质上有所领会的此在首先寓于被领会的事物。在明确地听他人的话语之际，我们领会的也是他人的话语所指向的事物，并非先行听到他们的声音。甚至于说话的人是外国人，说着我们听不懂的外语，我们听到的仍然是无法领会的语言，而非各种各样的音素。在听到话语所关涉的事物的时候，也"自然而然"听到表达这种事物的方式，即所谓"表达方式"，但这也在于我们已经先行共同领会了话语关涉的对象，只有这样，我们才能评论人们对这种事物的判断。

只有先有生存论上的言和听，人们才会泛泛闲听，这种仅仅听言语是听的领会的缺失，言与听都植根于领会，而领会并不来自喋喋不休和到处打听，唯有领会才能聆听或倾听。因此，话语的另外一种可能性本质——沉默，也有它的生存论基础。比起口若悬河，在话语交谈中沉默的人可能更本真地"让人领会"，或者说逐渐领会。对某事情滔滔不绝，并不可保证领会因此而更加通达。相反的，漫无边际的话语谈论会起到一种遮盖的作用，把已有的领会和理解带入虚假的澄清。但我们需要注意，沉默不代表喑哑，哑巴无法证明他的沉默，天生寡言的人同样如此，从不言说的人不能表明他的沉默时刻，为了沉默，此在必须有可言说，也必须有它本身真正丰富的展开状态可供使用。由上观之，只有沉默才可以揭露出"闲言"并进而消除它，这种沉默的话语样式如此源始地把此在的可理解性分环勾连，真实的能听和透彻的共处同样源始于它。

话语对此在的现身和领会具有构成作用，此在即在世的存在，因此，此在"在之中"已经言说自身，此在有语言。古希腊人的日常哲学活动主要存在于交谈之中，虽然他们也可以看，但他们把人的本质规定为理性的动物，从某种程度上遮盖了此在的现象基础。人表现为有所言谈的存在者，它能用言语的方式揭示世界和自身。

古希腊人没有"语言"这个词，他们把这种现象首先领会为话语，因为哲学思考把"逻各斯"作为命题，所以话语也就依照逻各斯的线索来明晰话语形式和基本结构。语法在"逻辑"中寻找其基础，这些"逻辑"却以现成事物的存在论为基础，这些"含义范畴"的基本因素被用于语言科学中，并且始终提供着标准和尺度。现在我们要从更源始的生存论环节来探讨话语这种现象，把语法从逻辑中解放出来，这就要求我们领会话语在生存论上的基本结构。针对于此，我们应当不限于理论考察所认识和命题表达的存在者，进一步探寻究竟有哪些基本形式可以把一般可领会的事物合乎含义地分成各个环节。

所以，语言究竟是不是世内上手使用的事物呢？或者是否是此在的存在方式？各门语言科学给出的关于语言作为存在者的存在并未明确，这其中语言的含义首先是"世界的"含义，是由世界意蕴先行描绘出来的，而且往往主要是"空间性"

的，我们据此不得不放弃语言科学。

领会的筹划活动本身具有使自身成形的可能性，这种领会使自己成形的活动称为解释。领会在解释中占有它所领会的事物，即在领会中成为其自身。从生存论角度上来说，领会是解释的基础，解释负责将领会中有所筹划的可能性整理出来。按照日常此在的分析进程，对世界的领会是非本真的领会的真实样式来论述解释现象。

对世界的领会展开出了意蕴，操劳着的此在从意蕴方面使自己领会到同它照面的事物能够有何种因缘，上手使用的事物在这种情形中明确地映入有所领会的视见之中。操劳从"为了做……之用"着眼，将寻视中上到手头的事物加以分解，明确得到领会的内涵，其本身具有"某事物作为某事物"这样一个寻视上的结构。寻视并不单纯是对特定事物的命名，被命名的存在者也就作为那种存在者得到领会。

这个"作为"造就着被领会的明确性结构，"作为"组建着解释。对上手之物的一切优先的看本身就有所领会与有所解释，它包含着指引关联"为了做什么"的明确性。以"某事物作为某事物"为线索解释存在者，并以这种接近存在者的方式把被领会的事物相连接，这先于这个事物的专门命题。而在专门命题里，"作为"并非才出现，而是才被说出来。在"素朴"的观望中，命题没有明确性，但这不能作为否认存在者之间相互联系的依据，从而否认它具有"作为"的结构。相反地，恰恰是因为某种事物没有"作为"的结构倒是需要做出某些转变。在纯粹凝视之际，"仅仅在眼前有某种事物"这种情况是作为不再有所领会发生的，没有作为的结构并不比素朴地看更源始，是从这个看之中派生出来的。另外，需要注意的是，解释并不是把一种"含义"赋予现成存在者，贴上标签，而只是将因缘揭示出来。

因缘的整体性是日常中解释的本质基础，而且这种解释总是以先行具有为基础。作为领会的占有，解释活动有所领会地向着因缘的整体性去存在。在因缘的整体性中，被领会的存在者通过解释上升为概念，可以从存在者汲取属于这个存在者的概念方式，也可以强加给这个存在者另一些概念，尽管这个概念有可能同存在者本身并不相符。无论如何，这个解释总是以概念的方式先行进行掌握。

那么，如何解释这个"先行"的性质呢？在领会的筹划之中，存在者在它的能在中展开，可能的性质与存在者的存在方式相对应。前文已述，世内存在者向着世界被筹划，也就是向着意蕴的整体被筹划，而此时，操劳在世已经把自己紧紧束缚在意蕴的指引联络中了，当世内存在者随此在之得到领会，那么它就具有意义。但我们领会的不是意义，而是存在者和存在。意义是某种事物的可领会性的栖居之所，它指在领会开展中可以互相联系的事物，意义的概念就是这些事物的形式构架。先行的掌握、具有或视见就构成了筹划的何所向，以此出发，某事物得到领会，即意义。意义依附于存在者，同时它也是此在的一种生存论性质，只有在世的展开状态能够得到揭示的存在者，这才是意义所在。因此，此在可以是有意义或者无意义的，也可以说，此在能够被领会占有或对领会没有感知。

如果意义这个概念以生存论加以阐释，那么所有未以此在方式生存的存在者都是无意义的，"无意义"并不是一种评判，而是一种规定。只有无意义的能够是荒诞的。只要存在进入此在的理解，追问存在的意义就是追问存在本身，存在的意义不能同存在者对立起来，或作为存在者的根据同存在者对立，"根据"本身只有作为意义才是可以通达的，即便"根据"本身没有意义。

一切的解释活动都在"先行"结构中，对领会有帮助的任何解释已然对其要解释的事物有所领会。在科学的论证中，不能把为之提供根据的事物设为前提，然而解释不得不在领会了的事物中进行活动，并且从领会了的事物中汲取养料，如是这样，解释如何使科学的结果成熟，而且免于循环论证？按照最为基本的逻辑规则，这个循环是恶性循环。在这种恶性循环中，对领会存在两种误解，一种是寻找途径加以避免，另外一种是无奈地接受。问题在于我们不能将领会和解释去和认知理想进行比对，它本身是领会的变体，这种变体的特点就在于试图把握不可领会性的现成事物，我们要以正确的方式进入这个循环之中。领会的循环并非认知方式的圆圈，而是此在本身生存论上的"先行"结构。这个循环中包含着源始认知中的一种积极的可能性：领会是从事情本身出发，清理出先行具备、先行掌握和视见，领会是此在本身的能在。所以，举例来说，历史学的认知的存在论在原则上超越任何精密科学，比如数学，数学的精密性源于它在生存论基础的范围比较狭窄。

领会的"循环"属于意义结构，意义现象以生存论结构为基础，植根于有所解释的领会。为自己的存在而在世的存在者，也就是此在都具有存在论上的这种循环结构。一切解释都基于领会，只要命题或者某些判断也基于领会，那么它就表现为解释活动的一种衍生样式。于是，命题也"有"一种意义，但不能把意义定义为"附于"判断而出现的。

命题可以说明领会与解释所具有的"作为"的结构在何种方式下形成模式，这样一来，领会和解释就会更加鲜明。而且自古以来，人们就把命题当作真理最重要的"处所"。于是，海德格尔从现象学方法出发，将命题的三种含义进一步阐释：第一，命题意味着展示，即让作为存在者的人从存在本身来看待存在者。进而他举例说道，在"这把锤子太重了"这一命题中，被揭示出来的事物不是"意义"，而是上手使用状态下的存在者，即便"重"这种存在者并不在周围，展示出来的仍然是"锤子"这个存在者本身，而不是"锤子"的表象，更不是命题表象下的心理状态。

第二，命题用于表述，即命题对"主语"有所表述，"主语"通过这个表述而得到某一方面的规定。第二种含义相对于第一种含义来说有些狭窄，"锤子"不在于展示，而更加细分到"轻重"这个层面上来了，但这种含义又通过展示来显现自身，所以第二种含义以第一种含义为基础。规定作为一种展示样式，现将探索限制在显现出来的事物之上，然后在这种显现上将规定公开。

第三，命题意味着传达，即陈述出来，让人看从规定的方式中显现出来的事物。这第三层含义又和前两个含义紧密相连，但是同他人分享，向他人传达其规定性中显现出来的存在者。其中，从向着展示出来的事物整体看，应当被理解为世界之中的存在，这样我们就从存在论的层面上来领会传达的含义了。他人可以不用伸手可得，上手使用，却仍可以通过处于统一命题的人一道被传达分享。在传达过程中，显现的事物有被遮蔽的风险，不过，即使在道听途说或风言风语中生发出来的所谓"知识"仍然意指存在者本身。它们同样也是在世。

通过上述三种含义的阐述，针对命题就得出了如下定义：命题是有所规定的显现。命题作为解释的一种样式，解释的本质结构必然要在命题中出现，命题根据已经在领会中展开的事物进行探索，并且总是在在世的基础上。因此，命题必须先具有已经显现的事物，它以规定方式把已经显现的事物展示出来。在规定的过程中，"何所向"作为先行给予的存在者，把规定者的职能完全承担过来，命题需要这样的先行视见。锤子是重的，锤子具有"重"这种性质。同一般的解释一样，命题的存在论基础在于它必须优先行存在、先行视见和优先行掌握。

基于前文的论述，海德格尔进而指出，命题是解释的一种变异。逻辑将"锤子是重的"看作绝对的命题句，从而使其成为专题研究的对象，实际上，在逻辑还未做任何分析之前，就已经着手领会了，它首先预设了"重是锤子具有的属性"。在操劳的最初探索中，并没有诸如此类的命题，但操劳有其自身的实践性的解释方式，它可能会一言不发，或选择直接扔掉锤子或换用合用的工具。即便是操劳说出了解释，也未必是明确的命题定义。那么，命题究竟是如何从生存论中关于操劳的解释中产生的呢？保持在优先存在中的存在者，例如锤子作为上手使用的工具，如果它要变作一个命题"对象"，从优先存在这个角度来看，已经发生了转变——从上手使用层面转变为命题所展示的"关于什么"，先行视见将上手使用的状态遮蔽，而只是看见。在这种带有遮蔽的揭示活动范围之内，现成事物就这样得到规定，命题将这种现成事物"作为""什么"事物加以规定，但这个"什么"却忽略了因缘整体，而作为"本己"勾连着指引的联络也从意蕴中割裂，只是有所规定地让人看到现成事物而已。而因缘或意蕴，我们前文也已阐释过，是周围世界之为世界的规定。因此，命题只是单纯地从现成存在中汲取着，而并不参与在世。

于是，我们得到了两个极端：一个是关于现成事物的理论命题，另一个是操劳领会中的解释，在这两个极端之间有着形形色色的中间地段，关于周围世界中事件的陈述、上手使用事物的描摹、事实报道，事情的记录、事态的描述、事件的分析等。理论命题一旦出现，我们不可能不把这些表述从本质上加以扭曲，这些中间地段同理论命题一样，在解释中有它的源头。

在哲学考察的层面来说，"逻各斯"本身就是一种存在者，它用单词和语序道出自身，而它们就像现成存在一样摆在面前。人们寻找并使用逻各斯的结构的时候，首先找到的是逻各斯作为共同现成事物的存在。那么是什么构成了逻各斯这种共同的统一？海德格尔从柏拉图和亚里士多德那里找到了答案，进而给出了自己的解释："联结"的形式结构和"分割"的形式结构，这两种结构的统一构筑了"某事物作为某某事物"这一现象。按照这一结构，领会将解释着的分环勾连合在一起的事物分开来，只要来自诠释学的"作为"的存在论源头还未明晰，那么"逻各斯"就一定会成为外在的"判断理论"，也就是表象与概念的联结或者分割。同时，"联结"与"分割"还进一步形式化了，成为一种"关系"，正如逻辑，将判断设定为一种计算的对象。显然，形式上的"关系"对逻各斯的结构分析没有任何帮助。那么，我们可否对这种"关系"进一步领会？实质上这就引出了系词这种现象问题，系词作为纽带，表明了综合结构被当作自明的，而且综合结构还承担了尺度的阐释职能。但若"关系"和"联系"的形式性质不能从现象上对关乎事实逻各斯的结构分析提供任何帮助，那么实际上系词归根结底同纽带和联系毫不相关，只要对命题的领会是此在本身在存在论上的存在可能性，那么，系词实际上的阐释要同存在论分析工作的问题联系起来。

（三）好奇与两可

视见的基本建构在日常生活中特有一种"看"存在的倾向，我们用"好奇"这一术语来标示这种倾向，但它不局限于"看"，它表示觉知让世界来照面的一种特殊倾向。早在古希腊哲学中，人们就从"看"的快乐来理解认知了，这并非偶然。比如亚里士多德曾言：人的存在本质上包含看之操心。再如巴门尼德曾说：存在就是直观的觉知中显现的事物，而只有这种看揭示着存在。源始的真实的真相在纯粹直观中，其中在所有的感觉经验中，"看"具有某种程度上的优先性，例如"看，这声音有多么响亮""看，这气味有多香"……

在世首先消散于操劳所及的世界，操劳是由寻视引导的，寻视为一切操持办理的工作提供着一切方式或方法，在操劳停止的时候，寻视变为自由的，它不再被束缚；在自由空闲的寻视中，它不再被上手使用，借由去远的性质，离开切近上手的事物，向着遥远陌生的世界展开自身，操劳休息、逗留着，仅就通过外观看"世界"。此在人自己陷入世界的外观，在这种方式中，此在暂且摆脱了自身或在世。但这种"好奇"操劳对于看，却并不是为了领会，仅止于看。这种"看"，不是为了把握，更不是为了有所知，而是为了自己可以在世界放纵，从这一新奇到那个新奇上去。因此，好奇的特征仅在于不逗留于切近的事物而已。另外，惊奇与好奇也不同，惊奇意指叹为观止的考察存在者，而好奇不在于被惊奇带入的无所领会，它不逗留于周围世界之中，不会试图领会，因此周围世界涣散在新的可能性中。据此，"不逗留"和"涣散"这两种性质奠定了好奇的第三种性质，即"丧失去留之所"的状态，好奇到处都在而无一处在。这也是日常此在的一种存在方式，而此在在这种方式中，不断地丧失其自身。

在日常的相处中来照面的那类事物是人人都可得而通达的，人人都可以随便说它们些什么，如此我们很快就无法判断什么事物是在真实的领会中，而什么事物不是。这种模棱两可不仅存在于世界内，还存在于共在和此在本身的存在之中。一切看上去都被领会了，而其实却不是如此，或一切看上去都未被领会，其实却领会了。同样，两可还被固定在领会的能在中，固定在对此在的可能性的筹划与呈现方式之中。人们不仅摆在眼前的事情，甚至未发生的事情，都已阔而谈之，仿佛他们都已经预料到了还未摆在眼前的事情。这种捕风捉影大多来自道听途说，因为真实的领会，不会声张。若人们曾预料到这样捕风捉影的事情有一天真的会转入周围世界，这时候两可会及时扼杀对成为现实的事情的兴趣，只有当他们可以不负责任、不计后果地谈论一番，才会有这种兴趣。因为一旦这类事情变作现实，此在就会被迫回到它自身。

实践性的此在，只是去实践，沉默着去尝试，从表面看来，此在的时间很缓慢，因为两可的捕风捉影更加迅速，它可以凭借好奇从一件事迅速地到另外一件事情上去。好奇可以使真实的事情来到公众之前，变得早已过时或陈旧，只有好奇或两可在失去其效力的时候，真实的事情才会得以领会和显现。两可的态度将好奇的预料当作真正发生的事情，倒把真正的姗姗来迟的实践当作无足轻重的事情。就这种真实的存在的可能性来看，此在在常人之中的领会不断地犯错，此在也是两可的。在两可中，好奇推动着事情的发展，日日万事丛生，其实本无一事。

这种在世的展开状态还把共处本身收归统治之下，他人首先听说，进而谈论，然后知悉某种情况在"此"，而不是自身实践性的操心，这其中起到决定性作用的源始就是闲言。所有人从一开始就只是窥测，在常人的两可的共处之中，并非是笃定的、执着的并列，而是一种试探性的窥测。两可并非由此在的歪曲衍生出来，而是早已存在于共处中，人们也总是小心翼翼地维护它而不被揭穿。

（四）沉沦与被抛

好奇与两可标示着日常在"此"，并且借以展开在世的方式。这些作为生存论的特性，一同构成此在的存在。这些特性中以及在这些特性存在的联系中，展现了日常存在的一种基本方式，我们称其为"沉沦"。这并不代表任何消极评价，而是此在首先与通常寓居于它所操劳的"世界"，这种"消散在世界之中"意指消失在常人的公众意见之中，此在总已从其自身脱落，并沉沦于"世界"。共处是靠好奇和两可来引导的，沉沦于"世界"意指消散于这种共处之中。此在非本真状态的东西通过沉沦的阐释，而获得了细致的规定，但非本真不意味着"真正不是"，它不能被规定为不在世，恰恰构成了另外一种在世，这种在世方式完全被世界与常人的共在所占有。

这种不是它自己的存在也起到了一定的积极作用，因为它无论如何也是操劳着消散于世界之中，这种不存在必须被领会为此在之最切近的存在方式，但此在的沉沦也不能作为一种纯粹高级的"源始状态"的"沦落"。此在的沉沦从在世脱落，并不是源于它存在的过程中遇到了某种存在者，而是它本来就属于那个世界。沉沦是此在本身的生存论规定，它根本没有涉及此在现成的事物，也没有涉及与其他存在者的现成关系。沉沦是存在论上的一种结构，在世是此在的基本建构，但存在建构的分析中，未曾涉及存在建构的存在方式。"在之中"即操劳与操持，但这两种存在方式的日常存在方式仍未经探讨。前文已述，"在之中"并不是某种主体和某种客体的共同现成存在，但"在世"还造成了某种假象，好像在世只提供了某种容器或框架，它并不会触动容器或框架，但这种容器或者框架也是此在的生存方式参与构建的，而这种现象就表现为沉沦。

闲言展示出世界、向他人以及向它本身进行领会的存在，然而这种领会却毫无依据；好奇展示出"在之中"无处不在却又一无所在；两可对此在的领会充分展示却被好奇的"在之中"压制。凡此种种，都透露出日常存在的存在方式，只有廓清这些存在方式，我们才能充分规定此在在生存论上的基本建构。

　　闲言所得出的公众解释都是在共在中组建起来的，它并不是作为一种脱离于共在而独立出来的事物。同样，闲言也无法逃脱到"普遍"之中，"普遍"不属于任何一个人，所以"普遍"对于此在来说，只是处于闲言中的个别此在那里。闲言是共在本身的存在方式，并非是外部对此在起作用，但若此在本身在闲言产生的公众解释中宁愿让它本身有可能在常人中失落、沉溺于无根基的状态，这就说明此在从内部为其准备了要沉沦。闲言与两可培养出自以为是，此在的展开状态似乎表明了它的一切存在的可能性是真实可靠并且十分充分的，常人的这种自信与坚决带有无须本真领会的情绪，自以为是地培育完满真实的"生活"。这种生活让此在安定，从这种情绪来看，一切都在"最好的安排之中"，沉沦对此在达到了这样的效果。

　　非本真存在的这种安定把人们赶到通畅无阻之中，沉沦于世界的存在不得宁静，起到引诱作用的安定加深了沉沦。多方探索的好奇与喧嚣的一切皆知幻化为包罗万象的此在的领会，实际上这样的领会却是虚假。而领会本身是一种能在，只有在最本己的此在中才是自由的，此在以自身同其他一切相比较，在这种沉沦中安定的、"领会着"一切的比较中，此在就趋于异化，最本己的能在也就隐匿无踪，在沉沦中，此在也就是异化的此在。但这种异化不是此在被割裂了，而是让此在进入了一种极端的"自我解剖"的存在方式，这种自我解剖尝试一切可能，以至于显示出了诸如"性格论""类型论"等，这些论调在异化此在的本真性屏蔽。同时，这种异化并非让此在受到非此在式的侵袭，而是将此在本身的一种可能的存在方式占有此在，这样，此在在它本身中作茧自缚。

沉沦的动态，我们称为"跌落"，此在跌落至它本身中，跌入一种非本真的日常生活的无根基的状态与虚无中，这一跌落，在公共解释中就是"具体生活"。跌落到非本真的存在与常人的无根基的状态之中，同时领会也得到了安定，并自以为是地占有一切或通达一切，沉沦以此规定着在世。只要此在如其所是地存在，它就总会处于被抛境况或处于非本真的状态之中，而本真的实际是在被抛境况的现象显出的，此在实际地生存着。

通过沉沦的揭示，我们不禁会问，如果此在这种存在者在日常的生活中丧失了自身，或在沉沦中脱离了自身而"生活"，我们还能够把此在理解为了能在而存在的存在者吗？但唯有当把此在当作一个自我存在的点的时候，沉沦于世界才和此在的生存论结构针锋相对，在这种情况下，此在是主体，而世界是一个客体。但如果我们从在世的角度来看待这个问题，沉沦作为"在之中"的存在方式，缺位此在的生存论提供了证明。在沉沦中，此在不是别的，正是在世，即使它是以非本真的状态存在，亦是如此。反过来说，本真的生存并不是任何悬于日常生活中上空的事物，它是生存论上的变式，来应对沉沦着的日常生活。

生存论上的沉沦也不是关于"人性之堕落"的存在者层面的命题，因为这种提法与人性不相关，沉沦是存在论上的运动，并不是存在者的性质上的命题。在世的存在说到此在，无论所说的是什么，只要是概念的领会，就要说明各种生存论结构。

六、此在的存在

　　海德格尔认为，此在实际生存着，是生存论结构与实际性的存在论的统一，实际性在本质上归属于生存论结构，此在的现身情态是在它所具有的一种特定的存在方式中被带到它自己面前来并在其被抛中向它自身展开的，但被抛境况是存在者向来就是种种可能性本身，它从这些可能性中领会自身。可上手使用的事物及他人的存在，都同样源始地属于在世，而在世向来就是它自己之故而存在。领会本身通常都是非本真的，即常人在世总是沉沦，所以我们可以把此在的平均日常生活规定为沉沦着开展，被抛的谋划在世。从此在的整体性上把握日常生活这一整体性结构，将所有因素合在一处，并不会从现象结构整体上来达到整体性。如果非要通达此在整体，必须从一种已处于整体中的源始单一的现象中来分析，并且这种现象从存在论结构上来说，已经奠定了其他每一环节。另外，分析此在的基本性质与探索现成事物的存在有本质上的区别，日常中的经验始终面向世内存在者，无法针对此在进行存在论层面的分析。同样，种种体验的内在知觉也无法提供充分的线索。

　　对存在的领会属于此在的存在论结构，作为存在者，此在就其存在而言早已是展开了的。现身于领会组建着这种展开状态的现身方式。那么，在此在中，是否有一种有所领会地现身情态，可以使此在不同于其他的展开方式来展开呢？通过对上面的分析，海德格尔终于指出，满足这样要求的现身情态是"畏"。

畏作为此在存在的可能性之一，为源始存在的整体性提供了现象的基础，并且这样的推断是以沉沦现象作为出发点的。此在之在表现为操心，必须将其他与操心相近的现象加以区别，这类现象是意指、愿望、嗜好和追求等，这些表象不能与操心混淆，它并不是操心的源头，而是由操心派生出来的。将此在之在阐释为操心，从存在者层面来看，显得牵强附会，这似乎是一种理论上的虚构。因此，我们必须先从存在论的角度来验证这个推断，此在在刚刚对其自身道出自己的时候，就已经将自身解释为操心。

存在者并不依赖于经验、认知而把握存在，存在只在存在者的领会之中，而领会本身同样属于存在者的存在。因此，存在可能从未在概念上得到理解，但它绝不会也从未被领会。另外，在存在论中，即使存在与真理未被视为一事，也始终相提并论，这表明了领会与存在的必然联系，真理现象也并未被澄清，但我们前面已经阐释了解释与命题，为阐释提供了基础。

（一）"畏"的现身

将沉沦作为出发点的此在消散于常人之中，消散于所操劳的世界中，此在在它本身面前逃避，即在自己能够本真的存在面前逃避，与沉沦的最本己的特点相对应，此在没有背离自身，而是从本该的此在处引离。从生存论层面来看，本已存在的本真状态在沉沦中被封锁或被排挤了，但这种状态同样也是一种展开状态，因为此在的逃避正是从它本身面前逃避。在这种沉沦的背离中，逃避并未把握它本该面临的，甚至转回正轨上去也未得到经验，然而在逃避的时候，这个本该面临的却已经展开了，它就是此在的"此"。因此，从沉沦的想象来进行分析，并不是无法关涉此在，恰恰相反，这种阐释能够最为真实地把握此在而不受其他的因素干扰。"畏"就能够起到此种作用。

"逃避"本身就是一种怕，从现象上讲畏与怕多半是无法区分的，怕在有威胁性的事物面前退缩，具有逃避的性质。对怕这种现身情态的阐释已经显示：怕的事物总是一个世内的有害的存在者。在沉沦中，此在的背离也是基于面临着具有威胁性质的事物，然而这种事物，就是此在本身，但是此在并不能被理解为"可怕的事物"，因为这类事物总是作为世内存在者来照面的。因此，沉沦的背离并非怕某种世内存在者，背离也没有逃避的性质，也无法断定它是具有逃避性质的，因为背离本身就是要回到世内存在者中，消散于日常生活中。沉沦的背离起源于"畏"，是"畏"让怕成为可能，这实际上构成了怕的源头。

此在在它本身面前沉沦着逃避，而让人畏的事物，即在世本身。畏之所畏不是任何世内存在者，所以它不具有任何因缘性。凡是有害的，都是从某个角度来看是否实际有害，但畏之所畏者却不具备这样的性质，它是完全不确定的，这种不确定不仅在实际上不会确定哪个世内存在者是具有威胁性的，甚至是说世内存在者根本不相干。凡是世内上手使用的事物，没有一样可以当作畏之所畏者，当然，因缘作为其整体也一样无关紧要。畏的"威胁"不能被确定为这里或那里，畏也不知道它所畏的是什么，但不能被确定的这里或那里并不意味着无，而是有着一定的场所，在具有空间性的"在之中"展开了的。威胁已经在此，又无法确定这里或那里的来源，畏之所畏就是世界本身。因为威胁而来的事物，不是某一个事物，也不是其他现成事物的总和，它是一般上手之物的可能性，即世界本身。当畏平息，日常话语就说："本来也没有什么。"这个"什么"实际上就是存在者层次上本来是的那个事物。日常话语总是对上手使用事物的操劳与谈论，畏之所畏不是任何世内上手使用的事物，但未上手使用的事物并不全是无，这种未上手使用的事物也植根于世界之中，世界在本质上属于"在世界之中"，亦属于此在之存在。因此，畏之所畏者就是在世本身。

　　畏源始地直接把世界作为世界开展出来，并不是只是世界，而抛开世内存在者，是畏作为现身的样式把世界作为世界开展出来。在畏中，一般世内存在者就都沦陷了。所以，畏剥夺了此在从沉沦着的"世界"领会自身的可能性，畏把此在抛回，使它个别化为其本己的在世的存在，正因如此，此在作为可能的存在开展出来，或者说此在本身个别化的事物也就开展出来了。畏在此在中公开出向最本己的能在的存在，或者说公开出了自由所需的存在。畏所为而畏者把自身暴露在在世面前，畏之所畏与畏之所为而畏是合二为一的，这种情况甚至扩展到畏本身，即开展活动与在活动中展开的在生存论上是合二为一的，在展开的事物中，世界被作为世界开展了，"在之中"作为个别的能在被开展了。畏使此在个别化，进而唯我，但这种唯我并不是把一个主体作为现成存在带到一个世界中去，而是带到它的世界之为世界之前，把它本身带到它在世界之中存在的本身面前。

在畏中，人们会觉得"茫然失其所在"，但茫然失其所在即无，或是不在。"在之中"曾经是指"缘……而居、熟悉于……"，这种"在之中"从某种层面说构筑了此在的日常生活，但是，畏将此在从世界的沉沦中抽离出来，此在个别化了，并且作为在世的存在个别化了。此在的"茫然失措"，"在之中"的不在，都是如此。于是，从现象上就可以看清楚沉沦作为逃避的是什么了，并不是在世内存在者之前逃避，而恰恰是逃避到在世存在者之中去。操劳消失于常人，以便安定于世内存在者，此在就以这种方式逃避到世内存在者那里去。沉沦者逃避进入公众意见，也就是在茫然失措之前逃避，这种茫然紧随着此在，而且还威胁着它消失于常人中的日常状态，这种威胁可以和日常的操劳与安定并行不悖，畏可以在这种境况中生发。

在生存论上，如果我们将此在的茫然无措认定为威胁，这种威胁从此在的本身方面来针对此在，但并不能说它已经在畏中得到了领会。畏作为基本现身情态，属于此在在世的建构，作为生存论结构，它从不是现成事物，而是总存在于实际此在的一种样式，存在于现身情态之中，安定熟悉地在世也是此在茫然无措的一种样式。畏规定着在世的存在，所以在世的存在才能够作为操劳在世的存在者而感到害怕。怕也是一种畏，是沉沦于世界的，非本真的而且对自身还不明确的。实际上，茫然无措的情绪，在生存上也未被领会，尤其是在沉沦或公众意见占主导地位的时候，罕有"本真的"畏。就这一实际情况来说，畏的生理学方面的条件同样也是一个存在论的问题，不可只从存在者层面来看，因为此在在根基处有畏，所以才能从生理层面，或者说从存在者层面解说畏的存在。

在生存论的分析中，畏这种现象承担着原则性的方法论上的功能。实际上罕有的畏的现象正是一种标志，表明此在的本真状态虽然是常人的讲法，但它本身仍然藏而不露，但这种基本现身情态中却在一种源始意义上是可以展开的。任何现身情态都会按照在世的环节展开世界之中的存在，但在畏中，却有别具一格的开展的可能性，因为畏造就了个别性，这种具体的个别化把沉沦在世界中并使此在把本真和非本真都作为它的存在的可能性了。此在总是我的此在，显现在畏中，不用假托任何世内存在者。

（二）操　心

通过前文的阐释，我们可以看出，在畏中，全部的内容都可以从形式上列出：畏是一种现身情态，是在世的一种方式，畏之所畏者是被抛的在世，畏之所为而畏者是能在世。畏的整个现象就显现为实际的存在的生存，当然，是实际性与沉沦的生存。这些生存论规定并不是某个单体，而是属于一个组合。在这些生存论规定中，有一种源始的联系，此种联系构成了结构的整体性。

此在是为存在本身而存在的存在者。这个"为……"在领会的存在建构中得到了揭示，这种领会是向最本己的能在筹划自身。为最本己的能在自由存在，包括本真状态与非本真状态的可能性，显现在畏中就是一种源始的基本的具体化。而在存在论上，此在已经"超出自身"，即作为它所是的能在而去存在，这个"为……"的结构就是此在先于自身的存在。可是，这种结构关乎此在建构的整体，先于自身并不是一个无世界的"主体"，而是在世，但是在世的此在在畏中，已经被抛入另一个世界了。于是，先于自身的存在说得更加明确一些就是在已经在世的存在中先行于自身。生存总是实际的生存，生存论结构本质上是由实际性规定的。另外，此在的实际生存基本上是一个无差别的被抛的能在世，并且总已经消散于它所操劳的世界了。这是种沉沦，是在茫然无措前的逃避，并且和畏一起被遮掩，因为常人的公众意见把一切不熟悉的状态全都覆盖了，在先于自身已经在世的存在之中，同样也包括世内上手使用事物的存在。

因此，此在的存在是先行于自身已经在世的存在，即寓于世内照面的存在者的存在，它满足了操心的含义。任何存在者层次上的存在倾向，都被排斥在操心这个含义之外。因为在世本质上就是操心，上手使用的事物可以领会为操劳，与他人的在世内照面的共在可以领会为操持。"寓于……的存在"是操劳，"在之中"是由操心规定的，操心并不与实际性都脱节，而是包括这些存在规定的统一。所以，操心并非一种孤立行为，而是一种在之中或居寓于的存在，对自己的操心或对自己的行为已经从存在论上用先行于自身来指明了。操心作为源始的结构的整体性在生存论上，处于此在的任何实际的"行为"和"状况"之前，它已经处于它们之中了。这一阐释并不是为了显示"实践"行为优于理论行为，理论与实践必须都被规定为操心的存在者。所以，我们不可割裂整体，将操心现象还原为一些特殊的行动，或还原为意求与愿望、追求与嗜好等，或者企图用这些表象拼凑出操心现象。

以上所说的愿望、追求或者嗜好必然都植根于操心，当然它们也组建着存在者，操心在存在论上比这些现象都要早，尽管在某种程度来说，这些现象并不需要存在论就可以明晰，但我们要做的是指出这些现象在生存论上如何植根于操心。此在为能在而在，这样能在本身就是在世的存在方式。所以，从存在论来看，能在和世内存在者有关联。例如在意求中，一个被领会了的存在者被掌握了，这是作为有待于操劳或者有待于靠操持带到其存在中去的存在者而被掌握的。意求中总包含有所意求的事物，而这种事物已经从一种意求的为何之故中得到规定。因此，我们可以以意求的存在论的组建来说明操心是这些现象的基础：先行于自身的存在，即为何之故的先行展开；作为已经存在的何所在的世界，即可操劳的事物的开展；此在有所领会的是以一种能在来筹划自身，即意求的可能性。

作为实际的此在，有所领会的筹划寓于一个被揭示了的世界，并从这些世界中按照常人的解释、公众的意见获取它的各种可能性。常人的解释已经把自由挑选的各种可能性限制在本分而示意的、可以达到的和可以忍受的事物的范围以内了，这样此在的各种可能性即成了日常可以获得的事物，那么可能性的性质就变淡了。操劳这种平均状态也就从盲目到安定，随时都处于"现实的东西"之中。这样的安定并不排斥操劳扩张的活动，而是唤醒这种扩张，但并不是各种积极的新的可能性的产生，而是有某种事情发生的假象。

在常人的领导下，得到安定的意愿并不意味着向能在的存在被磨灭了，而这只是存在的一种变式，对各种可能性的存在通常显现为单纯的愿望，在这些单纯的愿望之中，此在向之筹划其存在的各种可能性在操劳中不仅始终未被掌握，而且未想到也未期待实现这些可能性。当世界作为愿景而被筹划，"在世界之中"就无法立足，并且丧失了可以利用的事物。领会着的自身筹划沉沦于被抛境况，只能缅怀各种可能性的愿望，就是自身筹划的一种生存方式的变式。这样的缅怀封锁了各种可能性，在缅怀中的"此"变作了"现实世界"，愿望在存在论上以操心为前提。

在缅怀中，那个已经寓于……的存在有了优先地位，那个在已经在……中存在的先行于自身相应地改变了样式。沉沦着的缅怀让此在上瘾，由它一向存在在其中的世界来滋养、"养活"。先行于自身存在丧失在"总已寓于……中"了，此在沉迷于一种上瘾中，使操心的整个结构都改变了样式。此在使一切可能性为过瘾服务了。"生命的冲动"是一种从其本身方面带着动力的"指向"，这是"不惜任何代价的指向"，这种冲动力图排除其他各种可能性。甚至在这里，先行于自身的存在也是一种非本真的存在，因为它早已领先于任何现身和领会，但此在从来不具备"单纯的冲动"，此在作为完整的在世的存在的变式已经是操心的了。在纯粹的冲动中，操心还未自由，操心才从存在论上使此在可能从它本身受到冲动的胁迫。反之，在上瘾中，操心已经被拘束了。上瘾与冲动是植根于此在被抛境况的两种可能性，"冲动"是消灭不了的，"上瘾"亦然，但只因为二者在存在论上都植根于操心，所以二者都能够靠操心之为操心在存在者层次上改变生存样式。

"操心"这个术语指的是一种生存论存在的基本现象，这种基本现象就其结构而论，其诸种元素的整体性不能再回溯到一种存在者层次上的"基本元素"，正如存在不能从存在者方面来说明一样。操心的结构环节如下：先行于自身的——已经在……之中的——作为寓于……的存在，这是否表明存在论的追问还必须继续向前推进，以得出一种更加源始的现象？我们将此在解释为操心，并不是把一个虚构的概念强加给此在，而是在生存论上理解到在存在者层次上和生存上早已出来的事物。

（三）此在的自我解释

此在的自我解释一向是"源始的"，其存在还带有历史的特性，尽管这一点在存在论上还有待证明。此在本身之中的存在的领会先于存在论就已经道出自身了，生存论阐释不是一种虚构，而是一种存在的"建构"。人能够为他最本己的可能性而自由存在，这种自有存在在筹划之际能够成为他所是的事物，这就是人的完善，这种完善是操心的一种成果，但操心同样源始地规定着这一存在者，因为它处于被抛境况的生存变式。与存在者层次上的解释相比较，生存论的阐释还不仅仅是以理论方式在存在者层次上进行了普遍化，而是存在论先天地普遍化。操心在存在者层次上并不是不断出现的现象，而是一种作为存在根基的建构。只有这种根基性的建构，才能在存在者层次上说成是操心，为生存而操心或投入在生存论上必须在源始的存在论意义上才能够被领会为操心。

从存在者层面上看，生存论的结构显得过于空洞和普遍，但它们在存在论上的确自有其确定性和充实性。所以，此在建构的整体在统一性显示为环节结构，这在操心的生存论的概念中表达了出来。此在先于存在论将自己解释为操心，这具有存在论意义上的基础作用。

（四）此在与实在

我们曾经阐释过领会、意义和解释。对此在的展开状态所做的分析又进一步指出：按照此在在世的基本情况，此在的世界、在之中和它本身三个方面同样源始地随着此在展开。在世界实际展开的状态之中，世内其他的存在者也被共同地揭示了，在没有适当的存在论上的概念的时候，世内存在者的存在已经以某种方式被领会了。对领会的阐释也指明了，按照沉沦这种存在方式，领会已经将自己错误地置于实际的领会之中，于是，上到手头使用的事物的存在被忽略了，存在的解释也就依照世内存在者的存在制定方向。存在者首先被理解为现成事物所形成的网络，存在也就得到了实在的意义，存在的基本规定成了实体性。同错置领会相对应，此在的存在论的领会也倒退到存在概念的视角上来，此在也换作是一种现成存在的存在者，于是一般的存在都得到了实在的意义。所以，从存在论层面来看，实在的概念具有特殊优越的地位，而从实在的角度来看，存在的其余样式都被消极地且从反面予以规定。因为实在不仅只是存在方式中的一种，它还对此在、世界和上手使用的状态保持某种渊源联系。

实在作为外部世界，只有通过适当的分析才有可能厘清。我们把握实在的方式，迄今为止仍然是直观认识，直观认识作为心灵活动或意识活动而存在，只要自在和独立性这类性质属于实在，那么就有以下问题：实在的事物是否可能属于实在，以及意识是否有可能超越实在而进入实在的范围，认识究竟能否承担起实在事物本来的通达方式这一职能呢？

认识是通达实在的一种衍生途径，实在的事物只有作为世内的存在者才可以通达。通向世内存在者的一切途径在存在论上都植根于此在的基本建构，植根于在世的存在，而在世具有更为源始的操心结构，这在前文我们已经阐释过了。那么，到底是否有这样的一个世界，其存在可以被证明。世界之中的此在的这个问题本身毫无意义，一个含义是世界，即在之中的"何所在"，另一个是含义是世内存在者的"世界"，即操劳消散于其中的"何所寓"。两种含义已经混淆，根本没加以区别。世界从本质上是随着此在的存在展开的，世界也总是被揭示的，恰恰是在实在事物的基础上，世内存在者还一直掩藏着。人们提出了"外部世界"的"实在性"，却不曾澄清世界现象本身。

这些问题表现在康德的"驳斥唯心论"中，康德认为，针对"我们之外的物的此在"还未提出一种令人信服的理论证明这件事成为"哲学和一般人类理性的耻辱"①。他本人提供了这样一个证明，并把它作为下面这条"定理"的依据：对我自己的此在的纯粹的、但为经验所规定的意识，证明了在我之外

---

① 康德. 纯粹理性批判[M]. 邓晓芒，译. 北京：人民出版社，2004.

的空间中的对象的此在。其中，此在就是我们所说的"现成存在"，"对我此在的意识"就是笛卡儿意义上的对我的现成存在的意识，此在既是意识的现成存在，又是物的现成存在。

于是，我们对现成事物的存在的证明依赖于变易和持久同样地源始于时间的本质。我们的现成存在，即在内在的意义上给定的、形形色色的观念的现成存在，这就是现成的变易，时间的规定性把某种持久的现成事物设为前提。但是这种持久的现成事物却不能在我们之中，我们在时间中的现成存在只能通过这个持久的事物，才能得到规定。所以，只要在经验上设置了我之内的现成的持久，必然在经验上设置了一个在我之外的持久事物。时间是在我之内的变易的现成存在之所以可能的条件。我们经验的现象在时间中存在，无论是在我之内还是在我之外的事物。

康德从某种时间性的存在者出发，给出了一个存在论的证明，但这个证明只是从主体为出发点给出的，是在"我之内"的，而且这个证明本身也是从经验上给定、"在我之内"的变易出发的。因为时间只是"在我之内"的经验，时间提供了凭证，从"我之内"到"我之外"。康德已经放弃了孤立的主体和内部经验在存在者层次上的优先地位，但他的证明也就仅止于变易的存在者和持久的存在者必然的共同现成存在。这并不等于说是主体和客体共同现成存在，因为物理的外在和心理的内在共同现成存在都不同于在世现象。

企图证明有一个世界作为现成的事物，从一开始就预设了一个事物，而世界是独立于它并且外在于它的。不充分的并不是这些证明，而是企图证明的存在者的存在方式没有得到充分的规定。由此就产生了一种假象，似乎我们只要证明了两种现成的事物共同存在，也就指明了在世的此在，实际上，此在的存在一向已经是有的了，但这些证明在事后才要加以论证。如果有人说既然我们之外的物现成存在，那么这就是纯凭信仰而被接受的，这只是寻求另一种途径来满足这一要求。

也许，人们会认为，主体是无意识地已经把外部世界的现成存在设成前提了，然而这里仍然有一种孤立的主体作为开端，也不曾触及在世的现象。此在设定的这个前提已为时太晚，只要此在作为存在者来设定前提，作为存在者的此在就早已在世界之中了，在操心这种存在方式中，存在的建构先天性地早于此在的一切设定。信仰外部世界的实在性、证明外部世界的实在性，都把实在性设为了前提，无论是否正确，这些尝试都未曾充分透视此在本身，而把自己是这个世界的主体设为前提。于是，在一个世界之中从一开始就是看法、臆测、确信和信仰等，是在世的一种衍生样式。

外部世界是否可以证明？这种意义上的"实在问题"表明为一个不可能的问题，有待证明的不是外部世界是否现成和如何现成，而是此在的倾向，这种倾向即沉沦，沉沦让此在对存在变成了对现成性的存在的领会。如果这种存在论方向上的提问是"批判的"，那么，首先和唯一确定的现成的事物只是一种纯粹的"在内的东西"，一旦毁坏了在世的源始现象，能揭示世界的就只剩下孤立的主体了。世内存在者一向已经随着此在在世而展开了，这一生存论存在论命题似乎同外部世界实在地现成存在这一实在论命题相符合。但实在论的世界是需要而且可以被证明的，这就使得存在论命题在原则上有别于一切实在论，因为需要证明和可以证明的都是在存在论上已经被否认的。但最重要的一点是实在论缺乏存在论的领会。

唯心论强调存在与实在都在"意识"中，存在不能由存在者来解释，而且它没有阐明这个存在的领会属于此在的建构，实在只有在存在的领会中才是可能的，所以它对实在的阐释还是空泛的。唯心论首先强调的是意识本身的存在，是因为存在是在意识之中，此在才能得到领会，而独立性、自在、一般实在这类存在性质才能够被领会到，且把它们形成概念。如果唯心论强调的是存在是超越的事物，不能由存在者得到澄明，那么，这样的唯心论才有可能提出正确的哲学问题。相反地，如果唯心论把一切存在者都引回到主体或意识，而且始终对存在无所规定，或者只是规定为"非物质性"的，那么，这种唯心论同实在论一样粗糙幼稚。

还有一种可能性，人们可以这样认为，即所有主体只有对于客体来说，才是它所是的事物，反之亦然；这个看法突出了实在问题的优先性。然而，在这种方式中，相关关系的各环节和这种相关关系本身一样在存在论上无法规定，它只是被设想为"无论如何"存在着的。

如果实在意指世界之内的现成存在者的存在，那么，只有当世界之内这种现象得到澄清，才可能从存在论上理解世界之内的存在者。世界之内植根于世界现象。在存在论上，世界又作为在世界之中存在的本质环节构成了此在的基本构建，操心即这一结构整体的特征。

实在作为一个存在论名称同世内存在者联系在一起，如果用它来标示世内存在者的一般存在方式，那么上手使用的现成性质就是实在的建构方式，如果按照传统意义的实在来说，它指的就是纯粹的物的现成性。然而，并非一切现成性都是物的现成性。"自然"固然是世内存在者，但它所指的既不是上手使用事物的存在方式，也不是"自然物性"的方式上现成事物的存在方式，从某种意义上说，"自然"是世内存在者的存在样式，它植根于在世现象。可见，在世内存在者的各种存在样式中，实在并不具有优先地位，这种存在方式更不能作为世界和此在的区别。

实在回到操心这种现象，但实在植根于此在的存在并不是指明了一种条件关系，即只有当此在生存，实在才能作为它如其所是的事物存在。当然，只有当此在存在，即只有当存在的领会在存在者层面上成为可能，才会有存在。当此在不生存的时候，"独立性"也就不"在"，"自在"也就不"在"。那时，既不能说存在者存在，也不能说它不存在。世内存在者既不是可揭示的，也不是蔽而不露。唯有对存在的领会在，存在者才能继续存在下去。存在依赖于存在的领会，实在性依赖于操心。这种依赖关系保障了对此在的进一步分析，它能够保证我们避免把实在作为基础，来分析"意识""生命"等。

人的实质是生存，不能用实在和实体性来理解具有此在的存在方式的存在者。我们把生存论建构阐释为操心，把操心同实在加以划分，这样才能表明唯有存在的领会在，存在者作为存在者才是可以通达的，唯当存在者是具有此在的存在方式的存在者，存在的领会作为存在者才是可能的。此在的存在方式和其他种种存在方式，比如上手使用状态、现成状态、实在性等区别开来，并把此在的结构整体性规定为操心，在世的各种结构集中在展开状态之中，我们也廓清了领会活动本身及其存在方式，在这一基础上，我们也能够界说存在的意义。但是，操心这种现象结构能否给出此在源始的整体性？此在是否能作为整体来进行考察？

七、向死而在

操心构成了此在的结构整体的整体性，但按照操心的存在论意义，这样存在者的整体存在同操心本身互相矛盾。此在一向先行于自身，为其自己之故而生存，只要此在存在，甚至直至终了，都对自身的可能性有所作为。即便是无所希冀的此在，也未能摆脱生存的可能性，不抱幻想，对一切都做好了准备，这反而会让它更加本己地先行于自身。与操心之间存在这样的矛盾表明：在此在中，始终有某种事物亏欠着，这种事物作为此在本身的能在尚未成为现实。此在的基本建构中有一种持续的未封闭状态，不完整性意味着能在那里的亏欠。

一旦此在全然不再有任何亏欠，以这种方式"生存"，那它也已经一起变成了"不再在此"。只要此在作为存在者存在着，它就从不曾达到它的"整全"。无法从存在者层次上经验到此在作为存在者的整体，从而也就无法从整体来规定它。实质上的障碍也就是存在者的存在方面。此在在死亡中达到了整全的同时，也就丧失了此在。此在不可能去经验向死亡的过渡，不可能将这种过渡加以领会。就每一个此在本身来说，他人的死亡扣人心弦。此在能够获得某种死亡经验，尤其是因为它在本质上就是与他人共在。

他人的此在随着他在死亡中达到的整全而消失，其意义是不再在世。但从本质上来说，死人的不再在世却也还是一种存在，在他人死去之际，可以经验到这种存在现象，即一个此在变作不再此在的现成事物，但并不完全：仍然残留下来的存在者并非只是摆在那里的一具尸体，他仍有可能是医用解剖的对象，而针对于此的领会的倾向仍然是遵循着生命观念的。这种现成的存在者比其他无生命的事物多了生命的倾向，它是一个丧失了生命的无生机者。在丧事、葬礼等诸如此类的"操劳活动"中，他人对死者怀有敬意的操持，在这种共死者同在之中，死者本身已经不再在此，但共在始终指向了同一世界上的共处，死者背离了我们的"世界"，把它留在身后，这个世界上遗留下来的人还能够共在，这样共死者同在无法经历到死者真正的临终。

死亡是一种丧失，但留下来的人经验到的那种丧失无法通达，我们并不在本然的意义上能够经历他人的死亡过程，我们最多只是"在侧"。即使假定了在侧的过程中，可以把他人的死亡从心理上了解清楚是可能和可行的，但仍然没有把握住临终的去存在的方式，更没有了解临终者死亡过程的存在论意义。问题是将他人的死亡当作课题，用以分析此在的整体性，这样一种指示在于此在是否可以用其他此在来代替，在某个此在无法经验到的时候，陌生的此在就可以通达。一个此在可以由另一个此在代理，这种情况属于共处于在世的可能性。在日常的操劳活动中，总会经常地不断利用到代理的性质。可以代理的在世纷繁复杂，不仅涉及了公众意见中的共处样式，也涉及了某些特定范围以内的各种操劳的可能性。日常的此在首先通常惯于操劳什么，就从这些事情上来领会自身，人从事什么，人就是什么。从这种存在方式的角度来看，操劳消散于日常的共处世界，代理性不只是可能的，还作为组建要素属于共处。在这里，这一个此在在某种程度上不得不是另一个此在。比如，一个医生，以人们惯常的理解来看，他就是个医生，并且医生不止一人，是一种职业群体，互相可以代理和替代，作为职业化的医生，他也不得不是名医生。

死亡给了此在无可替代的可能，谁也无法取走此在的死亡，此在在自身的死亡中达到了整全。只要死亡"存在"，那么向来就是我自己的死亡。从存在论来看，死亡向来我属，并且与生存共处。死亡不是一个时间，而是一种从生存论上需要加以领会的现象。死亡组建着此在的整体性，那么整合存在的本身就必须被理解为是自己的此在的生存论的现象。在由作为终结的死亡所组建的整体存在中，没有代理。另外，需要注意的是，我们必须把此在在死亡这个意义上，同某种具有生命的事物的"去世"区别开来，只有把此在的终结和生命的终结区分开来，才能明辨此在不在在世的现象。

前面对死亡的讨论，可以概括为以下三个论题：一是只要此在存在，它就包含一种它将是的"尚未"，即始终亏欠的事物；二是向来尚未到头的存在的临终具有不再此在的性质；三是临终包括一种对每一次在都全然不能代理的存在样式。此在身上存在着不完整性，这种不完整性随着死亡的到来而告终，只要此在存在，亏欠就一直属于此在，并且作为一种缺失归属于此在的状态中。总之，亏欠的事物还是不能使用的。亏欠意味着一起关涉的事物还未归拢，从存在论上来看，亏欠就是在此在的整体性中有待归拢的片段的不上手状态。这些片段具有与已经上手的片段相同的存在方式，已经上手的片段并不由于亏欠而改变自己的存在方式，现有的亏欠可以通过片段的归拢而勾销，有某种亏欠的存在者具有上手事物的存在方式。

亏欠（不齐全）就归属于齐全这样一种样式，这种不齐全或者亏欠不能从存在论上规定为尚未，因为"尚未"作为可能的死亡属于此在，却根本不具有某种世内上手之物的存在方式。此在作为存在者"在其行程中"存在，直至"终其行程"，在过程中，此在不断地归拢片段，并想办法组建，并非只有当此在的"尚未"已经填满了此在，才能以完整性而存在，但那时它恰恰已经不再存在了。有没有这样一种存在，它不必具有此在的存在方式，而这种"尚未"却归属于它？

例如，月有阴晴圆缺，它不到盈满总有一角亏的，但这种"尚未"随着覆盖月亮的阴影的消退而逐渐缩小，直至月亮盈满。我们暂且不说月亮即便盈满，也不能整体地把握，只是以知觉的方式来说。属于此在的"尚未"却始终并非临时的经验的不可通达，问题并不在于对此在的"尚未"的把握，而在于这一"尚未"可能的存在或不存在。此在必须生成为它尚未是的东西，为了能够以参照的方式来规定尚未的此在式的存在，我们务必要考察此在的存在方式中包含的生成的存在者。再例如，果实逐渐成熟，在成熟过程中，果实尚未形成的那种存在者，并不是作为片段归拢到果实上来，而是它自己将自己带入成熟，这也标示了它作为果实的存在。不成熟的"尚未"并非指一种悬搁在外的他者，而是依照果实特有的存在方式意指着果实本身。尚未已经包括到果实的本己存在之中，它不是随便其他的什么规定性，而是作为本己存在的组建因素。与此同时，只要此在存在，它也向来已经是它的"尚未"。构成此在的"非整体性"的事物就是不断地先行于自身，即此在作为它所是的存在者向来就不得不是的"尚未"。尽管成熟过程中这种果实特有的存在在"尚未"这个层面同此在一样，成熟的过程作为尚未的存在方式从形式上看与此在的形式相吻合，但在存在论的角度上来说，却不能将此在的终结与果实的成熟等同对待。随着不断成熟，果实完成了，但死亡不是此在穷尽了种种可能性并完成了它自身的标示，恰恰相反，死亡取走了它的种种可能性，对此在来说是一种结束。

结束并不等于说完成，但结束意味着停止，从存在论意义来说各不相同。风停了，只是风不再现成存在，所以，停止这种结束即使过渡不到现成状态，但也可以意味着恰恰是随着终结才可以是现成的。当然，停止也可以使一件现成事物完结就绪，但这种完结或就绪并非都包含在完成之中，完成的事物必须首先达到它可能的就绪。完成是基于就绪的一种样式，就绪本身则只可能是现成上手使用事物的规定。风停了，也是风的消失，即存在者的存在方式发生了变化，也就是用尽了，不能再作为上手使用的事物加以考察和利用了。

只要此在存在，它时刻伴随着走向终结。死亡所指的结束并不意味着此在的存在走到尽头，而是这一种存在者的向死而在。死亡是一种此在刚一存在就必须要承担起来的去存在的方式。

死亡在最广泛的意义上是一种生命的现象。我们将生命领会为包含在世方式在内的存在方式，这种存在方式只有依循此在才能在存在论上确定下来，连此在也仅仅被当作生命加以考察。在生命范围内，我们可以认识动物、植物和人的生命的持续、繁殖与生长之间的关系，能够研究死亡的种类、原因、建构和方式。关于此在的存在论一定列于生命的存在论之先，而在此在存在论之内，死亡的生存论分析又列于此在基本建构的特征阐述之后。有生命的事物的结束即为完结，此在也有同其他生命一样的生理上的死亡，这种死亡不是在存在者层次上与源始存在方式绝缘的，但此在也能够结束而不是真正的死，这种中间现象，我们将其标示为亡故，死或者死亡作为此在借以向其死亡存在的存在方式的名称。此在从不完结，只在死的时候亡故。

在死亡的生存论阐释优先于一切生物学和生命存在论的条件下，关于死亡的传记、历史与人类的研究、心理学的研究才会有基础。这些关于死的类型学标示出亡故的状况与存在方式，同时也已经将死亡设为概念前提。一方面，关于死亡过程的心理学与其说是关于死亡的，倒不如说是提供了垂死者的"生"的消息。在源始人以魔术或偶像崇拜对待死亡的态度中，更源始地反映了对死亡的此在之领会。另一方面，终结存在的存在论分析也绝不预先掌握对待死亡的生存上的态度。如果说死亡被规定为在世的终结，并不是决定了存在者在死后还能有一种不同的、更加高级或低级的存在，或者此在是否继续活着、持续或不朽。当然这也就无法决定"彼岸"在存在论上的可能性，不过，死亡这种现象作为一种可能性悬浮于此在之中，我们的这种死亡的分析仍然是"此岸"的。只有理解了死亡的存在论本质，才能够有足够的方法来保障将死后的问题阐释得更加有道理、有意义。

从方法上来说，生存论的死亡分析优先于死亡的生物学问题、心理学问题、神学问题。从存在者层面来说，它体现为错综复杂的结构，因为能在以本己的方式属于此在的存在方式，所以不能将此在作为现成事物来通达，更不能简单地提取死亡的存在论结构。另外，死亡的分析也不能借助某种偶然以及随便设想出来的死亡观念来维持，只有先行从存在论上将此在的平均日常的存在方式中的"终结"标示出来，才能驱走这些偶然观念。从生存论层面来说，只有整理出此在向终结存在的存在论结构，才能说完成了这项分析工作。

在亏欠的意义上阐释此在终结的尚未，且是其最极端的尚未的实现，是不适当的，因为它把此在看作一种现成的事物，这样一来，存在在生存论上是向终结存在，最极端的尚未具有此在对之有所作为的那种事物的性质，终结"悬临"①于此在。死亡不是尚未现成的存在物，也不是减缩到极小值的亏欠，它毋宁说是一种悬临。然而，有很多事物可能悬临于世，它并未标示死亡的本质特征。

死亡是此在本身不得不承担的存在的可能性，随着死亡，此在本身在其最本己的能在中悬临于自身之前，此在在这种可能性中完全以它的在世为本旨。而死亡是不再能在世，或者说

———————

① 悬临：面临或者即将发生，强调其不确定性，随时可能性。

不再能此在的可能性。当此在在死亡之前，它就被充分地指引向它最本己的能在，并且与其他此在的关联都解除。这种本己的无所关联就是此在最极端的可能性，此在无法逾越，死亡展现为最本己的、无所关联的、不可逾越的可能性，在这种意义上，死亡是一种与众不同的悬临。

这种与众不同的可能性并不是偶然地在此在的存在过程中产生出来的，只要此在生存着，它就已经被抛入了这种可能性。这种可能性就是死亡，也正因此死亡属于在世。在"畏"这种现身情态中，被抛入死亡的状态更源始地体现出来，在死之前畏，就是对本己的、无所关联但却不可逾越的能在前畏，这样一种畏和所畏者就是在世本身。当然，畏不能和对死亡的怕混淆在一起，因畏而死并不是一种随便和偶然的"软弱"情绪，而是此在的现身情态，它展开了此在作为被抛向其终结的存在而生存的情况。同时，向终结存在也不是通过某种偶然的情绪和态度才产生的，它本质上属于此在在现身情态中这样或那样展现出来的被抛境况。对在此在中占统治地位的向终结存在的"知"或"不知"并不能说明向死而在并非"普遍地"属于此在，而这仅仅表达了生存中能够以种种不同方式保持这种向死而在的情形，而"不知"却说明了此在通常在死亡之前逃避，来掩蔽向死而在。只要此在生存着，它就在实际上是死着的，以沉沦的方式而死着，因为实际的生存活动并不仅仅是一种被抛的能在世，而且也是涣散于操劳于其中的"世界"，在这种涣散中，此在从最本己的向死而在前逃避本己。涣散、生存、实际性、沉沦这些向终结存在的此在的特征，对生存论上的死亡概念具有组建作用。

（二）此在的日常状态

向死而在中，此在对它本身的能在有所作为，日常状态的自己确是常人，它是在公众解释中组建起来，所以，作为公众解释的闲言就必定会关涉日常此在以何种方式向自己解释其向死而在，构成这种解释的基础是现身着的具有情绪的领会。日常共处的公众意见把死亡视作不断摆在眼前的事件，在日常生活中，这个亲人或那个朋友"死了"，世界上每时每刻都有不相识的人死去。死去作为熟知的、世内的事件来照面，而这种日常中的照面表现为并不触目的状态。常人对这类事件也有一定的准备，并且也早已做好了解释：人终有一死，但自己还未遇到。

在此种说法之中，死亡被领会为某种不确定的事物，最主要的是这个结果早晚要从某处来到，但当下还未称为现成的存在，也不构成威胁。"有人死了"所意味的并不是此在的终结，而是死亡遇到了常人。死亡被视为一种事件，它遇见了此在，但并不本己地归属于任何人，原本死是作为此在的我的死，被扭曲为摆在公众眼前的一种与常人照面的现成存在。作为现成存在的死亡被掩藏了它的可能性，从而其无所关联和不可逾越也一并被隐藏。随后，此在也沦落为常人。这种隐藏顽强地统治着日常生活，乃至在共处中最亲近的人经常劝慰临终者，让其相信不久就可以逃离死亡并重返他们操劳着的安定的日常生活，这种操持促使着常人对死亡的持续安定。这种安定作用，不仅对临终者有效，而且对劝慰者也有效。这种安定的作用把此在从他的死亡中排除，常人们还必须调整如何对待死亡的方式，即通过操劳将死之前的畏作为一个事件来临之前的怕。畏被当作怕而成了一种软弱，常人是不会纵容这种软弱的，于是他们就理所当然地认为无可避免的死是一个事件，对这种"事实"漠然处之，这种淡漠使此在异化于最本己的、无所关联的能在。

日常的向死而在意味着人总有一天会死，但暂时尚未，日常状态在这种解释中承认了某种对死的确知。没有谁会怀疑人是否会死，但这种日常状态中的死与生存论意义上的死作为某种事物悬临于此在大有不同，日常状态只是停留在确知上，继续遮蔽死亡、削弱死亡，减轻被抛入死亡的状态上。在死之前闪避，并不是对死亡的确知，但似乎又是某种确知，是关于某一存在者的确知，把它作为真的存在者持以为真。前文已述，真理意味着存在者的被揭示状态，一切被揭示状态在存在论上都基于源始的真理即此的展开状态，此在在真理之中，而确知则基于真理同样源始地隶属于真理。"确知"这个词语同"真理"这个术语一样具有双重含义，确知是作为此在的存在方式的一种确知，在衍生意义上，此在所能确知的存在者也被称作某种被确知的和被确定的存在者。

确知的一种样式是确信，在确信中，此在通过对被揭示的事情本身来规定它向这一事情的有所领会的存在。这种"持以为真"基于被揭示的存在者本身，如果这样得到揭示的存在者的存在变得透彻明晰的话，那么持以为真作为自持在真理之中是敷衍的，随意地编造或对存在者单纯的观点就不具备这种性质。真理要求从有待开展的存在者方面与开展活动的方向方面获得它的权利。基于存在者的种种不同，按照开展活动的主导倾向与广度，以及真理的方式，从而还有确知的方式就有所变化。对死亡的确知最终会表现为一种特殊的对此在的确知。在日常生活中，此在在"不真"之中，因而，隶属于这样一种遮蔽着相似存在的活动的确知必定是一种不适当的持以为真，不是怀疑意义上的不确知。人们把死亡领会为周围世界中照面的现成事件，那么由此得出的确知就与向终结存在无关。

死的到来是确定已知的，但忽略了为了能够确知死亡，本己的此在就向来须得确知它最本己的无所关联的能在。死的这种确定已知把一种假象植入此在：仿佛此在确知它的死。这种日常的确知来源于哪里？并不是单纯地相互说服，人们日日经验到死，死是无可否认的经验事实。日常的向死而在思考死亡的时候，得出了这样的结论，即人皆有死，死对每一个人都是绝对的或必然的，但不是绝对确定可知的。严格来说，死只有具有经验上的确定可知性。这种确知必然赶不上最高程度的确知。这样批判地规定死亡的确知与悬临的时候，展现出来的是对此在的而在方式的误解及其这种方式的向死而在的误解：亡故作为摆在眼前的时间，只是在经验上确定可知，但并不决定对死的确知。死亡事件是使此在注意到死亡的实际诱因，如果仅停留在经验的确知上，则此在可能根本没有就死亡所"是"的那样对死有所确知。即使在常人的公众意见中，此在似乎只谈对死的经验，因为此在不会将自身局限于死亡事件。甚至还会有如下情形，即在日常的向死而在中所确知的事情，也不同于它自己在理论思考中持以为真的事情。人们知道可知的死亡，却并不本真地对自己的死是确知的。

人们常说：死确定可知地会到来，但暂时尚未，这个

"但"即否认了死亡的确定可知。这个"暂时尚未"并不单纯是个否定命题，还是常人的一种自我解释，借由这种解释，此在仍旧可以将自己滞留于可通达和可操劳的周围世界中。死随时随地都是可能的，何时死亡的不确定性与死亡的确定可知结伴同行，日常的向死存在赋予不确定性以确定性，即"今后某一天"来躲避这种确定性。这样掩盖不确定性的同时，也关涉确定可知性。死亡最本己的可能性掩藏起来了。经过以上对日常分析，我们可以用以下规定来界说生存论层面的死亡概念：死作为此在的终结，乃是此在最本己的、无所关联的、确知的，而作为其本身则不确定的、不可逾越的可能性。死亡作为此在的终结存在，存在在这一存在者向其终结的存在之中。

对向终结存在的生存论结构进行界说，其目的是为了把此在借以能整体地作为此在存在的存在方式摸索出来。连日常此在向来也已经向其终结存在着，这也就是它不断以逃避的方式理解它的死。这一终结不是此在在其亡故的时候才最终来到的结果，此在作为向其死存在的存在者，它自己最极端的"尚未"始终就在它自身中，而其他的一切还都处于极端的尚未之前。先行于自身中抽取出来的尚未现象与操心的结构一样，根本不是反对某种可能的生存整体存在的证据，这种先行于自身才使那样一种向终结存在成为可能。

向死而在基于操心，此在作为被抛在世的存在已经委托给了它的死。此在实际上是死着的，它在其相思之中总那样决断。日常沉沦在对死亡的躲避，是一种非本真的向死而在，此在可能错置自身于其中，但此在并非必然与始终地错置于其中，因为此在生存着，所以它向来就是从它本身所是的和所领会的某种可能性的方面，来把自身规定为如其所是的存在者。本真的向死而在意味着此在另外一种生存上的可能性。

实际上，此在通常把自身保持在一种非本真的向死而在中。此在是靠展开状态组建起来的，也就是说是靠现身的领会组建。死亡的生存论概念已经规定下来，从而真正地向终结存在应能对之有所作为的那个结果也就定下来了。此在非本真的向死而在也已经阐释过了，本真的向死而在之生存论的建构必须借助这些非本真的向死而在的禁阻的指示才能让自己得到筹划。

本真的向死而在无法躲避最本己的无所关联的可能性，同时也不能在这一躲避中遮蔽这种可能性和歪曲地解释这种可能性。向死而在标示是向着一种可能性的存在，也就是说，向一种可能事物存在，但它可以有这层意思：汲汲求取一种可能事物，亦即为使其实现而操劳。在上手事物与现成事物里经常碰得到这样一些可能性：可做到的事情、可控制的结果、可通行的事物。有所操劳地汲汲求取一种可能事物，就导致使其可供使用事物的可能性消灭了。但是只要实现了的结果也还有因缘的存在性质，这种操劳着的上手用具的固定就只是相对而言。实现了的结果虽然实现了，但它作为现实的事物仍然还是一种"可能为了……"的结果，这种事物的特征是"为了某某之用"而被标示的，即有所操劳地寻视将可能的事物转移到为了什么的事物的可能上去。但是，死作为可能的事物不是任何可能上手的或现成在手的事物，而是此在的一种可能性。另外，实现这一可能的事物的操劳肯定意味着引发死亡事件，这样一来，此在就会把自己所需的生存着向死而在的可能性解除了。

向死而在并不是指实现死亡，那么向死而在也就不是指停留在终结的可能性中，这种停留也许在"想去死"的时候才会出现。这样的思虑死亡固然不完全取消死亡的可能性质，死总还作为将来临的死而被思虑着，但这种思虑是一种支配死亡，从而减少了死亡的可能性。死亡作为可能，在现实生活中尽可能少地被提及。作为可能性的形成，死亡必须坚持将其作为可能性来对待。然而在通常情况下，此在通过期待将可能的事物保持在其可能性中。期待不仅将目光从可能的事物移到可能的事物可能的实现上去，而且在本质上还在等待这一实现。

作为向死而在的向可能性存在，死在这种存在中并未展露自身为可能性。我们在术语上把这样的向可能性存在把握为先行到可能性中去，这样也隐藏了一种接近可能事物的做法，向死这种可能性的存在，对于现实中的此在来说却十分遥远。这种可能性越毫无遮蔽地领会着，这种领会就越纯粹地深入这种可能性中，而这种可能性却是生存之根本不可能的可能性。作为可能性的死亡，不给此在任何"可实现"的机会，死对于每一种生存都不可能。在先行到这种可能性之中去，这种可能性就越来越大，并且展露为一种无度的可能性，向死而在，作为先行到可能性中去，才使这种可能性成为可能，并把这种可能性作为可能性开放出来。向死而在，就是先行到这样一种存在者的能在中，先行于自身的可能性中，唯有如此，才能够在如此揭露出来的存在者的存在中领会自己本身：生存，即本真生存的可能性。本真生存的存在论建构必须到死的具体结构中去才能弄得明白。这样先行着的开展的规定，就该能够变成最本己的、不可逾越的、无所关联的确知的作为其本身则是不确定的可能性的纯粹领会。领会主要不是指凝视一种意义，而是指在通过筹划揭露自身的能在中领会自身。

死是此在最本己的可能性，向这种可能性存在，就能为此在开展出它最本己的能在，一切都为的是此在的存在。在这种能在中，此在可以超越常人，也就是说，能够先行着脱离常人。领会这种"能够"，揭露出此在实际上已经脱离了日常生活。最本己的可能性是无所关联的可能性，死并不是无差别的"属于"本己的此在，而是要求此在作为个别的事物来要求此在。在先行中所领会到的死的无所关联状态把此在个别化到它本身上来，而这种个别化就是"此"的生存开展的一种方式。在事关最本己的能在的时候，一切所操劳的事物和每一共他人同在都是无能为力的。只有当此在是由它自己来使它做到这一点的时候，此在才能够本真地作为它自己而存在。同时，操劳与操持的无能为力也并不说明此在的这两种方式要从本真的此在身上隔断，这两种方式作为此在建构的本质性结构属于一般的生存条件。只有当此在将操劳和操持的存在筹划到它的最本己的能在上去，而不是筹划到常人自己的可能性的时候，此在才本真地作为它自己而存在。先行到无所关联的可能性中去，这一先行把先行着的存在者逼入一种可能性中，这种可能性就是由它自身出发，主动把它的最本己的存在承担起来。

这种最本己的、无所关联的可能性是最无法逾越的。向这种可能性存在使此在领会到，作为生存的最极端的可能性而悬临在它面前的是放弃自己本身，这种无可逾越之境给自身以自由。为自己的死而先行着成为自由的，这才使此在可能本真地领会与选择排列在那无可逾越的可能性之前的可能性。这种先行把放弃自己作为最极端的可能性向生存开展出来，并立即借此粉碎了已达到的生存之上的僵固①情况。这些最本己的可能性是由有限性规定的，即作为有限的可能性得到领会，当此在面对这些可能性而自由的时候，它就不再会由于自己有限的生存领会而否认他人的生存，或者曲解他人生存的可能性，放弃最本己的实际生存。作为无所关联的可能性的死造就个别化，但它只是使作为共在的此在对他人的能在有所领会才造就个别化的，因为先行到无可逾越的可能性中，把一切安排在可能性之前的各种可能也一并展现，这种先行在生存上排除了整个此在的可能性，作为整个能在来生存的可能性。

最本己的、无所关联又不可逾越的可能性是确知的，确知着这种可能性而存在的方式从这种可能性相应的真理来规定自身。此在把死亡的可能性开展出来，其方式是此在向这种可能性先行，让这种可能性作为它自身的最本己的能在。可能性的展开状态就植根于先行着使这种可能性成为可能。把自身保持在真理之中，即对所展开的事物有所确知，才要求先行。死亡确定可知根本不跻身于现成事物的真理中，它的照面方式就是仅仅让存在者就其本身来照面，即获取纯粹的事实性，也就是获得绝对的明白确凿，这也可是操心的一种本己的任务和可能性。如果关于死亡的确知不具有这种性质，这种确知根本不属于关于现成事物的明白确凿的那种程度。

与任何有关世内照面的存在者的确定可知相比较，对死

---

① 僵固：借此表示生存层面上的僵化。

亡的持以为真，显示出的是一种另外的方式，而且要更加源始些。这种把死亡持以为真作为在世的存在，不仅要求此在的某一种确定的行为，而且是在生存的充分的本真状态中要求的此在。在这种充分的先行中，此在才能使它最本己的存在在其不可逾越的整体性中被确知。各种其他有关世内照面的存在者的明白确凿必然落后于已包含在先行中的确定可知，这不是因为明白确凿的把握方式不严密，而是因为这种把握方式在原则上不能把它归根于想要此时此地就当真具有的事物即此在持以为真（使它展开）。而我自己就是这个此在，而且我作为能在只有先行着才能本真地是这个此在。

死是最本己的、无所关联的、无可逾越的而又确知的可能性，而其确定可知却是未规定的。在向着不确定的确知的死的先行的时候，此在具备一种从它的此本身中产生的持续的威胁，向终结存在必须把自己保持在这种威胁中，不仅这种威胁不能淡化，还必须培养一种确定可知状态的不确定性。这种威胁如何本然地开展出来？一切领会都是现身的领会，情绪把此在带到它被抛入"它在此"的境况前面，这种现身情态的情绪就是畏。在畏中，此在就现身在它的生存之可能的不可能状态的无之前。畏是为如此确定了存在者之能在而畏。向死而在在本质上就是畏。向死存在把畏转化为怯懦的害怕，并在克服害怕的时候暴露在畏前面，这时，前面曾表明出来的向死而在就为上面的论点提供了间接的见证。

对从生存论上所筹划的本真的向死而在即："先行向此在揭露出丧失在常人中的情况，并把此在带到主要不依靠操劳、操持而是作为此在自己存在的可能性面前，这个自己就在热情的、解脱了常人的幻想的、实际的、确知此在自身而又畏着的向死的自由之中。"①凭这些关系组建起来的先行，作为使这一可能性成为可能的活动揭露、展开并坚持下来。这时候，此在以一种本真的整体能在的可能性就浮现出来——不过只是作为一种存在论的可能性浮现。当然，先行的生存论上的筹划是把自身保持在以前，获得的此在在结构上把自己筹划到可能性上，而并不是把一种具有实际内容的生存理想摆到此在面前，从外面强加于此在。尽管如此，这一在生存论上"可能的"向死而在在生存论上仍然还是一种想入非非的奢望，只要相应的存在者层次上的能在不是从此在本身表现出来的，此在本真的整体能在在存在论上的可能性就毫无意义。

追究此在的本真的整体存在及其生存论结构问题仍然游移不定，只有当我们能够依循由此在自己证明了的它的存在只可能的本真状态来进行这一追问时，这种问题才算经得起考验，此在不仅表明这种本真状态在生存上是可能的，而且是由它自己要求的。

（三）决心与良知

此在的这种本真的能在是由此在本身在其生存可能性证明的，这一证明从自身首先必须能够被找到。但此在的自身首先是常人自己，本真的自身存在则是常人的一种变式。在日常生活中，此在切近的诸种任务总已经被决定好了，常人从此在那里夺走了种种能在的掌握，那么究竟谁在抉择，始终并不确

---

① 海德格尔. 存在与时间[M]. 陈嘉映，王庆节，译. 北京：生活·读书·新知三联书店，1999.

定。此在的选择被这个不确定左右，而纠缠到非本真的状态中去，这种情形只有当此在从丧失于常人之中的境况中把自己收回来时才能被扭转过来。收回所具有的存在方式必定是从常人的生存方式转为本真自己存在的生存方式，这必定补作某种选择的方式。补作选择意味着要从本己的自己方面来能在。借助对选择的选择，此在才能使自己的本真存在成为可能。此在已经丧失于常人，它首先需要找到自己，在可能的本真状态中"显示"它自己，即按照它自己的可能性向来总已经是的那种能在。能够提出来作为这样一种见证的，即"良知的声音"。如果直接追溯到良知的生存论的基础和结构中去，它作为此在的现象而明显可见，存在于此在的存在方式中，同实际生存并在其中作为事实宣泄出来。对良知的事实性及其声音的合法性提供归纳的经验证明的要求，这是在存在论上倒置了良知的现象。只要将良知当作时而出现或偶然出现的，而非确定了的和可以确定的事实来对良知进行批评，就是一种倒错的现象。良知无法通过这类证明或否证，这不是什么缺陷，而说明了它与周围世界的现成事物根本不属于同类。

良知给出了某种可以领会的事物，它有所开展，这一形式上的特征指示我们把这一现象收归此在的展开状态。我们自己向来所是的这种存在者之基本建构是由现身、领会、沉沦和话语组建而成的。对良知的更深入的分析揭露为呼唤，它是话语的一种样式，良知的呼唤具有把此在向其最本己的能在召唤的性质，而这种自身存在的方式就是召唤此在趋向最本己的罪责存在。流俗的良知的解释会把对良知的领会变作概念，作为良知的理论。虽然是生存论阐释为这些日常存在者层次上的知性理解提供了存在论的基础，两者却必然相去甚远，从而，生存论的阐释必须通过对流俗的良知的解释加以批判而获得验证。良知的呼唤是一种可能的听，对召唤的领会展露其自身原有良知。在这种自愿中，就有我们所寻找的选择一种自身存在，我们按照其生存论结构把这一选择活动称为决心。

无论通过什么方式，良知总给出某种可以领会的事物，所以，从生存论层面来说，良知所展开的、所归属的范围也就是组建此在这种展开状态的那些生存论现象，甚至要将良知的阐释推进到对"此"的分析中。此在即它的此，它联通它的世界为它本身在此，在它所操劳的世界方面展开能在。此在作为能在而存在，但是能在已经抛弃给某些确定的可能性了，此在这一被抛弃的存在者的被抛弃的境况通过具有情绪的存在已经展开了。现身情绪同样源始地包含有领会，此在是"知道"它于何处共自己存在，但在生存论上，此在作为有所领会的共在，迷失在常人的公论与闲言之中，它在去听常人本身之时对本己的自我充耳不闻。若能将此在从迷失状态中寻回，它必须先找到它自己，必须去打断听常人，并且给自己一种听的可能性。这样一种打断的可能性在于直接被呼唤，这种呼唤打断了此在对自身的充耳不闻而去听常人的情形。这种呼唤，让此在有所领会的事物，就是良知。

良知的特征描述为呼唤并不是一种形容，付诸声音并不是本质，一切道出与呼出都已经以话语为前提，声音是一种供人领会的工具。从生存论结构来说，这种呼唤只是一种现象，并非拿这种现象同一种呼声相比较，我们尽量不把良知引导至知、情、意这些灵魂能力上去，或把它解释为这些能力的混合物。

　在良知的呼声中，什么是话语之所及，或者召唤之所及？显然是此在本身，这一回答无可争议，同时却也不确定。如果说呼声的目标如此含混，对此在来说，呼声无非是促进此在留意于它本身的诱因而已。但此在在展开世界的时候，对其自身也展开了，于是，此在总也已经领会自身，就在这样的日常平均的方式操劳着而又领会自身的时候，呼声及于此在。操劳着共他人存在的常人为呼声所及。此在被召唤到本己的自身，此在作为常人的世俗的领会，被召唤跨越。常人被召唤回到自身，然而却并不是将自己变作判断"对象"的自身，而是以在世方式存在的自身。召唤究竟所言为何？严格来说，什么都没有说出，也没有任何世间事物的信息。"无物"被呼唤到召唤所及的自身，向它最本己的能在被唤起。呼声并不是让被召唤的自身去"商谈"什么，此在召唤上前来而到它最本己的可能性中。呼声不付诸任何声音。它根本没有言辞，良知总在沉默的样式中言谈。它并不会因此而丧失其可觉知的性质，而且逼迫那些被召唤、被唤起的此在进入其本身的缄默之中。因为对于呼唤所及的事物的领会，并不能寄语。

　我们所说的良知，即呼唤，是在其自身中召唤常人自身，它唤起这个自身到它的能在中去，因此也就是把此在唤来，唤到它的诸种可能性中去。

　良知从丧失于常人的境况中唤起此在本身，这个被召唤的本身究竟是什么，我们仍旧没有规定。无论此在通常将自己领会为什么，呼唤已经跨越。呼声无法凭借"世界"为指向的此在来领会，它隔离任何出名方式，这并不是其不可确定性下的虚无，而是一种积极的与众不同。这种与众不同是唯愿作为呼者被人听到，却不愿被人提及。这种在生存上倾听实际的良知，是此在在良知中呼唤自身，此在既是呼唤者又是被召唤者，或者更加确切地说，呼唤者是此在本身的能在。呼唤恰恰不是，而且绝不会是由我或你本身计划的或准备的或有意做出的，它并不来自于某个与我一道在世的他人，呼声出于我而又逾越我。需要注意的是，我们不能将这种呼声从神学或生物学上急于给出它的解释，这两种解释都太过于匆忙地跳过了良知现象。呼声不是明确地由我呼出，不如说是"有一种呼唤"，这不是在某种非此在式的存在者中寻找呼唤者，此在一向实际生存，其实际性有别于现成事物的事实性。生存着的此在不是作为一种世内现成事物向它自己照面的。

"世间"并未规定呼唤者是谁。他是无家可归的此在，是世界中衍生于"无"的"他存在"，对常人来说，呼唤是一种陌生的声音。呼唤并不提供给操劳和好奇的耳朵以别人去讲、同公众议论的事物。呼唤不报道任何时间，它也不借助任何声音。之所以这样，是因为呼声并不把被召唤者引导到常人的闲言之中，而是召唤到存在的缄默之中。"呼唤自我"是此在一种独特的话语，呼唤的情绪来自于畏，只有这种呼声能够把此在引导到它最本己的能在上面去。而良知则是操心的呼声，呼唤者是此在，实在被抛境况为其能在而畏的此在。被召唤者是同一个此在，由沉沦于常人的状态被召唤出来，良知的呼声即良知本身，就在于此在在其存在处的操心。

世俗地来看，呼唤者是"无此人"，将呼唤者解释为一种力量，这种解释是将良知解释为一种逃遁，即此在的一种退路，好像承认呼声是有普遍约束力的声音，这一普遍的良知被提升为世界良知，这种良知按照它的现象性质是一种不定人称"它"或"无此人"。但良知向来只是我的良知，呼声来自于我向来所是的那一存在者。前面对于呼唤者的阐释纯粹追随着呼唤的现象性质，这一阐释并不减少良知的力量，也不会把它当成"仅仅是主观的"，只有这样的阐释，呼声才会成为自由的。召唤的"主观性"当然拒绝常人，但恰恰由于良知被阐释为召唤而保留了这种"主观性"，其"客观性"才能言之有理。跟随良知的呼声，是本真的领会，这种领会并不是一种仅仅附加于良知现象上的事物，完整的良知体验只有从召唤的领会，并与这种领会一起才能得到把握。对呼声的每一次倾听，都会含有此在自身一种确定的存在方式，从生存论的角度来看，无凭无据或后无所继只是不可能的虚构。

（四）对召唤的领会

呼声不说出任何可供议论的事情，它不提供任何关于事件的知识。呼声向前指引此在到其能在处，但呼声从何而来，呼唤者是谁依然没有规定。但呼声并不给出普遍的能在供人领会，它把能在展开为各个此在当下个别化了的能在。在良知的经验里，呼声向此在说：它"有罪责"，或者说作为"清白"的良知确证"不觉得有罪责"。但什么事有罪责，罪责又该如何存在，从生存论上来说依旧晦暗不明。一切从生存在论上对罪责、良知、死亡这一类现象的探讨必须从日常此在在揭示这些现象时所"说"的事物入手，同时在此在沉沦的存在方式中，也包含着以非本真的方式"制定方向"而不涉及"本质"。只要此在实际生存着，它就已经是有罪责的吗？

呼声之所呼还有待把握为概念，这才能够使人理解到所呼的"有罪责"意味着什么。日常知性首先是在"负债""赊欠某人"的意义上来理解"有罪责存在"的，人应归还他人有权要求的一切，这种归还关涉可为之操劳的事情。有罪责存在还有一层含义即"有责于"某事，是某事的原因或者肇始者，也可能是某事的"事由"。在流俗含义上来说，有罪责是"负债于……"或"有责于……"的统一，不过，这种要求仍体现为共处，即对他人有责的性质。因而在"对他人成为有责的"这一意义上的有罪责存在的概念也可以从形式上规定为某一他人此在中缺欠的根据，这种缺欠在于它不满足生存着共他人存在的要求。这些要求体现出罪责存在总都是此在的存在方式，这些罪责存在都是此在的行为。

要达到这一目标，"有罪责"这一观念就必须在一定程度上形式化，直至摆脱对操劳共处的流俗的罪责现象的关涉。即使罪责被规定为缺欠，但缺欠指的不是现成存在，而是某种应当事物的不现成存在的关于现成事物的一种存在规定性。生存按其本质而言，不可能在这种意义上缺欠什么，这并不是因为生存是完满的，而是因为其存在性质始终有别于一切现成性。

此在被抛弃，却不是它自身带入它的"此"，作为存在者，此在被规定为这样一种能在：它听到了自身，但不是作为自身把自己给予本己的。生存着的此在从不回到其被抛境况后面去，这一"它存在，且不得不存在"从它的自身存在割舍掉并把它引入"此"。但只要此在存在，作为操心总是它存在且不得不存在，作为这样一个存在者，此在生存着就是它能在的根据，虽然此在不曾自己设置这种根据。那么此在如何作为被抛弃的根据而存在？它向着它被抛入的种种可能性筹划自身，自身却绝无法控制这个根据，而是不得不生存着接受根据性的存在，去作为本己的、被抛的根据存在，这就是能在，而操心就是为这一能在而操心。存在未操心的存在者，背负着实际的罪责，而且它在其存在的根据就是有罪责的。这种本质性的有罪责的存在同样源始地是"道德上的"善恶可能的生存论条件，也就是说，是一般道德及其实际上可能形成的各种形式可能的生存论条件。罪责的存在通常保持其未被展开的状态，由于此在存在的沉沦而保持封闭，唯有如此，良知才是可能的，呼声提供了这一罪责的存在。

前文已经阐释，呼声是操心的呼声，罪责组建着我们称为操心的存在。只要此在为其存在而操心，它就把自身作为实际的沉沦的常人向着它的能在唤起。此在应当从迷失于常人的状态中回归其本身，即此在是有罪责的，与这种呼声相对应的听，是一种"有罪责"的实际情况的信息接收，此在应当以有罪责的方式本真地成为它所是的能在。于是，正确地倾听召唤就等于在其最本己的能在中领会自身，这种自身筹划的所指就是能以最本己的方式成为有罪责的。此在对呼声成为自由的，听命于它最本己的生存可能性，即此在选择了它自己。

随着这一选择，此在使其最本己的罪责存在对自己成为可能，常人的知性只识得是否满足手头规矩与公众规范，常人自身被召唤回自身的最本己的罪责存在，领会呼声就是选择，被选择的是有良知，领会召唤即愿有良知。愿有良知变作有罪责的最源始的生存上的前提，此在领会着呼声让最本己的自身从所选择的能在方面的自在行为。只有这样，它才能是负责的。虽然呼声不提供任何信息，它却并不因此只是批判性的，呼声也是积极的，良知公开自身为一种此在存在的见证，在这一见证中把此在本身召唤到它最本己的能在面前来。

（五）良知中的能在

在前文的阐释中，我们把良知阐释为将操心向罪责存在唤起。但流俗的良知会有如下问题：一是良知本质上具有批评作用；二是良知向来是要对某种确定的已经施行的或所要施行的行动发言的；三是声音不会在根源关涉此在的存在；四是良知并未考虑良知的各种现象的基本形式，即良知的不安、清白、谴责和警告。一切良知经验最先经验到的是"有罪责"，按照流俗的意义来理解，如果说良知宣告一种罪责存在，那么它不会以向……唤起的方式发生，而是以回忆的方式指向关涉的罪责。另外，如果将声音认定为随后跟来的良知，并不能表明对良知现象的源始领会，声音是某种浮现出来的事物，它在一一相续的现成体验中自有其位置，无论呼声，还是行为，甚或罪责，它们都不是摆到眼前的事物，更不具有现成事物的性质。具有操心的存在方式的呼声，指向了此在的被抛弃境况。生存上的本真罪责存在，只是跟随着呼声，而并不是呼声跟随着罪责。这些一一相续的现成体验的前后顺序并不提供生存活动的现象结构。

如果说对良知有愧的特征描述还未达到源始现象，那么对良知清白无愧的描述就差得更远。如果说良知无愧，那么得出了此在的善良，这样一来，良知就成了伪善的奴仆，良知无愧这一观念得出的结论是不可能的，由此只能体现出良知呼唤罪责存在。为了摆脱这样的结论，良知无愧是对呼声不浮现的体验，体验到我没什么可用来责备我自己。这种臆想根本不是我对某种呼声的经验，而是使自己确知此在并不曾施行给它的某种行为，所以它是无罪责的。确知自己不曾做什么，这根本不具有良知现象的性质。相反，这种确知倒是可能意味着良知的遗忘，即出离了被召唤的可能性。

无愧源自日常此在的良知经验，日常此在也就泄露了它在讲良知有愧时也不是从根本上触及了良知的现象。因为在流俗观念上来说，良知有愧的观念实际上是依照无愧来制定方向的。当我们描述良知有愧、无愧这类观念的时候，我们也已经断定了良知向前去加以警告与指向后去加以指责的区别。良知警告的经验知识是从其所欲的、然而良知却要以抵制的行动着的眼光来看待声音。良知"警告"的经验所看出的良知的呼声倾向仅仅是在常人的知性所能够的范围以内。

在存在者层次上，"沉沦"这一此在的存在的本质方式显示出，存在者是从操劳活动的视野上来领会自己，但在存在论上，它则是从现成性意义上来规定存在。理论是一一接续的体验或"心理过程"，而这种接续过程的存在方式则全然未加规定，经验的良知则是裁判者和警告者，此在与它以结算的方式进行协商。

在日常的生活中，知性解释可能会以为牢牢地守住了"事实"，由于其知性性质而限制了呼声开展的广度。但是，如果呼声原本并不牵涉实际上是"现成的"罪责或实际的愿望的行动，良知的"指责"与"警告"也就并不能表达出源始的呼声的功能，不过，这也体现了源自对良知现象的真知灼见，呼声的内容里实际上体现了不出任何由声音"肯定地"推荐或提供的事物。之所以错失所呼之中的某种"肯定"的内容，是因为此在期待一种当下可以用得上的指示，它提供那些可用的、可计算的而又可靠的行动的可能性。这种期待根系在知性操劳活动的解释中，在这里，此在的生存活动被纳入一种可调整的经营整体的观念中。良知并不给出这类实践性的指示，因为良知向生存、本己的能在召唤此在。良知若像所期待的那样提供一种公理，恰恰否定了生存去行动的可能性。肯定的也罢，否定的也罢，呼声不开展可操劳之事，因为呼声意指存在论上的生存。本真地倾听呼声意味着将自己带入实际行动，以本真的倾听的方式来领会召唤这件事情本身包含的生存论的结构。

流俗的良知的解释好像指出了日常良知经验在存在论上的非源始的同时，也要评判处身在这种经验中的此在的生存上的道德品质。在生存上，良知的阐释并不保证在生存上对呼声的领会，生存同样并不必然地、直接地在因为不充分的领会而遭到贬损。但是，只要我们对存在论上的理解不把自己同存在者层次上的经验割裂开，在生存论上更加源始的阐释也就同在生存上更源始的领会开展出可能性来。

愿有良知，是此在最本己的能在中的自我领会，同样也是此在的展开状态的一种方式。何种情绪对应这一领会，呼声的领会在此在中展现着个别化的本己的此在，而良知之畏是这一情形的现象上的保证，愿有良知是畏的准备。对呼声的领会，倾听无言回应，因为呼声的内容已被此在据为己有，并且以罪责的存在呈现出来，这样也就使此在从常人知性的嘈杂闲言中收回。因此，在原有良知中，话语的样式就是缄默，良知只是默默呼唤。

只遵从于事实的知性良知仅以默默言谈为由，把良知弄得好像是根本无法确定的和根本不现成的事物，人们只可听得到嘈杂的闲言，但不能确定呼声。常人只不过是用这种解释来掩盖对呼声的充耳不闻。所以，此在在愿有良知中的展开状态是畏的现身情态、筹划自身到最本己的罪责存在的领会和缄默的话语组建而成，这种缄默的、随时准备畏的、向着最本己的罪责存在的自身筹划，我们称为决心。决心是此在展开状态的一种突出的样式，在前文中，我们将展开状态阐释为源始的真理，原本并不具有判断的性质，它根本不具有某种特定行为的性质，真理是在世之为在世的组建要素，必须将真理理解为基本生存论环节。我们从存在论上澄清"此在在真理中"这一命题的时候，曾揭示这一存在者的源始展开状态，即生存的真理，并为界说这一真理而指引向此在本真状态的分析。

此在展开状态同样源始地开展着当下整体的"在世界之中存在"，世界、在之中、"我在"的这个存在者。世内存在者向来已经随着世界的展开状态一道被揭示了。"决心"这一本真的自身存在并不把此在从其世界中解脱，也并不把此在隔绝在一个漂浮不定的自我中。决心恰恰把自身带到当下有所操劳地寓于上手事物的存在之中，把自身推到有所操持地共他人存在之中。出于选择了自身的能在这种"为何之故"，下了决心的此在解放了自己，自由面对世界。只有决心让一道存在着的共在，向他们最本己的能在中去存在，这种下了决心的此在才可以成为他人的良知，本真的共处，源于决心中本真的本身存在。决心依照其存在论本质而言就是当下实际的此在的决心，这一存在者的本质即生存，决心只有作为领会着、筹划着自身的决定来"生存"。决定恰恰才是对当下实际的可能性的有所开展的筹划与确定，此在的一切实际被抛弃的能在都具有不确定的性质，这种不确定性必然属于决心。决心只有作为决定，这种生存上的每次只有在决定中才得到确定的不确定性，才真正具有生存论上的确定性。

在存在论上，决心已经先行描绘了此在一般的生存论性质，此在之为操心是由实际性与沉沦决定的。此在展开它的此，它源始地处于真实与不真实之中，这一点恰恰本真地对决心也同样有效，决心是本真的真理。决心本真地把不真实据为己有。此在向来已经在无决心或马上无决心中，这种状态表示出此在在常人解释中的那种存在。决心则是在已经丧失于常人的境况中被唤起，无决心不是指被某些阻碍压制的存在者层次上的心理属性，而是此在最本己的能在，而这种能在作为被抛弃的能在只能向某些特定的实际可能性去筹划。决定并不出离现实，但它恰恰揭示着实际可能的事情，决定把可能的事情按照作为常人中最本己的能在所能是的那样加以掌握，可能的、下了决心的此在的生存论规定性包括另一个现象的结构环节，即处境。

处境带有一定的空间含义，因为此在的"此"也带有这种含义，在世包含某种本己的空间性，只要此在实际生存，它就设置了空间。不过，生存的此在式的空间性植根于在世这一建构，其要素本来就是展开状态，正因如此，处境在决心中同样有其基础。处境是向来以在决心中展开的此，生存着的存在者就作为此而在此。处境并非此在被摆在其中的现成框架，也并非前来照面的环境与偶然事件的现成混合，它只有通过决心并在决心之中存在。"本身"生存着就不得不作为此而存在，而唯决心为此，环境的当下实际的因缘性质才对"本身"开展出来。但是处境本质上却对常人封闭着，常人只认清一般形势，丧失了切近的机会，靠偶然事件来维持此在。

决心把此在带入处境的生存，但决心也界说着良知中得以见证的本真能在的生存论结构，即愿有良知的生存论结构。当良知呼声向着能在召唤，它不是把任何空洞的生存理想摆在那里，而是向前呼入处境。把呼声倾向局限于摆在眼前的责备的做法认为是良知的开展性质，只是似是而非地传达给我们对良知声音的具体理解。而从生存论上，我们把对召唤的领会阐释为决心，这就揭示出了良知，乃至包括此在根本的存在方式。这种方式下，此在见证着最本己的能在，而使实际生存对它自己成为可能。

将空洞的"习惯"和不确定的"随意动机"拼凑到一起，并不是我们所说的决心。决心并不是将处境摆在眼前，而是已经将自身投入。此在作为下了决心的此在，已经行动了。"行动"这个词是海德格尔一直避免使用的词汇，一方面，在这种意义上不得不重新在很广泛的意义上把握这个词语，它专指积极的活动，但把阻碍这类活动也包括进来，但实质上阻碍是消极地拒绝活动；另一方面，行动易于导致对存在论的误解，即与理论职能对应的某种实践上的行为。操心作为有所操劳的操持包含此在的存在，若要区分理论行为与实践行为，要先将操心设为前提，决心只是操心本身的本真状态，是操心为之操心的本真状态，而它只有作为操心才可能成为操心本身的本真状态。综上所述，决心即缄默的、畏之中的、向着最本己的罪责存在的自由筹划。此在本质上有罪责，而非时有时无；罪责无法增减，它先于一切量化，只有当此在理解为罪责是持续的，才能从生存上决心接受这种罪责，只有此在把能在开展到头，才有可能把罪责理解为持续的罪责。存在到头等于说先行到死。可见，决心与先行还不仅是有联系的，决心本身之中就隐含着向死而在，本真的决心必然是先行到死的决心，决心把向死而在落实为实际生存上的一种确定样式。

此在一向本真地或非本真地实际生存在罪责之中，只在实际的能在中才有罪责，因而我们必须把罪责理解为能有罪责。只有先行的决心才本真且具体地理解能有罪责，决心先行着赶上了死亡，所以此在的本真存在就不再能被任何事物逾越。决心把此在引向生存的源始真理，一旦下了决心，此在实际的能力就展露在此在本身面前。而这就是有所确知的存在，决心把自己代入处境，只有这时，处境才开始展开。此在只确知由决定展开的事物，但此在不僵固在处境上，它必须对实际的可能性保持敞开，在必要的时候回收决定的自由。这却绝不是让我们回到无决心中去，此在通过在必要的时候下决心回收决定而保持一贯的自身，而这恰恰克服了失落在无决心之中的状况。决心持续保持了自由，即为此在的整体能在而保持自由，而此在之所以能做到这一点，是因为它同确知自己在其死亡中必定绝对地回收它自己。此在又同样源始于不真之中，死亡这种最彻底的能在永远保持其可能性，无法就其何时何地具体确定下来，一旦确定了就变成了彻底的不可能。所以，彻底的可能性只有在面向处境的决定中才能得到规定，先行的决心同时确知失落于常人是持续的可能性。此在被抛入它的极限处境的不确定性之中，它面对极限处境做出决定，从而才能赢得本真的整体能在。

若此在作为下了决心的此在本真地理解自身，把自己理解为先行于自身的能在，它便为自己祈求能在本真地想到死引向达到透彻的生存。于是，向死而在通过先行的决心而落实为实际生存上的一种确定样式，此在整体的能在一开始似乎是分析工作的一个理论问题、方法问题，现在则已表明，决心是一种实际的生存样式，整体能在的问题始终是一个实际生存的问题，由每个下了决心的此在对这个问题加以回答。我们从现象上展示出了此在的一种本真的能在，但常人的知性必定始终不了解这种现象，它或者把这种生存上的可能性当作未曾证明的推到一边，或者要从理论上加以证明。

先行与决心之间的联系可以概括为先行到死，通过决心而成为某种确定的样式。决心并不是一条"克服"死的路，它是对良知呼声的理解，这一理解向死开放将去掌握生存的可能性和把一切逃遁式的自身遮蔽彻底摧毁的可能性。被规定为向死而在的愿有良知也不意味着避世的决绝，相反却意味着投入行动的决心。先行的决心也不是来自某种"理想主义"，而是源自对此在各种实际的基本可能性的清醒领会。

从存在的整体性来看，此在在世界之中存在分为了以下这样几个部分：一是此在的基本建构；二是世界之为世界；三是世内的存在者；四是在之中；五是此在的存在。其中，世界之为世界中介绍了世界的存在性质与结构，通过对日常存在与常人的阐释来解释世内存在者，描述了此在的沉沦与非本真的生存境况，导出了畏，通过死亡、良知与决心进一步推动了本真生存论的阐释。但是，此在的整体性的理论结构是有缺陷的，主要集中在本真与非本真的提法上面。"在世总已沉沦。"①沉沦就是在世的全部。为什么人不能在源头生存？因为沉沦正是为了能在世。此在与世内存在者和与他人打交道的内容大致上都是以沉沦的方式出现的，此在极为孤独。在《存在与时间》中，没有"本真的他人"等这样的概念出现，这种不对称自有其缘由。本真生存并不是由特定生活内容组成的。另外，本真和非本真究竟谁为源头也未阐释明白，本真应当是源头，沉沦是从本真状态中沉沦，但在《存在与时间》中，此在被说成是首先沉沦着，仅是偶尔通过畏的现身情态，才进入本真状态。结果又是如何，书中也未被言明。畏的现身是否代表了此在从此便本真，或者当畏过去以后，此在仍旧回归沉沦状态。只有畏的现身情态，此在才能把本真生存和非本真生存作为其自身的可能性看清楚，非本真生存也必须是此在本身的可能性，否则此在就不可能非本真地生存。虽然海德格尔多次提到本真和非本真两种状态，却也讲到过本真状态和非本真状态中未经分化的状态，而后者却至关重要。

总体来看，海德格尔这种提法与近现代西方哲学的意见相左，它意在找寻一种先于主客体分野的现象，并借此来克服主客体的倾向。海德格尔多次表明他既反对唯心论，又反对实在

---

① 海德格尔. 存在与时间[M]. 陈嘉映，王庆节，译. 北京：生活·读书·新知三联书店，1999.

论。在他看来，唯心论和实在论互相依赖，但是近代哲学的主流是唯心论，他的《存在与时间》意在克服唯心论中的主观主义。但直观印象使海德格尔自己陷入极端的唯我主义之中不可自拔。

此在的关键在于超越，而在胡塞尔的思想中，超越属于物之为物。在海德格尔的思想中，超越属于人的此在，超越是人的基本，先于他的一切行为和所是。此在并非先是一个主体然后再去超越，此在是在超越之中的和作为超越的存在者，超越与此在相同。那么，存在既是超越者，又是被超越者，超越组建着自身，然而，我们显然有两个自身或自身性的两个方面，其一被超越，其二被达到。同时，此在之外的任何存在者都被剥夺了自身性。自身性不是我性，自身性是中立的，关于人之中的此在的存在论分析都是中立的。但此在向来我属这一基本观点又做何解释？本身性不是我性。更进一步，关于人之中的此在的存在论分析都是中性的，此在与我早已合一。只有在找到本身的同时，才能发现什么不是本身，此在在超越之际与其他存在者分离，所以能与其打交道。这种分离不是跳出存在者之外，而是在存在者之中保持独立。

此在向来是超越世界的，超越与在世是一回事。世界参与组建超越，所以世界概念又被称为超越概念，关于世界的讨论为超越的讨论。世界是指存在者整体，在超越中，存在者总是以整体方式呈现的。但是，在前文对无的讨论中，此在是向无超越的，无使存在者整体与本身相区别，在这里，此在、世界、无、存在者整体、存在就全部与超越关联。世界本质上与此在关联，即此在把世界抛到存在者上，从而存在者可以作为存在者而公开出来，此在的超越使存在者有这样一个世界。综上所述，我们可以这样理解，在畏与超越以前，此在的前身和所有的存在者混为一谈。超越发生了，此在相对于其他的存在者区别其自身，相对于无区别出存在者的整体，个别存在者在存在者的整体性中照面。此在保持其超越即保持其与其他存在者相区别的自身而本真的生存，同时也丧失了自身于众存在者的沉沦。

海德格尔始终坚持现象与存在的统一，他并未论述此在开展之前的此在的混浊状态的存在，只有在超越之际，现象才会发生，他坚持把存在通过此在的开展放在形而上学所论的存在者的存在之先。"存在"和"是"是同一的，而说某某是某某，已经是关于某某存在的开展了。另外，此在的源始性和首先沉沦这两方面都被取消了，本真生存与非本真生存同样源始，源始性是属于超越的未经分化状态的。然而畏与超越并不是生存的必需，那么如何解释常人的生存？以上所阐释的都与源始性相关，下面的章节中我们会进入关于时间的讨论。

第三讲

时 间

一、源始的阐释

海德格尔指出，在20世纪，一种特别的时间观的声势渐渐壮大，这种时间观可以被称作是"关系性时间观"，大体的意思是绝对时间只是一种形而上学或物理学的假设，我们观察到的，或者与我们相关的只是在外部事物的变迁中表现的时间流动。显示的时间只是处于变化中各个物体间的一种相互的关系，绝对的时间则是这种关系的抽象，于是，与其说外部事物处于时间之中，不如说时间处于外部事物中。这种时间观与存在问题和人生问题密不可分，但海德格尔对时间的讨论并没有他对存在的阐释得到的重视程度大，原因有二：一是时间问题向来难以理解，而海德格尔的对问题的阐释也标新立异，读者们往往不得要领；二是在《存在与时间》后半部的关于时间阐释中，不仅行文仓促，而且常常将时间作为对存在论部分的重复，其分析远不如对此在的分析成熟。

存在问题是就存在的开展（即此在对存在的领会）来摸索的，而此在根本上由以出发去未经名言地领会并揭示存在这样的东西就是时间。很久以来，人们总会区分有时间性的存在者与非时间性的存在者，有时间性的如自然进程、历史事件等，非时间性的如空间关系、数学关系，等等。人们区分说出一个命题的有时间性的过程与这个命题的无时间性意义。有时间性的存在者与超时间性的存在者有着显著的差异，而海德格尔称时间是一切存在领会的地平线，是最源始的存在解释的地平线。所谓存在的第一性或者存在与思维的同一性，都有着时间意义上的表达。

存在论的探索是诠释的一种方式，诠释是某种领会的整理，一切诠释都已经先行领会了，这些"前提"即诠释学的处境。诠释需要从有待开展的对象的基本经验方面先行澄清和保障这一前提的整体，存在论阐释应当就存在者所特有的存在建构来剖析存在者，从而把这一存在者带入阐释工作先行具有的事物之中。这个过程需要对存在者的存在方式的先行视见而得到引导。先行的视见也就是存在结构概念化的方式，这也就是先行概念。但存在论的阐释不仅要求诠释学的处境，还要求存在者的整体性，从整体性出发才能回答存在者的统一性的意义问题，从而保障基础存在论所要求的源始性。

生存即能在。能在作为向来是我的能在，自由面对本真生存或非本真生存以及生存的无差别样式。从日常生活入手，只能限于分析无差别的或非本真的生存，如果没有本真的生存结构，那么这个阐释就欠缺整体性和源始性。若生存论分析要具备整体性，就必须把此在自始至终包括进来，日常生活恰恰是生死之间的存在，作为能在的此在就拒绝整体性上的把握。

在此在的生存本身之中，有某种它所能是、所将是的事物欠缺着。终结本身就是一种亏欠，在世的终结就是死亡，死亡界定着此在的整体性，然而死亡并不是一个现成的终点，而是一种生存的可能性，死亡只存在于向死亡存在之中。只有通过生存论的死亡概念才能有效地讨论此在的整体性。但是此在能够本真地整体生存吗？良知这种现象提供出某种本真能在的证明，良知这一此在现象像死亡一样，要求一种本然的生存论上的阐释。此在的本真能在就在"愿有良知"之中，但这种生存上的可能性按照其存在的意义却倾向于通过向死而在来获得生存上的明确性。此在源始地存在论上的生存论结构依据乃是时间性，只有从时间性出发，"操心"这种此在的存在结构的整体性才能从生存论上得到理解。日常状态的展现体现为时间性的样式，这也就是为何此在是历史性的，为何它可以建构历史学。

时间性构成了此在的源始的存在意义，而这一作为此在的存在者为它的存在本身而存在，于是操心需要"时间"、生存要求"计时"，是此在的时间性造就了计时，在计时中所经历的时间是时间性的最切近的现象方面，这种时间发展成为传统的时间概念。时间被当作时间之内的状态，世内存在者在时间之中照面。

二、时 间 三 维

　　此在存在的意义即时间性。在海德格尔的哲学理论中，意义一般地被规定为某事物开展的，所以，阐释时间性也就是从时间性来解释此在的存在。此在生存的各个环节统一于"操心"，时间性就是操心的意义，它使操心的各环节可能统一于操心，时间性使此在的结构整体得以作为操心而得到统一。前文论述的良知、死、罪责这些现象均统一于操心的结构之中。此在就是这种统一的存在本身，"我"与"自身"都被理解为承担结构整体的根据，也就是这一存在者。

　　但另一方面，海德格尔又说存在与存在的意义是一回事。此在理解自身，对于此在来说，存在的意义并不是它本身之外漂浮无据的他物，而是自我理解着的此在本身。时间性有时称为"此在存在的意义"，有时则直接称为"此在的存在"。海德格尔有时说他要从时间性解释此在的存在，有时则不解释，干脆称为"此在的存在"。从步骤上来解释：海德格尔先提出此在，将此在分析中包含的先行领会作为专题，作为时间性这一专题来讨论；继而又从时间性过渡到时间，在时间的层面，存在就得到了最源始的解释。从时间规定存在，被称为存在的时间状态上的规定性。在《存在与时间》里，对生存整体的追问关乎死亡，从死讲到先行的决心，时间随即开展讨论。在先行的决断中，此在朝着最本己的能在存在。之所以是能在，因为此在可以从其最本己的可能性来到自身，保持了别具一格的可能性，在这种可能性中让自身来到自身，这也就是将来的源始现象。

操心向其终结存在，此在通过向终结存在而可能整体地生存，生存的有限性构成了决心的意义。先行的决心开展它当下的处境，操劳于现成的事物，只有让上手使用的事物来到当下照面，此在才能寓于处境之中，唯当决心当下，才能让上手使用的事物毫不伪装地前来照面。曾在的将来从自身展露为当下，这样的统一现象被海德格尔称为时间性，只有当此在被规定为时间性，它才使其本真的能在整体存在成为可能，时间性展露为本真的操心的意义。

先行的决心向死而在，而这一向死而在只有作为将来的存在才是可能的。死不被解释为某种前方等待此在的时间点，将来也不是指的一种尚未成为现实而到某时才将是现实的时间点，将来是指此在借以最本己的能在来到自身。从形式上来说，将来是先行决心的意义。总要有个将来，决心才有意义，但这只能说明将来是决心的存在条件，有意义的只能是决心本身。将来使决心可能存在，而决心使将来有意义，先行使此在是将来的，而只有当此在是将来的，先行本身才是可能的。将来是先行的决心的意义，总要有个将来，决心才会有意义。但这只能说明将来是决心的存在条件，有意义的仍然是决心本身，将来只是使决心可能存在，而决断使将来有意义。此在是将来的，而只有此在是将来的，先行才是可能的。此在在其罪责存在中领会先行的决心，此在把罪责存在作为被抛的根据承担起来。前文曾述，曾在源自将来，这与常识相反，此在作为曾在而存在，曾在是此在的承担，但这只有当此在能够存在才是可能的，此在对于将来来说才能够存在。我们回顾往事，对往事负责，生存还未结束。曾在并不是简单的过去，逝去的虚无的过去。曾在凝结在存在上，这是可以领会的，没有能在，就不能驱使曾在。没有曾在，是否会有能在？曾在在某种程度上源自将来，那么，将来是否也以某种方式源自曾在，在这种维度，一切都互为条件。谁源于谁的基本方式都值得怀疑，莫如说将来、曾在和当下是统一体。

　　海德格尔所讲的将来、曾在和当下的确与我们惯常用的词汇有所区别，通常流俗的时间观念的理解是以现在为中心的，将来即"现在不是，将来便是……"，过去即"现在不再，但以前是……"，如果用这种方式来理解，那么"操心"的时间性同时既是从前，又是以后，既是尚未，又是不再，那么操心就成为一种现成的事物，成为在时间中接续的存在者了。生存论中的时间则以将来为中心，没有将来的能在，现在、从前都无法存在。生存并不是以死作为终结，而是始终包含有终结，生存才是生存。将来的有终性标示出此在的有限性。我自己不再在此，那么时间就不再继续前行了吗？当然不是，依然有无限的事物从将来到来，源始的将来是有限的也并非要否认这样的提法，因为它们涉及的并不是源始的时间性。问题并不在于哪些事情还会发生，而在于这些事情怎样从将来来到当下照面，它们从何处来，还在于我们如何规定在将来总要到来的

"自身"。源始而本真的将来来到自身，它作为封闭了的将来来到此在，封闭此在的能在，从而使此在可以从自身出发决断先行于自己生存，这种"不性"，即否定性地来到自身是最本己的生存意义。

作为本真时间性的一个环节，如前所述，当下并不直接对应于沉沦。因为决心恰恰是从沉沦中抽离出来的，以朝着当下的处境，更本真地开展"此"，但操心的第三个环节，即"寓于世内存在者的存在"则唯有在眼前当下的样式中才是可能的，沉沦首要地源于当下，而当下又包含在将来与过去中。在海德格尔的《存在与时间》这部著述中，仅是如此阐述：时间性使生存、实际性和沉沦统一，奠定了操心的整体性，使操心并不是由各个环节拼凑起来的。而在若干年后，《时间与存在》①一文中，海德格尔重新回到了时间这个问题上来。在文中，时间的三维不是从生存论结构起论，而是从在场说起。在场与我们有关涉，这就是与作为此在的人相对逗留着。这就体现出在场与当前的共通之处，但在场又未必都是当前，曾在同样与我们有关涉，它借助它的不在场而在场。在场伸展到曾在与将来之中，将来接引曾在，曾在延伸到将来，而"二者"的交互关涉一起延伸并聚集当下。需要提出的是，这里并未强调将来的优先地位。不过，虽然三维互相延伸，却只能说明将来接引曾在而并未说曾在指引将来，当前仍然处于第三位。

海德格尔从当下来说在场，接着又表明在场不限于当下。在场指的也是三维的交互延伸，本真的时间由于这三重延伸而

———————————

① 《时间与存在》写于1962年，是海德格尔晚期的一篇论文。——译者注

称为三维。海德格尔在其关于时间的描述中，尽量避免空间这种意象，因为时间的三维组成交相渗透的立体。"立体"体会起来，不是指三条垂直线条组成的空间，而是有实质的混沌体。如果连同透达、渗透、延伸这些意象一同体会，源始的时间意象就接近黏稠的流体。

一方面，在来临、曾在状态和当下的交互通达中有公开场清理出来。另一方面，将来和曾在交互通达中呈现当下。按照后一种说法，当下就与海德格尔的真理论中最关键的公开场最切近。因为将来与曾在的交互关涉既是呈现当下，又呈现公开场。当下确实具有特殊的地位，虽然三维并提，但并不是简单的交互关系。海德格尔在《存在与时间》一书中谈到的本真的当下没有对应的生存论环节，而始终包括在将来与曾在之中，当下与在场格外切近，甚至在在场未必都是当下中依旧透露着切近。综合看来，当下并不像一维，而更像是将来与曾在交互关涉所产生的结果。不过，海德格尔并未继续这个方向的讨论，他提出了第四维。这第四维是在时间的本己处延伸的本身，本真的时间是四维的。延伸把前三维各自的在场中角色保持得非常明确，这既使三维相统一，又使它们相互分离，保持在近处相向。

公开场调整着三维既统一又分离的关系，由于公开场，在时间的幽深之处的流贯延伸而在近处又驻足相向的就不是三维，只是将来与曾在——当下就是近处本身。在作为近处的当下相向，这是统一由于公开场而成为可见的一面。统一的根由仍然在流贯于时间本己的幽深之处，即肇始地延伸。无论是什么，无论怎样源始，总没有比时间更加源始的事物了。曾在并未逝去，将来并非尚未形成，当下并未遭到拒绝，也并未遭到扣留。如果曾在和将来由于拒绝和扣留而保存在它们的源始时间状态之中，当下可以说是脱离了源始时间的状态。当下被放了出来，海德格尔把本真的当下叫作即刻、瞬间和刹那，然而这刹那却始终包含在将来之中。本真的当下并无此时，它就不会是源始时间状态中的一维。无论是哪些维，若要开放，就要借助公开场，如果我们愿意使用"维"这一通常的意义，当下就是唯一的一维，使将来和曾在分隔开来却又使它们相互接近。

三、时 间 性

海德格尔指出，时间的将来、过去和当下，组成了一个统一的现象，此在分析已经把操心界定为生存论环节的统一，操心的结构源始统一于时间性。我们要说明操心的统一性，必须依赖于对时间性的统一性的解说。这种统一性不是拼接，按照海德格尔对时间的提法，将来、过去和当下并不能随时间之流组合而一的。

将来、过去和当下分别显示出"向着本己……""回到……"和"让……照面或寓于"这些现象性质，将时间性绽放出来，时间性的统一就是三种"绽放"，于是，我们必须通过它们的绽放来了解时间性，而不是通过对固定属性的描述来了解时间性。绽放即公开场的开辟，但时间性为何开辟公开场，海德格尔在《存在与时间》中并未过多阐述。另外，《存在与时间》中的时间性和《时间与存在》中的时间并不是一回事，从时间性转入时间并没有按照海德格尔的设计逐一论述，但源始的时间谈不上三维，维度是绽放出来的现象。这种现象标志着时间性，时间性是源始地、自在自为地从现象中出离时间，如上所述，源始时间状态是借助公开场的开辟出离①自身，时间性在其出离中是自在的。源始时间状态虽然借助公开场开辟出来，但并不消逝于公开场。出离是自为的，没有任何外在力量造成这种出离，不仅如此，时间性是出离时间的本身，时间性并非先是一存在者，而后才从时间走出来。时间性是出离时间本身，因为它只有在出离时间中有这一自己。

绽放的现象就是时间的开始，在绽放之前不曾先有一个时间性自身，如果是那样，就等于说在时间之前就有时间，源始的时间性或源始的时间状态依旧很含糊。如果它指的是时间由之绽放出的状态，依然落入了这里所讲的悖论，而在时间之前这样的话无从提及。如果出离是指从某处出离，从某种环境出离，那么还会有一种没有时间的存在状态。于是，时间性是不存在的，而只存在到时这种现象。 只有存在者才存在，但是时间性并不是存在者，这和不能讲存在的存在是一个道理，我们免不了说时间性是什么，存在是怎样的，但这样的道理只能澄清了存在与"是"的观念后才能使人理解。

时间性是一种动态，随着现象的绽出而有其自身，将来、过去和当下这三种绽放交互延伸，形成一条统一的地平线。源始的时间虽是个统一体，但是在每一个特定的情况下都要从某种绽放的方式上得到规定。与"为自己之故"在生存结构中的首要地位相对应，首先绽放出来的是将来，源始而本真的时间性的首要现象是将来。将来在源始而本真的时间性中拥有优先地位，虽然时间性在各种绽放中同等源始地到时。不过，时间

---

① 出离：这里指时间性从时间现象中抽离出来。——译者注

性可以首要地通过某种绽放样式规定自身，本真的时间是通过将来到时的，在非本真的时间性中，将来所拥有的优先地位荡然无存，但仍以某种方式浮现。

只有从时间性的建构的视野上，才能把此在在生死之间的整体考察殆尽，此在并不是逐渐走完现成的路途，我们把生存的伸展称为此在的演历，从存在论上对历史性有所理解，关键是要剖析此在的演历结构及其时间性上的条件，而源始时间就是日常时间经验的条件，时间性绽放为此在的历史性。

此在的一切行为都应从它的存在，或者说从时间性来阐释，对时间性本身包含有世界时间的事物，包含存在者生灭其内的时间。日常此在首先在世内共在现象中经验到时间，将时间理解为现成事物。流俗的时间概念产生于源始时间，从流俗概念的角度来说，在日常操劳于时间的此在建构有其根由，而这建构本身又来源于时间性。那么，时间是主观还是客观，流俗时间概念过程中显现出的不确定性，说它是自在的，它却明显地属于心灵；说它属于意识的，它又具有客观的作用。

此在通常操劳于世界，结算、计划、防备等这些操劳活动都源于时间性："而后"是会发生这样的事，那个事"先"要了结；"当下"错失之事；"现在"的事应当被补上。操劳活动借以上时间语态道出自身的期许、居持等，期许和居持着眼于"现在"，这一点在无所期许的遗忘中最为突出，时间凝滞于当下，此在一味地只说"现在、现在"。然而，每一个现在都是现在正在发生的某件事，正如每一个而后都是将要发生的某件事，每一个当时都是当时曾经发生的某件事，这种相互的关联，我们可以称为定期性。

"现在"意指一个时间点，然而我们在世内存在者那里却找不到这个"现在正……"，而且，我们必须先确定这个"现在正……"就"随时"都有这个时间可以利用。时间性组建着此在的敞开，寓世而在的此在首先与通常在操劳活动中领会和解释时间性。它用"现在"来言说自己的当下，并将"现在"同样理解为时间，但时间性本身如何到来仍未被领会。现在、而后与当下是时间性建构的显现，因而对时间本身也是本质性的。现在、而后或当下来自时间性，但它们本身也是时间，时间性随着这些可定期性得到理解，但它本身还未得到认识。随着时间性的到来，世内存在者也一并得到揭示，时间向来通过世内存在者来获得时间层面的定期。

时间不仅作为现在、而后与当下得到定期，它们之间的关联也可定期。当下的此在期许而后，进而把"而后"领会为"直到那时"，于是时间在其间被领会为一段持续，现在、而后、到时，它们本身就是一些时段，长度各有不同。

每一种操劳活动都为自己规定了一段时间，这种规定通过现身领会所开展的事情，此在消融于所操劳的事情，而遗忘了自己，同时它自己的时间也就受到遮蔽，即此在在每一个现在中持续不断地消融于操劳之事，基于这一遮蔽，此在所经过的时间就好像有许多漏洞，这种漏洞致使此在的时间并不完整，但这仍然是时间绽放延展的时间性的一种样式。本真的与非本真的生存活动都是由时间性的到时而奠定的，非本真的生存在无所期备并有所遗忘的当下到来，切近之事变幻无穷地涌到此在的面前，无决心的人手忙脚乱，迷失于操劳之事，同时也将他的时间丢失于所操劳的事情，而本真生存却从不丢失时间且总有时间。在下定决心的当下具有当下即"是"的性质，在这里，当下本身保持在曾在的将来的统一之中，命运使然的整体保障了此在驻持于自身，面对处境要求它做的事情，它总有时间。此在能够获得和丧失时间，因为它本身就是延展着的时间性，能在操劳之际赋予自身以时间。

四、一般状态下的时间性

领会、现身、沉沦于话语组建着此在的展开状态，一切领会都有情绪，一切现身都是有所领会的。现身情态下的领会具有沉沦的性质，沉沦着的、有情绪的领会在其领会的话语中交互勾连，上述现象都将时间引回到这些现象得以统一的时间性。

（一）领会的时间性

从生存论来说，领会是有所筹划地向此在本身的一种能在存在。此在通过筹划向来就知道它于何处与自己共在，"知道"专指可能性如何作为可能性而存在，并非从外部揭开的某种事实，也不是专题的把握和认识，与此相应，不知道也并不是领会的空白，而是一种残缺不全的筹划活动。此在基于将来才能够在一种生存的可能性中筹划自身，因为此在下决心先行到死，所以才可以筹划并领会自己。我们用先行标示本真的将来，用领先于自己的标示一般的将来，这在本真与非本真的操心中都适用，就生存论结构来说，此在总是领先于自身的，但从实际的生存来说，此在不一定先行，不一定能从最本己的能在来到自身。此在通常从它所操劳的现成事物之中领会自身，向着日常事务筹划自己，时间性并不从本真的层面到时。日常中的此在并不是从最本己的能在来到自己，而是从日常经营中来期许自己的能在。非本真的将来具有期许的性质，期许是一种操劳，但无所操劳的单纯预料和单纯的等待也都是期许的残缺样式，期许开辟出一定的事业，我们才能预料些什么、等待些什么。

此在在日常操劳活动中对死也有期许，但这种日常的期许与先行到死却并不是一回事。这样把自己本真的曾在引入最本己的能在，称为"重演"，在非本真的理解中，此在从所操劳的事情学会筹划，遗忘了自己，这种遗忘通常表现为从自己真实的曾在那溜走，以便流连于所操劳的现成存在者，消融于世内存在者，而遗忘就是这一存在方式的时间性意义。记忆只有基于遗忘才是可能的：遗忘使此在沉溺于外部世界，从而使此在可以回到自身内部来回忆。而下了决心的此在已经先行开辟处境，以身临其境的方式处于当下，寓于操劳之中却不会因为操劳事务而涣散，处于当下同时又将自身保持于曾在与将来之中，我们把本真的将来到时称为当下即是，但不能将其理解为"现在"，因为这是一个现成的时间范畴，体现了非本真的筹划，它只是剥离可能事物的可能性质，将它转变成眼下可用的现成事物。

（二）现身的时间性

领会不会凭空生出，现身情态把此在带到其被抛之处，此在现身于世之际，就对自己的生存实际有所了解了。然而，只有此在的曾在，它才会被带到它存在且不得不存在的面前，现身情态并不创造曾在，而是曾在的绽放才使此在以现身方式发现自己。领会植根于将来之中，但现身在曾在中到来。在现身情态中，情绪被当作消长流变的体验，这些体验随着时间相续而过，展示的是情绪的时间性结构，若不是基于时间性，各种情绪就不可能在实际生存上有任何意义。

此在从怕开始，怕是非本真的现身情态，只是静观具有威胁性质的事物不是害怕，具有害怕这种现身情态的此在能揭示可怕的事情，能让可怕的事情向自己来临。害怕包括对将来所发生的事情的预期，而将来是"在时间中"的事情，仅仅预期可怕的事情恰恰缺乏害怕的情绪的性质。害怕是回到操劳活动中以戒备威胁者，而威胁者不是在操劳之中照面的，唯当此在返回自身的时候，才能戒备威胁者的来临，在威胁者之前的害怕，只是因为害怕要做某事。由于遗忘，此在毫无头绪地操劳于上手使用的事物，周围的世界并未消失，此在无法在遗忘之中认知自身。由是观之，怕的时间性并不是本真的时间性。

此在在日常中，将畏和怕混为一谈，畏不生迷乱，怕却不是。畏之何所畏并不是作为某种确定的可操劳来照面的，畏没有期许或一般期许的性质。在畏中，此在无法依靠操劳之事来筹划自身，本真的能在恰在此处绽放出来：畏让此在直面被抛弃境况，把人带入决定的情绪。曾在即以这种方式组建起畏这一现身情态。在畏中，此在并无遗忘，但也不是让此在无法回忆曾在。怕从外部世界中呈现，畏则在此在内心深处升腾，在时间性上，曾在有可能会重演。决心已定者没有怕这种情绪，他还无阻拦地为自身的种种本真的可能性而变得自由。因此，虽然怕与畏都集中植根于曾在，但它们的源头不同，畏发源于决心所向的将来，怕发源于唯恐失落的当下。

希望似乎植根于将来之中，然而，决定现象的结构并不在于希望和与之发生关系的现成事物的将来性质，而是希望本身的生存论意义，抱有希望的人迎合了希冀渴求的现成事物，但前提是他已经预料到了某种不祥，从这个层面来看，希望也可作为曾在的现身样式。而高昂的情绪也可以这样来理解，它并不是一种摆在那里的现成心态，而是在时间性上与被抛的境况相联系的。

（三）沉沦的时间性

海德格尔认为，从好奇这一现象出发，最容易看清沉沦所特有的时间性，所以着重分析好奇现象。好奇的此在操劳于一种能看，着眼于外观而让事物来照面，"让照面"本身是当下，因为只有当下的处境才能体现照面的视野。但时间性总是作为整体到来，人们好奇于从未看到过的事物，这其中就蕴含着将来的时间意义。但人们对某事物好奇并不领会或理解现成的事物，而只是看看而已，为了看过，无论什么现成事物，好奇只是走马观花，继而又继续左顾右盼了，这种性质完全来自于非本真的将来。在好奇中表现出来的不是投身于事，而是不断从期许之事中逃脱，在不断逃脱之际逐渐遗忘。好奇忙于专注下一个而遗忘了上一个，所以将来不可能在好奇之中被抛弃回到此在的曾在。遗忘并不是好奇所产生的，而是好奇自身的存在论条件。驱使人们产生好奇的也并不是此在尚有未曾见到的现成事物，而是不断跳开当前所具有的沉沦的到时。

为了当前而当前化，好奇涣散于无所延留的存在，好奇同样是由不驻持于自身的当前化而组建，但即使在最极端的当前化中，此在仍然是时间性的。好奇的遗忘是其曾在，在无所期许的残缺样式中面对将来，因为好奇，此在到处存在，而又无处存在。好奇的当前化是此在消融于世内存在者的时间性条件，此在被抛入向死的存在，而好奇所要跳开的正是这种暴露出的被抛入[①]的境况。

（四）话语的时间性

对理解、现身和沉沦的时间性阐释始终基于时间的整体性，不过其中每一个环节又各有起重要作用的绽放样式，几种状态组建成完整的此在的展开，通过话语得以勾连。话语是对存在者的议论，通常在语言中言说自己，而语言又首先从操劳所及的周围现成的外部世界说起，所以当前化具有优势的组建作用。

语言中的时态语序表现出了时间性的现象，但其源头并不在于话语对时间的过程亦有所说，也不在于说话是在时间过程中或在心理时间中进行，话语本身就是时间性的，它是各种现象绽放的统一。时态或者语序都来自于操劳活动的源始的时间性，所以，只有从一般此在的时间性出发，才能澄清词语怎么会有含义，理解词语怎么能够形成概念。只有从时间性问题出发，把存在与真理的原则的联系问题铺开，才能够澄清语言构造的实践性质，特别是澄清"是"或"存在"的存在论意义。

---

① 被抛入：可理解为"不得不面对的"，含有被动的意味。——译者注。

此在以共他人的存在的生存方式而生存，日常共处的定期通常可以相互领会和理解，但是若干人一道说的"现在"，却是不同的，这个人以这件事定期，那个人以那件事情定期，日常此在通过周围事件来定期，并且以这种方式操劳于事件，从而，"时间"不可能作为它自己的时间得到认识。时间是公共的时间事先给定，日常此在通过对其进行计算并加以利用。这类时间计算并不偶然发生，而是在此在的基本建构中有其必然属性——此在本质上沉沦，所以它是以时间计算的方式领会和理解时间。

确定天文时间、制定历法等是此在操劳于时间的最突出的活动，计数式的定期或明确的计时之所以成为可能，在于此在操劳于它。但时间并不是仅通过计时过程才公共化的，此在作为从时间性出场的此在，向来就早已展开了，时间在操劳的活动中已经是公开时间。但是时间的测量使公共化的时间变得更加触目，随着钟表等现代计时工具的使用，每个人与他人的时间都更加一致，哪怕并不处于一处。于是，时间测量并不会因为空间的尺度而定期，把时间变作空间，这里也根本没有时间的空间化，每一个现在的时刻对每一个人都现成为当前化了，时间测量在本质上只是现在，但它忘却了被测量的事物本身，结果除了线段与数字外，什么也找不到了。

计量时间同样也是操劳于世内存在者的一种方式，海德格尔认为在常人确定时间的时候，是为了确定现在是否是做某事的时候，或者是到做某事的开始或结束某事还有多少时间，确认时间是由此在在做事过程中获取时机来引导的。有所期备或者有所驻持于当前化与某种何所用相关联，所以时间向来有适当与不适当之别，具有"是其时"和"非其时"的性质。时间富有意蕴，组建着世界之为世界，所以我们把公共化的时间称为世界时间。世界诸本质结构与公共时间联系在一起，"做什么"与"而后将"联系在一起。世界的时间随着世界的展开而公共化，寓于世内的每一此在都把世界之内的存在者同时也理解为"在时间之内"来照面的存在者。世内存在者"在其中"照面的时间就是世界的时间。

在这种有所驻持的带有期许的当前化中，现在被突出出来，钟表的量度必须稳定不变，不断重复的亮度的稳定性必须随时对人人都现成存在。钟表测量着眼于现成事物，解释其所操劳的时间，时间随时对人人都作为现在来照面，公共时间仿佛一种现成的多重现在一样摆在那里。那么公共时间究竟是主观还是客观？

五、世界超越的时间性

时间性的统一是此在可能存在的条件，并规范着一切生存论的结构的统一。此在是开放的，只有有所操心，它才能开放，操心奠定了此在的整个开放状态，有所操心，才能知觉某事。世界之所以可能统一，在于时间性具有一片统一的视野，时间性的绽放包含有"何所向"，这被我们称为视野。此在借以从操心出发展示出时间性，时间性源始地使"此"澄明。我们只有澄明了时间性，才能明确此在的基本建构，即在世是如何在各个环节中保持其统一的。

无论是寓于上手使用的现成事物而存在，抑或是通过专题化客观地揭示现成事物，都是在世界中的存在方式，所以都已经将世界设为前提，世界已经展开了，并以绽放的时间性的统一视野为基础，所以世界是超越的——既不是现成存在，也并非以上手方式存在，而是在时间性中到时。如果没有此在生存，也就没有世界在此。时间性到时回到向着照面的世内存在者之上，世内存在者随着生存固有的此的性质得以揭示，只有此在揭示什么，以及如何揭示，才是此在的自由，虽然这些也仍在其被抛入境况的限度之内。

　　实际上此在以绽放的方式在此的统一性中领会自己与世界，它从这些视野中回到照面的存在者——"回到"就是通过当前化让存在者来照面的生存论意义。前来照面的是世内的存在者，世界总是作为"背景"存在，无论一个客体如何在外，世界都要更加在外。需要注意的是，我们不能把超越领会为主体超出自身来到客体，同时客体又和外部世界相互混淆。如果我们把植根于时间性的此在称为主体，那就等于承认世界是主观的，但这个主观的世界作为时间性的超越的世界比一切客体更加客观。同样，世界时间可能比一切主体更加主观，因为此在的整体是操心，而时间才可以使操心成为可能。时间既不在主体，同样也不在客体中现成存在。时间既不内在，同样也不外在，它更早地存在。总之，因为时间性的绽放，使得组建世内事物的时间内性质的世界时间到时，所以世内存在者在严格意义上来说就不具有时间性。一切非此在式的存在者都是非时间性的。

六、时间性与空间性

　　海德格尔所探讨的时间，不能将其理解为时空中的时间，但空间性似乎也像时间性一样构成了此在的一种相应的基本规定性，乃至我们的日常说法中，经常会提到时空。然而，此在在世的建构在存在论上，只有依据时间才是可能的，其特有的空间性也必定植根于时间性。

　　此在并不作为现成的事物充满一块空间，此在具有空间性，因为它作为操心存在，而操心的意义在于实际沉沦着的生存活动。此在设置空间，从空间中回到它的位置上面，此在生存着，这向来就占着一个活动空间，这和对空间的认知和空间的表象本身有所不同，空间表象是以获取空间为前提。此在通过定向与去远获取空间，操劳于世总具有一定的方向，定向活动遵循因缘的联络，通过因缘的联络，此在得以揭示出场所。此在以揭示方式有驻持地期许着可能，操劳活动先行揭示了场所，去远而使其回到切近，使其处于当下，这一系列的活动都植根于时间性的统一绽放。

　　此在作为时间性原本就绽放着，所以它能携带它所获取的空间，从这种以绽放方式获取或所需的空间着眼，此在所处

第三讲　时间

179

的就不是一个空间点，而是操劳于上手使用的用具器物的活动空间。在沉沦操作和经营之际，只有近在手边是当前的，当前化把某种事物从那里带入到这里，可在当前化中，此在将那里遗忘，于是，基于这样一种当前化对世内存在者进行观察的时候，发生了一种假象，仿佛最先出现的是一个现成事物，并且是无所规定地处于一般的空间之中。此在的空间性以时间性为基础，只有根据绽放视野的时间性，此在才可以进入空间。此在的空间在某种程度上是依赖于时间的，并通过空间的形象进行解释，致使语言充满空间形象，这缘于时间性在本质上的沉沦，只有当上手事物在场，此在才会将时间当前化，伴随而来的即空间关系。此在通常也是利用这些空间关系来进行理解和领会的。

七、时间性与历史性

　　时间性是操心的源始条件，如果在将对此在的理解向源始的方向推进的话，海德格尔强调前文只是叙述了此在的终结，此在同样还有另外一端，即出生。生死之间的存在才是作为探索对象的整体。生死之间的联系由相继的体验组成，而体验在时间中一一相续，在各个瞬间中的现成体验是现实的，过去的以及即将来临的体验也无所谓是现实的还是不现实的。变动不安的体验的相互联系的过程中，人们设置了一个现成的时间，尽管看起来时间并不是物性的事物。这种流俗的此在的解释在某种程度上来说虽然有其道理，但并不能用以指导生死之间的本然的存在论分析。

　　生并不是纯粹的过去之事，死也不是脱离现在的将来，此在以出生的方式向死而在，这两个终端以及它们之间始终随此在的生存而存在着，出生与死亡以此在方式相联系，作为操心，此在就是"之间"，生存的伸展不是现成事物的运动，从而组建自己。海德格尔将这种伸展和组建称为此在的演历，此在的历史性必须从此在的演历结构及其时间性上的条件加以阐述。通过对此在的历史性揭示，海德格尔借以追问此在如何保持自身的持续，"自身"既不能被理解为实体，又不能被理解为主体而是奠基在生存中，所以他把非本真的自身分析完全放在准备性的此在分析之中。历史性同样也植根于操心，此在向来就本真或非本真地具有历史性。

此在的演历本质上就包含自我解释，从此在本身的存在方式中就可以把握为历史的可能性。这一存在者并非因为处于历史中而具有时间性，相反，只是因为它在其存在的根本是时间性的，所以它才能够历史性地生存。尽管如此，此在的时间性也包含着"在时间中存在"的这层含义，而此在也把随着它一道演历的事物也经验为"在时间中"的演历，但时间或时间状态是从此在的时间性中生发出来的，就此而言，历史性与时间内的状态同样源始。

流俗的此在对历史的揭示包含多种含义，这个词有时指历史科学，有时又不指历史科学的研究对象，在这种含义下，历史被流俗的意义理解为过去之事，人们常说：这个事已成为历史。在这里，过去等于是不再现成，或者说虽然还现成，但当下已经没有效用。当然，历史也有对当下有效用的层面，任谁也无法脱离历史。其中过去同样也有两层含义：一是完全过去，与当下再无关涉；二是过去之事附属于较早的时间，然而它也能现成存在。在此种情况下，历史主要不是意指过去，也指来自于过去。这种历史中的事物处于变易的过程中，同时，这种历史的事物同样也能造就历史，并通过造就历史来规定将来。历史意味着贯穿过去、现在和将来的关系，而过去并不具有优先的地位。

历史也意味着在时间中演变的存在者的整体，不过强调的是人与文化在其间的演变，借以与自然在时间中的运动相区别。这种认识方式并不看重演历方式，而是存在者的另一个领域，即精神和文化的领域，在这种历史的理解中，自然仍然属于历史。综上所述，海德格尔将历史的流俗的含义概括为特有的在时间中的演历，其中特别包括在共处中过去了的却又流传下来继续起作用的演历。其中，人是最为重要的联系，因为世界以此在的方式存在。

然而，此在不可能作为现成的存在者是过去的，它本质上就不是现成的——不再生存的此在不是过去了，而是曾在此，曾在此的此在才是原本具有历史性的事物。首要的具有历史性的是此在，其次的世内其他现成事物才具有历史性的，这不仅包括广泛意义上的用具器物，同时也包括自然。它们由于属于世界而具有历史性，我们称其为世界历史事物。但流俗的历史观念恰恰依据这些在其次地位的现成事物制定方向，按照这种方向来理解时间性就具有如下的问题：它并非离得越远就越具有历史性，最古老的就最具有历史性，离开当下的时间距离对本真的历史性并不具有首要的意义，因为此在以时间性源始到时的方式进行生存，历史性并不是以"在时间之中"的先后顺序来衡量的。

下了决心的此在以先行到死的方式投入处境，此在决定在哪里生存，这并不是生存论分析所能讨论的，但可以明确的是此在向死筹划自己，这样才能保障决心的完整性，但生存的实际展开的诸种可能性不能从死中获取，因为先行于可能性意味着此在回到实际的"此"上面来。此在首先失落于常人之中，通过流传下来的公众意见来理解自己的可能性，下决心生存的此在不是要从传统脱身，而是下决心回到被抛入的境况，本真地领会出自于流传下来的解释，同时对这些解释进行反抗，有所选择地掌握流传下来的可能性。被抛入的决心承受流传下来优秀的解释，而优秀的就能造就本真的生存，因此，本真生存向来就包含优秀的继承。此在越本真地选择，就越简明确定。

此在位于自身，并不是一个与他人绝缘的主体，此在始终与他人共在，在共同的演历与民族的演历中，此在保有自身的演历，并受着共同演历的引导。只有本质上是将来的存在者，并且能够坦然地面对死亡，它就同样源始地曾在。唯有先行到将来的存在者能够把流传下来的可能性承担下来并为它当下的时代生存，本真的时间性才会使本真的历史性成为可能。综上所述，海德格尔认为历史的重心既不在过去之事中，也不在今天与过去的联系之中，而在生存本真的演历之中。本真的演历源自此在的将来。历史植根于将来之中，此在并非必须通过重演才具有历史性，有时间性的此在本来就有历史性，所以它才能够通过重演将本己的历史性向自己公开出来。

正如此在无法单独演历一样，同样，此在也并非作为无世界的主体而具有历史性，历史是在世的演历，此在的历史性本质上就是世界的历史性。上手事物与现成事物向来随着世界的历史性被纳入到历史中，它们作为存在者，本身就具有历史性，而不是作为"心灵历史"的外部配件。我们把这种存在者称为世界历史事物，有历史的世界只作为世内存在者的世界才实际存在。日常的此在沉沦于操劳之事，它首先从世界历史角度来领会自己的历史，流俗存在的理解将存在领会为现成存在，所以世界历史又被经验和解释为现成事物的来临、在场和消失。它无心可决，只是有策略地期待有利的机会与环境，以为这些就是命运，常人涣散于每日繁复多样的经历之中而不能保持独立的自身，若不得不找到自身，他又在种种经历中找到一种特殊的联系来聚拢自己。所以，在非本真历史性的理解中，出生与死亡之间还有待建立联系，而这种联系仍然被理解为主体的现成体验。

本真的历史性始终自立于自身的延展，无须外部联系，本真的此在先行到死而把自己的曾在直接带到当下的世界历史事物所构成的环境之中，在时间之中，此在超越了时间而在一切实际的可能性之前，把出生连同此在开展出来的一切可能性纳入生存整体过程中，本真生存的自身就是先行把生与死及其"之间"联系在一起。本真的此在的生存已经先行于它的发源的当下，决心意味着持续自立，以及对本真的自身的忠诚，基于此，本真的此在始终保持着对自有生存的敬畏。在某些处境下，可能会要求此在放弃某种决定，而这就是放弃的自由，持续在自身中生存并不因此而中断，恰恰在当下延展。

第四讲

真 理

一、存在与真理

自古哲学把真理与存在相提并论。海德格尔援引先哲：巴门尼德就其存在来揭示存在者，把存在和听取着存在的理解同一，即"存在与认识同一"。亚里士多德指出了巴门尼德不得不追随依照其自身而显示出来的事物，在他之前的哲人们都是一句"事实本身"的引导而进行追问的，他们都是为了真理本身所迫而进行研究，可见，在亚里士多德的思想中，真理、事实、自己显示的事物原本是一回事。亚里士多德把这种活动称为哲学，哲学本身即"真理"的科学。然而，哲学也是依照存在者的存在来考察存在者的科学。

如果真理源始地同存在相互联系着，那么，我们就要在存在论的范围内探讨真理。真理同存在、同此在、同此在的存在者层次上的规定性有什么关系？我们能够指出为何真理与存在相互联系的依据吗？这些问题无法回避。

（一）传统的真理概念

关于传统的真理定义和看法，海德格尔用三个命题来描述：一是真理的处所是判断或命题；二是真理的本质在于判断同它的对象相符合；三是亚里士多德把判断认作真理的源始处所，又将真理定义为符合。亚里士多德说灵魂的体验或表象是物的相似，他并未对真理下定义，不过后世就形成了"认识与对象相似或符合"这样的定义公式。19世纪新康德派的认识论常常把这个定义理解为落后的实在论，认为这一定义同康德"哥白尼式转折"中任何提法都无法相容，但康德也确信这一真理的概念，而且直言："把真领会解释为认识同它的对象的符合，在这里是被公认和被设定的……"①

"若真理在于认识同它的对象相符合，则这个对象一定与其他的对象有区别，因为认识若不同于那个它与之相关的对象相符合，那么即使它包含着对其他对象可能有效的事物，但这种认识仍然是假的。"康德指出，真理或假象并不在被直观的对象里，而是在被思维的对象的判断里面。海德格尔指出：把真理标示为"符合"是十分普遍且空洞的，但是如果这种符合不受到来自于认识的束缚而一贯始终，它就会合理成分。在知与物的相似这一关系中，一定假设了什么条件作为这种关系的基础？这个被设定的事物本身又有何种存在论的性质呢？

某事物与某事物相符合，是一种具有某事物同某事物的关系的形式，一切符合都是关系。真理也是一种关系，但并非一切关系都是符合。例如，一个符号指向了被指示的事物，这种"指"是一种关系，但不是符号和被指示的事物的符合，并不是一切符合都意味着在真理的定义中确定下来的那种关系。相同是符合的一种方式，符合是从某些方面上来说的。在相似

① 康德. 纯粹理性批判[M]. 邓晓芒，译. 北京：人民出版社，2004.

中，相关的事物在哪个方面符合呢？认识和对象能在哪个方面符合？二者并非同类，那么它们在哪些方面上相似才可以称为符合？仅仅从关系方面来理解符合是远远不够的。也许，我们的分析应当局限于"内在的真理意识"，不超出主体的范围之外，按照一般的意见，真是认识的真，而认识就是判断。就判断而言，我们必须把判断活动这种实在的心理过程和判断所说的观念上的内容加以区分，后者可以说是否为真，但心理过程则需要以是否存在来作为判断标准。因此，观念上的判断应当属于符合的关系，它和判断所及的实在事物相符合。这种符合关系就涉及观念上的判断内容和判断的对象，即实在事物之间的联系。那么符合本身是实在的还是观念的？或者二者都不是？应当怎样把握观念上的存在者和实在的现成存在者之间的关系？

如果我们着眼于判断的命题和判断的活动，实在的过程和观念上的内容分割成了两种存在的方式和两个"层次"，这两个存在或层次的区分并不能把相似的存在方式的问题的讨论向前推进。但它指出：我们对认识本身的存在方式的解释已经无可避免，而真理被标示为认识的特征，在认识的活动中，认识为了证明自己为真的认知的时候，它的自我证明就保持了认识的真理性。因此，符合关系在现象上就同证明活动联系起来了。

某人背对着墙说了一个真命题：墙上的画像挂歪了，这一命题如何证明自己？是他认识到的事物和墙上的画像相符合吗？但什么是他认识到的事物？如果他下判断之际不是看着这张画像，而仅仅表象着这张画像，那他同什么发生的关系？同表象吗？当然不是，他不是同表象的心理过程发生关系，也不是和墙上的实在之物的意象发生关系，只是进行判断的仍然是和墙上的画像发生关系。判断所指的就是这张实在的画像，而不再指其他的事物，判断就是向着存在着的物的本身的一种存在。什么事物由眼见得到证明？判断有所揭示，这一点得到证明。所以，我们在进行证明的时候，认识始终和存在者本身相关。证明好像就在存在者本身上面发生。正如这样的证明揭示出来的，存在者在它的自我同一性中存在着，证实意味着存在者在自我同一性中显示。证实是依据存在者的显示进行的，这种情况之所以成为可能，是因为命题的自我证实着认识活动就其存在论的意义而言，是有所揭示地向着实在的存在者本身的存在。

如果命题为真，那么他就存在者本身揭示着存在者。他在存在者被揭示的状态中说出存在者、展示存在者、让人看到存在者，命题的真理必须被理解为揭示着的存在。所以，如果符合的意义是一个存在者（主体）对另一个存在者（客体）的相似，那么真理根本没有认识和对象之间相符合的一种结构。从存在论上来说，"揭示着的"那个"真"只有根据在世才是可能的，在世现象也是真理的源始现象的基础。

（二）真理的源始现象

"是真、真理、真相、真"等于说"进行揭示的"，采用这种与传统相去甚远的定义，能把符合理论去除。不过，这样定义真理显得太过任意，并且一下子葬送了"优良的"传统定义。其实这个定义不过是回到古代哲学的古老传统，希腊人通过逻各斯来揭示"真"：把存在者从晦蔽状态中取出来而让人在揭示状态中来看。赫拉克利特是明确讨论逻各斯的第一人，我们今天所提到的真理现象，是从被揭示状态的意义上来说的，但是对于无所理解的人，存在者只停留在晦蔽状态中。

引经据典，最易陷入文字玄谈。但我们为了保护最基本词汇的力量，免受平庸的理解之害，归根到底就是哲学的事业。平庸的理解把类似"真理"这些词汇变作不可理解的，甚至生发出种种伪问题来。根据前文的阐释，我们提出的真理的"定义"并非摆脱传统，反而是把传统源始地据为己有。而且，我们把真理定义为揭示状态和进行揭示的存在，也并非单纯的字面解释——我们本来就习惯于把此在的某些行为举止称为"真实的"。真在这种揭示的存在是此在的一种存在方式，这种揭示活动本身成为可能，必然在一种更源始的意义上被称为"真的"。我们揭示活动本身的生存论存在论基础，首先指出了最源始的真理现象。

揭示活动是在世的一种方式，寻视着的操劳甚至滞留着观望的操劳都揭示着世内存在者，世内存在者在被揭示层面来说是"真的"，原本就是"真的"，而且进行揭示的，是此在。世内存在者的揭示状态以世界的展开状态为基础，而展开状态就是此在的基本方式，由现身、领会、话语来规定，它同样源始地涉及世界、在之中和自身，这种方式是它的此。操心的结构包含着此在的展开状态，所以只有通过此在的展开状态，在这种状态中揭示世界，才能达到最源始的真理现象，只要此在作为展开的此在开展着、揭示着，那么它本质上就是"真的"。此在"在真理中"，这一命题具有存在论意义，此在的最本己的存在的展开状态属于它的生存论结构。

此在在真理中这一原理的生存论意义如下：第一，此在的生存论结构从本质上包含一般展开状态。展开状态界定着存在的结构的整体，这个结构整体通过操心的现象成为可见的。操心不仅包含着在世的存在，而且包含着寓于世内存在者的存在。世内存在者的揭示状态与此在的存在以及此在的展开状态是同样源始的。第二，此在的存在建构中包含有被抛入的境况，在这种境况中，此在一向已经在某一世界，其展开状态仍然是实际的展开状态。第三，此在的存在建构中包含筹划，即向此在的能在开展的存在。此在有所领会的可以从周围世界和他人方面来领会自己，也可以从最本己的能在方面来领会自己，即此在作为最本己的能在把它自己对自己开展出来。这一本真的开展状态指出了本真存在样式中最源始的真理现象，这样的开展状态就是生存的真理。只有同此在的本真开展状态联系起来，存在的真理才能获得生存论上的规定性。第四，此在的存在建构包含沉沦。在日常生活中，此在以常人的面貌出现，公众意见解释着一切，闲言、好奇、两可揭示着的处于展开状态的伪装和封闭的样式，存在者在某种程度上，虽然被揭示，但是以假象的形式出现。

因为此在从本质上沉沦着，所以依照此在的存在建构，此在在"不真"之中。从这个角度来看，"不真"和"沉沦"一样。在此在的实际状态中，的确存在封闭和伪装，正是因为它是展开的，才会有封闭的；正是因为它是被揭示的，才会有伪装的，就完整的存在论意义来说，此在在真理中和此在在不真中共同构成了此在的生存。

从本质上说，此在为了明确占有即使已经揭示的事物，就不得不反对假象和伪装，并一再重新确保揭示状态，从来没有任何新的揭示是在完全的晦蔽状态下进行的，它们都是以假象的揭示状态为出发点。真理的揭示状态总要从存在者那里通过争取而后才能得到，实际中的揭示状态仿佛一种劫掠，希腊人说到真理的时候，用了"去蔽"这个词，就是带有剥夺性质的词。此在如此这般地揭示自己，对自身源始的存在的领会得到了宣示，即便此在的领会只是"在不真"中造就了"在世界之中"的一个本质规定，因为此在一向是在真理与不真中。同样，在世也是由"真理"和"不真"来规定的；其生存论条件在于此在的以我们标示为被抛入的筹划的存在建构。从最为源始的意义上来看，真理是此在的展开状态，而此在的展开状态中包含世内存在者的揭示状态。

操劳活动一向是揭示着的，此在在操劳之际同时通过话语有所言说，此在在判断和陈述中道出了存在者如何得到揭示，作为命题的判断和陈述把存在者传达出来。听取传达的此在，在听的时候把自己带入到被揭示的存在者的存在。被言说的命题仿佛是一种世内上手使用的事物，可以接受并传达下去，这就是我们如今所说的"知识"。由于被揭示出来的"知识"得到了保存，"知识"就和上手使用的工具产生某种联系。"知识"就是关于某种存在者的"知识"，揭示状态也就是某种事物的揭示状态。即使"知识"只是人云亦云，但也进入了这个存在者的存在，而且还免于对这个存在者进行重新的源始的揭示。

此在无须借"原初"经验把自己带到存在者面前，在大多数情况下，人们不是靠自身的亲自揭示来占有被揭示状态，而是通过人云亦云的道听途说占有它的，消散于人云亦云之中是常人的存在方式。言说的命题代替了存在者的存在，但是若要明确地就存在者的揭示状态来占有存在者，其中的命题是起到揭示作用的命题。命题是可以上手使用的存在者，作为揭示着的命题和存在者有联系，而存在者又是世内可上手使用的事物或现成的事物，这种联系本身也像是现成联系。因为这种联系是保存在命题中的被揭示的状态，是现成事物之间的关系，从某种程度上说具备了现成存在物的属性。于是，某种现成存在物被揭示就变成了一致性，只要命题和这一现成存在物的保持一致，这种联系就表现为作为现成存在物的命题和被揭示的现成存在物的两个现成存在物的互相符合。

被揭示的状态是此在的展开状态的生存论现象，这种生存论现象现在变成了现成的属性，继而变易为一种现成的关系。真理的展开状态，即对被揭示的存在者的存在变作了世内的现成存在。这是一种之间的符合意义上的解释，我们以此指出了传统真理概念的存在论的脉络。

然而，按照生存论存在论的联系的顺序来说是最后的，在存在者层次上却是最先的和最近的。在消散于操劳活动的时候，此在从世内照面的存在这方面来领会自身，被揭示状态首先从世内存在者那里显露出来。真理不仅作为现成的存在者来照面，一般的存在领会也将存在者领会为现成事物。最初从存在者层面上来照面的真理，将言说领会为某种现成事物的被揭示状态，把现象按照其现成性解释为现成存在物。这种沉沦的此在的存在之领会本身遮盖了真理的源始现象。

希腊人最初对真理进行思索的时候，已经存在从被揭示状态的这种现成存在来理解揭示活动本身了，当他们把这种理解形成科学的时候，符合意义上的真理就占据了主流统治地位。不过，那个时候这一真理理论还未完全遮盖对现象的生动的源始的领会。亚里士多德就是一个例子。亚里士多德并未提倡"真理的源始的处所是判断"，他只是说：逻各斯是此在的存在方式，它可以解释，也能够遮蔽。这里提到的逻各斯并不是后世的"判断"，判断并不是真理的本来处所，而是植根于此在的开展的有所揭示的在世方式，也就是说，判断是真理的方式，而真理则是判断的处所。真理属于此在的基本建构，同样是一种生存论上的环节。

（三）真理的存在方式

展开状态属于此在的存在。只有此在存在，才有真理，存在者才会被揭示。此在在根本不在之前，任何真理都不曾存在；此在在根本不在之后，任何真理也将不复存在，因为那时候真理不能作为揭示活动或被揭示状态来存在。我们不能由此就说，在存在者层次上不再可能有被揭示状态的时候，真理就变成假的了，例如在牛顿之前，牛顿定律既不是真的，也不是假的，这并不意味着这些定律所揭示出来的存在者并不存在。这些定律通过牛顿成为真的，凭借这些定律，自在的存在者对此在来说可以通达的。存在者一旦被揭示，它就如其所是的显示自身，这样的揭示就是真理的存在方式。

真理本质上就具有此在式的存在方式，由于这种存在方式，一切真理都和此在的存在相互关联。这种关联意味着一切真理都是此在的，因为对真理的揭示是此在的一种存在方式，其普遍性或有效性仅仅植根于此在能够揭示和开放自在的存在者。从存在者的层面来看，真理只可能在"主体"中，作为"主体"的我们，以此在的存在方式存在于"真理之中"，所以，我们必须要将真理设为前提，这并不是把它作为我们之外或者之上的事物，仿佛我们关联其他种种"价值"以外还要关联这种事物。唯有真理才能从存在论上使我们能够把某种事物设为前提，只有真理才能设定前提这类事情。

那么究竟什么是设定前提呢？即把某种事物领会为另一存在者存在的依据，也就是在存在者的存在的联系中领会存在者，这种领会只有在展开状态的基础上才是可能的。于是，把真理设定为前提，就是将真理领会为此在为其而存在的事物，但在操心的存在建构中，此在一向已先行于自身。此在是为最本己的能在而在的存在者，展开状态和揭示活动本质上属于此在的存在和能在，此在是在世的存在，其中肯定会有世内存在者的操劳活动。"设为前提"也就是先于自身的存在必然要求，作为此在先于自身而存在的事物，真理必须在，此在无法决定自身是否进入"此在"，是否"在此"。怀疑论否认"真理"的先行存在，认为真理可以得到认识，但实质上，只要进行判断就已经将真理设为前提了。真理属于命题，展示就其意义而言，是一种揭示。只要此在存在，即使没有任何判断，真理也早已被设为前提了。

我们无法反驳一个怀疑论者，一如无法"证明"真理的存在。只要真理存在，就无须反驳，因为它在其中已经领会了自身，此在本身不可能获得证明，也无法证明真理的必然性。如上所述，我们同样无法证明曾经"有"过一个实际的怀疑论者，不管怀疑论都反驳些什么，但我们到底相信"有"怀疑论，实际上，它已经将自身的真理预设为前提了。因此，人们在提出真理的存在问题的时候，早已假设了一个"理想主体"，这个"理想主体"并不保证此在具有基于事实的先天性，这样的"理想主体"就是一个"纯我"观念和一种"一般意识"。

真理的存在源始地同此在互相联系，因为此在是由展开的状态规定的，由领会规定的，存在才能被领会，存在被领会才是可能的。只有真理存在，才"有"存在，而非才有存在者。存在和真理同样源始。

二、真理与自由

1930年到1932年，海德格尔多次以"真理的本质"为题进行讲演，在1943年，讲演稿终于以成文形式发表。《论真理的本质》是海德格尔最为重要的著作之一，虽然单行本很薄，篇幅很短，但分量十足。存在的真理、真理的存在两个课题贯穿于海德格尔的全部著述。海德格尔在文章中强调了真理的本质，是把任一真理标示为真理的事物，而不是某一类特殊的真理。常识自有它的必要性，然而哲学永远驳不倒常识，因为生活处于常识之中，哲学家依旧按照常识办事，在自明的真理中生活。

前文已述，真理论的传统主张是真理是物与知的符合，这一命题通常理解为知对物的符合，反过来理解也一样可以，即物和知的符合。因为，知要符合物，我们就必须对物有一个适当的观念。物对知的符合这一提法并非源于康德的超验哲学，而是植根于基督教神学信仰中。受造物首先必须符合上帝的意念，而后人的意念才必须符合物，海德格尔确定，这种相符之所以可能，是因为人的意念也是受造物。

无论哪种符合，说的都是一个事物以另外一个事物确立自身，于是，真理符合也就等于说真理就是正确的，否则真理就是不正确的。人们把正确性而不言自明认作真理的本质，却始终没有搞清楚正确性从何而来。人们通常的看法有赖于对存在的基本领会，将存在领会为上帝的理性涉及，将人领会为理智的负荷者和施行者。正确性垄断了真理论。所以，命题与事物的符合关系必定是一种特别的关系，海德格尔认为这种关系就是表象关系。这种依托于表象关系的表象性的陈述从哪里获得指令，去指向对象并依照正确性与对象符合一致？这种先行确定已经自行开放而进入敞开域，已经为一个由敞开域而来运作着的结合当下各种表象的可敞开者自行开放出来了。这种为结合着的定向的自行开放，只有作为向敞开域的可敞开者的自由存在才是可能的。作为正确性之内在可能性，行为的开放状态植根于自由。真理的本质是自由。把真理的本质设定在自由中——这难道不就是把真理委诸于人的随心所欲吗？真理在此被压制到人类主体的主体性之中。尽管主体也能获得一种客观性，但客观性也还与主体性一起，是人性的并且受人的支配。

错误和伪装，谎言和欺骗，幻觉和假象，形形色色的非真理归咎于人。而非真理确实也是真理的反面，因此，非真理作为真理的非本质，便理所当然地被排除在真理的纯粹本质的问题范围之外。非真理的这种人性起源是根据那种"超出"人而起支配作用的"自在的"真理之本质。形而上学把这种真理看作不朽的和永恒的，是绝不可能建立在人的本质的易逝性和脆弱性之上的。

在德国古典哲学中，一般认为表象思维是低于概念思维的，因为表象是借助于形象而不直接表明本质，从上文也可以看出，海德格尔也贬低表象思维，他认为表象思维是与把源始存在者对象化相对应的，命题把它所关涉的物摆到面前，使它与主体相对而立成为对象，而主体这方面则形成该对象的表象。按照海德格尔的理解，西方哲学始终把物理解为对象，而用表象思维来认识世界，其中的这个表象有较为广阔的外延，包括一切形而上学和科学思维方式在内。

世内存在者若要成为对象，它就必须首先穿过一片公开场，而另一方面又保持自我伫立，显现为它自己所是者。这片公开场，如前所述并不是表象活动的创造，而是其前提，因为正是这片公开场把表象和对象吸引到一起而发生关涉、牵连。公开场是海德格尔真理论的核心，曾被其千百次地讲解。

在存在者整体之中，有一片公开场，即一片疏明之地。如果从存在者角度出发，这片疏明之地比存在者还要更真切地存在，这片公开场不是被存在者环抱着，相反，却是这片公开的疏明之地环抱着存在者。由于这片疏明之地，存在才以种种不同的确定方式是去蔽了的，也只有在疏明的空间之内，存在者才能是被掩蔽的。存在者在公开场公开自身，如其本来所是的那样显现，西方思想一直把这样的公开者经验为在场者，而在场者也是存在者，存在者在公开场中公开自身的时候成为存在者。存在者不仅在公开场中，公开者即此在也在公开场中，这其中有各种方式，取决于存在者的方式和对待存在者的方式。一切工作、行为、计算都在公开场中展开，继而被命题道出。公开的存在者之所以能为命题提供指示，是因为此在本身的公开性。既然任何正确性都依赖于此在而得以公开的可能性，所以此在的公开性就"更源始地应被当作真理的本质存在"①。此在对存在者所采取的公开态度决定了命题从何种方向领取指示，因而公开性是标准的先行给定。命题确立自身，这种先行的给定就必须把自己解放出来，并且投入公开场。此在必须向着公开者自由存在，正确性依赖于此在的公开性，而公开性又植根于自由，所以，在《真理的本质》一书中，海德格尔提出"真理即自由"。

没有此在就没有真理，此在本身则是在超越中自由地实现自己本身。虽然在《真理的本质》中并未使用"超越"这个术语，自由是真理的本质本身这一领会在讨论超越之时就已经初露端倪。但自由同样也不是不受节制的任意妄为，海德格尔是通过超越来规定自身的，被超越的是存在者整体，同时包括以存在者的身份生存着的此在。这个此在却不是其本身，因为此在恰恰在超越自己之际有其本身。"一切自发性都已奠定在本身中，而本身性则在于超越"，而"超越就是自由"②。超越是所有根据的无根据，自由是面向根据的自由。在《真理的本质》中，自由被领会为让存在者在公开场中如其所是的公开自身。"自由绽露自身，为了让存在者而存在"，只有当此在闯入存在者，存在者才会公开自身。

与生存处于同一平面的真理，指的是存在者状态上的真理，即通过出离自身的生存让自己进入公开场，公开场的公开性即"此"，乃作为它所是者存在。自由是正确性的内在可能性的根据，之所以如此，只因为自己从独一无二的本质性

①② 海德格尔. 海德格尔选集[M]. 孙周兴，译. 北京：生活·读书·新知三联书店，1996.

真理的更源始的本质存在，从而接受其自己的本质存在。公开场是第一位的，此在与事物则位列第二，并同时进入公开场，每一存在者也和此在一样，随身携带着公开性进入公开场，进一步来说，当历史中第一位思想家发问：存在者是什么，也就是无蔽的状态首次被经历的时刻，同样也就是历史上人出离自己而生存肇始的时刻，更是存在者整体上显露自身为存在者的时刻，在这么多同时的"时刻"，其本身不可测度，却首次为一切尺度开显出公开场，即展开公开性存在者整体以何种方式去蔽，从根本上这也决定着一个民族的历史方式。也就是说，这决定着这个民族从此经验存在者的基本方式。"自然"无历史，只有出离而生存的人是有历史性的，历史就是去蔽的演历过程。

从理论结构上来说，这里所说的真理论都依据于公开场这个概念，后来变作了认识主体、客体与人事关系都必须在更源始的层次上物我不分地先行共同活动在这片公开场中。但若真要对公开场演历的事情有所描述，就必须要把这个浑然不分的境界分开。海德格尔认为，"让存在"是让存在者在公开场中如其所是地公开自身，每一存在者仿佛随身带着公开性一道进入公开场，进而在《艺术作品的本源》里，他表明先要为物保留一片自由公开的园地，在这里要排除一切横在物我之间的障碍以使物无所伪装地临场以直接显示其为物。所谓的"让存在者存在"从根本上讲的还是此在让它自己进入公开场及其公开性。这是此在进入公开场时把事物也带进来公开了，公开的存在者之所以能为命题提供指示，是因为此在本身的公开性。

无论是此在还是事物，都不是自己进入公开场的，因为是存在本身把我们一切存在者都推到公开场，虽然存在本身抽身而去。既然自由是让自己进入存在者如其所是的去蔽，那么此在的公开与事物的公开必须是一回事，但此在的确是优先于事物的，因为此在并不与人同等，更不是认识主体，让存在的主体并不是人，是"作为让存在者存在的此在把人向他的自由解放出来"①。此在就是疏明之地本身，但与前文所述又有所矛盾，在海德格尔的真理论中，一切都依据于这片疏明之地，到底什么是疏明之地？

人必须进入此在，在此在中，为人保留着本质的根据地，人要就从这种根据地出发而出离生存，是此在把人向他的自由解放出来。只有自由才能使人能够选择可能性、承担必然性，所以，并非人占有自由，而是自由占有着人，唯有自由才能让人之为人。从这种角度看，自由与存在完全相同，真理的本质是自由与自由的本质是真理形成了一个循环，这个循环依然套在此在身上。

海德格尔认为，关于真理与自由的本质联系驱使我们探讨人的本质的问题，出发点是保证让我们获得对此在的被遮蔽的本质所根据的经验，这种经验事先把我们置于源始地本质现身着的真理领域之中。但由此也显示出，自由是正确性之内在可能性的根据，是因为它是从独一无二的根本性的真理之源始本质之中获得其本己本质的。自由首先已经被规定为敞开域的可敞开者来说的自由，正确地表象性陈述与之相称的敞开者始终是在开放行为中的敞开者。向着敞开域的可敞开者的自由让存

---

① 海德格尔. 海德格尔选集[M]. 孙周兴，译. 北京：生活·读书·新知三联书店，1996.

在者成其所是。于是，自由便自行揭示为让存在者存在。在通常情况下，譬如当我们说放弃一件已经安排好的事情的时候，我们就会说到"让存在"，比如，"我们听其自然吧"，意思是"我们不再碰它，同样也不再干预它"，让某物自然存在包含有放任、放弃乃至冷漠的消极含义。

但必不可少的"让存在者存在"一词却并没有疏忽和冷漠的意思，而恰恰相反，让存在乃是让参与到存在者中间。海德格尔进而指出不能仅仅把"让存在"理解为对当下照面的或者寻找到的存在者的单纯推动、保管、照料和安排。让存在——即让存在者成其所是——意味着：参与到敞开域及其敞开状态中，每个与之俱来的存在者就置身于这种敞开状态中。西方思想开端时就把这一敞开域把握为无蔽者。"无蔽"本身就包含着一种指示，即通常要重新思考正确性意义上的真理概念，并予以追思，深入到存在者之被解蔽状态和解蔽过程的尚未被把握的事物。参与到存在者的被解蔽状态中，并不是丧失于这一状态中，而是自行展开而成为一种在存在者面前的引退，以便使这个存在者以其所是和如何是的方式公开自身，并且使表象性适合从中取得标准。让存在亦即自由，本身就是展开着的，同样也是绽放出的。着眼于真理的本质，自由的本质显示自身为进入存在者之被解蔽状态的展开。

自由并不是对行为的可为和不可为不加约束，也并不只是对某个必需之物和必然之物（以及如此这般无论何种存在者）的准备。先于这一切，自由乃是参与到存在者本身的解蔽过程中去，或者说解蔽过程本身就是自由的过程。被解蔽状态本身被保存于开显的参与其中由于这种参与，敞开域的敞开状态，即这个"此"，才如其所是。

在此在中，人具有他由之得以绽放出生存的本质根据，而这个本质根据长期以来未曾被探究过。在这里，"生存"并不意味着一个存在者的出现和"定在"意义上的实存，但"生存"在此也不是在生存状态上，在身心机制的基础上构造出来的为其自身的道德而努力。绽放出的生存植根于作为自由的真理，是进入存在者本身的被解蔽状态之中的展开。历史性的人的生存还没有得到把握，甚至还需要一种本质的建基，历史性的人的绽放出之生存唯有开端于那样一个时刻，最初的思想家追问着，凭着"什么是存在者"这个问题而投身到存在者之无蔽状态中。在这个问题中，无蔽状态才首次得到了经验。存在者整体自行揭示为"自然"，但"自然"并不是指存在者的一个特殊领域，而是指存在者之为存在者整体，而且是从公开场这个意义上来说的。唯当存在者本身被合乎本己地推入无蔽状态并且被保存于其中，而且人们从存在者之为存在者的追问出发把握了这种保存，历史才得以开始。海德格尔认为，历史的发端与对存在者整体的原初解蔽，对存在者之为存在者的追问是一回事，这才无可度量地为一切存在开启了敞开域。一个处于历史性过程中的人的能在的历史，已经被保存于存在者整体之解蔽中了。历史的罕见而质朴的决断就源出于真理之源始本质的现身方式中。

三、真理的本质

　　真理的本质的问题并不是一种实际生活的经验，也不是一种经济运算的真理，更不是科学技术的真理、政治、艺术的真理，甚或，也不是深入沉思的或宗教信仰的真理。这种本质应当是撇开所有一切，进而介入那唯一的事物，介入那种标示出任何一般"真理"之为真理的事物。

　　前文似乎已经阐明，真理的本质揭示自身为自由。自由乃是绽放出的、解蔽着的让存在者存在。任何一种开放的行为皆在于"让存在者存在"之中，并且每每对此一或彼一存在者有所作为。自由作为参与到存在者整体本身的解蔽中去，已经使一切行为协调于存在者整体。海德格尔认为，不能将这种协调状态把握为"体验"或是"情感"，因为这样就使协调的自由丧失了本质，只是从"生命"或"灵魂"出发对自由做出解释而已——体验或情感的确可以维持自己的本质权利的假象，但它本身包含着对协调状态的伪装和误解。协调状态，即一种入于存在者整体的绽放出的展开状态，之所以是能够被"体验"和"感受"的，是因为体验的人一向已经被嵌入一种揭示着存在者整体的协调状态中了，而并没有去猜测协调的本质是什么。

处于历史中的，历史中的人的每一种行为，无论它是否被强调或理解，都是被协调了的，并且通过这种协调而被推向存在者整体之中了。存在者整体的展开状态并不就是我们恰好熟悉的存在者之总和。情形却恰恰相反：存在者在不为人所熟悉的地方，或者还只是粗略地被科学认识的地方，其整体的敞开状态能够更为本质地运作；相比较而言，"在熟知的和随时可知的事物成为大量的，并且由于技术无限度地推进对物的统治地位而使存在者不再能够抵抗人们的卖力的认识活动的地方，存在者整体的敞开状态倒是少见运作的"①。正是在这种貌似无所不知和唯技术独尊的平庸无奇中，存在者的敞开状态被变幻为表面的虚无，那种甚至不止于无关紧要而只被遗忘的事物的虚无。

协调着的让存在者存在，贯穿一切于存在者中游弋的开放行为，并且先行于存在者。人的行为是完全由存在者整体的可展开的状态来协调的，但从日常视角来看，这一"整体"似乎是不可计算、不可把握的。从当下可展开的存在者身上——无论这种存在者是自然中的存在者还是历史中的存在者——我们是捕捉不到这个"整体"的。尽管不断地协调一切，但它依然是未曾确定的事物，不可确定的事物，从而，它大抵也是最流行的事物，最不假思索的事物。不过，这个协调者并非一无所有，而是一种对存在者整体的遮蔽。让存在总是在个别行为中让存在者存在，对存在者有所作为，并因此而解蔽着存在者；

---

① 海德格尔. 海德格尔选集[M]. 孙周兴，译. 北京：生活·读书·新知三联书店，1996.

也正因如此，才让存在遮蔽着存在者整体，让存在自身也是一种遮蔽。在此在绽出的自由中，有着对存在者整体的遮蔽，存在着遮蔽状态。

遮蔽状态拒绝给无蔽解蔽，并且还不允许无蔽成为剥夺，而是为无蔽保持着它的固有的最本己的事物。于是，从作为解蔽状态的真理方面来看，遮蔽状态是非解蔽状态，从而是对真理之本质来说最本己的和根本性的非真理。存在者整体的遮蔽状态绝不是事后才出现的，存在者整体之遮蔽状态，即根本性的非真理，比此一存在者或彼一存在者的任何一种可敞开状态更为古老。它也比"让存在"本身更为古老，这种"让存在"在解蔽之际已然保持遮蔽了，并且向遮蔽过程有所动作了。让存在者整体存在是解蔽着又遮蔽着的，遮蔽显现为首先被遮蔽者，绽放出的此在保存着最初的和最广大的遮蔽状态，即根本性的非真理。非真理的根本性的本质乃是神秘，在这里，非本质也还并不意味着是低于一般之物及其可能性和根据这种意义上的本质。这里所说的非本质乃是先行成其本质的本质，但"非本质"首先是指那种已经脱落了的本质的畸变。不过，对于上述任何一种意义，非本质一向以其方式保持为本质性的，从来不会成为毫无意义的非本质性的事物。

作为"让存在"，自由在自身中就是断然下了决心的姿态，即没有自行锁闭起来。一切行为都植根于此种姿态中，并且从中获得指引而去向存在者及其解蔽，但这一对于遮蔽的姿态同时自行遮蔽，因为神秘的被遗忘状态占了上风，并且消隐于被遗忘状态之中。尽管人们不断地在其行为中对存在者有所作为，但他也往往总是对待某一存在者及其当下可敞开状态而已。即便是在最极端的情形中，人们也还是固执于方便可达的和可控制的事物，而且，当他着手拓宽、改变、重新获得和确保在其所作所为的各个不同领域中的存在者之可敞开状态时，他也还是从方便可达的意图和需要范围内取得其行为的指令的。然而，滞留于便捷易达的可操劳之事物，这本身就是不让那些对被遮蔽者的遮蔽运作起来。当然，在方便易达的情境中也有令人困惑的、未曾揭示的和大可质疑的事物，但这些问题只不过是非本质性的问题，存在者的整体的遮蔽状态被看作一个偶尔呈报出来的界限的时候，作为基本事件的遮蔽仍然处于被遗忘的状态。

不过，此在被遗忘了的神秘并没有被遗忘的状态消除，而这种被遗忘的状态倒是赋予被遗忘者表面上的消隐以一种本己的现身当下。神秘在被遗忘状态中并且为这种被遗忘的状态而拒绝，由此，它便让在其便捷易达之物中的历史性的人寓于他所作所为的事物。这样，人们就总得以总是最新的需要和意图来充实他的"世界"，通过他的打算和计划来充满他的"世界"。于是，在遗忘存在者整体之际，人便从上述他的打算和计划中取得其尺度。他们固守着这种尺度，并且不断地为自己配备以新的尺度，却还没有考虑尺度的采纳根据和尺度的本质。尽管的确向一些全新的尺度和目标前进了，但在其尺度的本质之真正与否这件事情上，人们却茫然出了差错。因为人们执拗地把自己当作主体，当作一切存在者的尺度，人类猖獗的忘性固执于用那种对他而言总是方便可得的通行之物来确保他自己。这种固执在那种姿态中有它所不得而知的依靠，作为这种姿态，此在不仅绽放出生存，而且也固执地持存，即顽固地守住那仿佛从自身而来的自在地敞开的存在者所提供出来的一切。绽放出的此在是固执的。即便在固执的生存中，也有神秘在运作。只不过，此时神秘是作为被遗忘的，从而成为"非本质性的"真理的本质来运作的。

由于这种固执，人彷徨于歧途，进而处于迷误中。人误入歧途不是只在人身边伸展的事物，而属于历史性的人被纳入其中的此之在的内在机制。迷误乃是转向的运作，在这种转向中，固执的绽出之生存总是随机应变地重新遗忘自己，重新出了差错。对被遮蔽的存在者整体的遮蔽支配着当下存在者的解蔽过程，此种解蔽过程作为遮蔽之遗忘状态而成为迷误。迷误是原初的真理本质的本质性的反本质，迷误将自身表露为本质性真理的每一个对立面的敞开域。迷误是错误的敞开之所和根据。所谓错误，并不是一个个别的差错，而是那种其中错综交织了所有迷误方式的历史的领地。按其开放状态以及它与存在者整体的关联，每一种行为都是迷误的方式。错误的范围同样也很广，从日常的做错、看错、算错，到本质性态度和决断中的迷失和迷路，都是错误。一个历史中的人误入歧途，从而其行程是有迷误的，这种迷误本质上是与此在的敞开状态相适合的。迷误通过使人迷失道路而彻底支配着人——但使人迷失道路的迷误同时也提供一种可能性，这是一种人能够从绽放出之生存中获得的可能性，那就是：人通过经验迷误本身，如果在在此的神秘中不出差错，人就可能不让自己误入歧途。

由于人的固执的绽放出出于生存的迷误之中，完整的、包含着其最本己的非本质的真理的本质，在这种不断地来回往复的转向中，人就将自身保持在困境之中了，而此在就是陷入困境的转向。从人的此在而来，并且唯从人的此在而来，才出现了对必然性的解蔽，相应地也就出现了那种陷入不可回避之物中的可能的移置。对某一个存在者的解蔽同时也就是对存在者整体的遮蔽，在这种解蔽与遮蔽的过程中，就有迷误在运作，而对被遮蔽者的遮蔽与迷误归属于真理的原初本质。从此在的固执的绽放出之生存来理解，自由是真理的本质，而这仅仅是因为自由本身源起于真理的源始本质，源起于在迷误中的神秘之运作。"让存在者存在"实际上是保持开放的行为，但让作为如此这般的整体的存在者而存在，这种情况却只有当它在其原初的本质中偶尔被接纳时才会合乎本质地发生。于是，朝向神秘的有决心的展开便在进入迷误本身的路途中了，真理之本质与本质之真理的交织关系的根据便显露出来了。关于那从迷误而来的神秘，乃是一种独一无二的追问，即追问存在者之为存在者整体是什么。这种追问思考存在者的存在问题——该问题根本上是令人误入歧途的，因而在其多义性方面是尚未得到掌握的。源起于这样一种追问的存在之思，自柏拉图以来就被领会为"哲学"，后又被称为"形而上学"。

四、科学与解释学

（一）现代科学

海德格尔对科学，尤其是现代科学的理解不同于一般的科学哲学家，他对科学的思考是从存在论出发的。他认为各种科学都是人的活动，因而都包含这种存在者的存在方式。科学研究既不是这种存在者唯一可能的存在方式，也不是这种存在者最切近的可能的存在方式。在海德格尔看来，科学并不是真理的源始演历，而一向只是在已经开敞了的真理领域中的建设，而一旦科学超出正确性来趋就于真理，那么它就是哲学了。这与现代的公众意见恰恰相反，人们相信，涉及真、善、美，以及人生态度、游戏娱乐、宗教神话、艺术、哲学，它们尽管十分重要，但若说到真理，则非科学莫属。那么，人生的道理是否也能算是科学，如果这些人生道理可以说成是真理的话，它们就必须能由科学的方法得出。当然，科学并不曾解决一切问题，但只要是一个问题有解，我们就必须沿着科学的道路才能彻底解决。科学，是一种无坚不摧的力量，与民主一道成了造就现代的法宝。对科学成了现代的信仰，海德格尔进而指出，我们的时代就是科学的时代，但疑虑重重。

海德格尔对科学的基本提法，前文已经论述很多，但科学理论并非揭示存在者的源始方式，海德格尔认为科学是关于实在和现实的理论，而现实被希腊人理解为"活动"，如今人们却将其理解为一种确定的、注定的事物，即一种对象。理论所关注的是事物自身的过程，而现在确实使现实在其对象性中得到确定，从古希腊到近代，人们对知和科学的理解都经历了深刻的变化，古代科学、中世纪科学与近代科学是三种完全不同的科学，而海德格尔讨论的只限于近代的科学，但另一方面，近代科学中认知的方式又是从古代形而上学固有的倾向中引申与发展出来的。总而言之，科学的发展在原则上并不是一个进步的过程，而是基本的概念体系的转换，即这三个时代对存在者的基本理解并不相同。基于这种不同，人们从各个时代以其特定的方式来看待自然过程，遵循着特定的线索来追问自然之谜。人们往往习惯于按照进步的观念，从不同程度上区分现代的和古代的科学，但若要把握现代科学的本质，就必须要摆脱这种习惯。

海德格尔否认了一般流俗的进步观念，即否认科学是向着绝对真理渐进的知识，所谓进步只是认知的积累。在不同的科学体系之间，并没有一种简单的共同的标准。现代科学不是人们通常所说的是事实科学、实验科学、测量科学，中世纪和古代科学也观察事实、实验或者通过对事物和事件的特定排列而获得关于事物状态的信息的试验，这在古代和中世纪也已经是家常便饭了，古代科学也用尺度和数学来工作，而能够将现代科学与中世纪科学区分开来的是"与物的交道方式和对物之物性的形而上学的筹划”[①]，即数学因素。正是这样的筹划，构成了现代与前现代的本质区别。为了更加深入地分析数学因素，海德格尔考察了希腊语“数学”一词，其意为“可学的东西”，同时也有可教的东西之意，并进一步指出，它是指“我们与事物打交道时或观察事物时先有所识的东西”[②]。正是这一“先有所识”是学的真正本质，我们对事先已经认识的物先有所认知，作为物体因素，植物有植物因素，动物有动物因素，物具备物性，等等。就知识的积累而言，数学因素就是我们实际已经认识的事物，并且可以应用于各个辖区中各自先行的观念中。所谓辖区，并不是指自然事物中的某一部分，而是指特定学科的研究对象，人就可以分属于生物学、动物学、心理学、人类学等不同辖区。而数学并不是我们首先从事物中获得的，而是总已以某种方式携带着的。

对于现代人来说，只有通过并依据数学因素的先行筹划，才能把事物经验为事物和诸如此类的事物，并把事物看作已被给予出来，而且必须和应该被给予出来的东西。数学因素规定着一切近现代的科学认识和科学知识。先行筹划后，事物的一个特定方向成为一门科学的独有课题，从而这门科学本身也得到了明确的界定，包括这门科学所采用的特定方法和特定解释。但近代科学之所以精确，并不是因为它的数学层面的精确的计算，而是通过简化而设计，使得精确计算成为可能：这种精确与严格也并非一回事，所有的人文科学，包括所有研究生命体的科学，若要保持其严格性就势必不是精确的。虽然有生

①② 海德格尔．物的追问[M]．赵卫国，译．上海：上海译文出版社，2010.

命的事物也可以被看作一种时空中的运动，但这样也就不是有生命的事物了，具有历史性的精神科学的不精确，更不是一种缺陷。

数学因素是在现代科学层面对物的基本态度，以这种基本态度，我们才按物已经给予我们的事物，必然和终将给予我们的事物来对待物。因此，数学因素是关于物的知识的基本前提。通过数学因素，人们获得了不同的思维方式，并最终获得关于物的知识。海德格尔以自由落体定律来举例：伽利略在比萨斜塔上做实验，他和他的反对者对于同一事实，即重量不同的物体下落时间会有些差异，却有着不同的解释——反对者坚持重的物体下落的速度快，而伽利略则认为那是空气阻力的原因。之所以会如此，那是因为两者的先行筹划不同，公理体系不同，思维方式不同。

可以说，海德格尔所谈的数学因素是超越事物而对事物之物性的一种筹划，这种筹划是先行的对事物本质的一种掌握，事先提供关于事物的结构及其相互关系的基本框架，为事物显现提供了一个场所。作为一种事先的心灵设想，数学因素是一种可以说超越了物的对物之物性的筹划。这种筹划才开启了一个领域，物也即事实，就在其中显示自身。公理筹划是数学因素的具体表现，而现代科学不再是对自然本性的认识，而是通过公理筹划不断地被勾勒出来，被纳入到公理体系中的自然，同时自然不再有任何隐蔽的性质和能力。当然，由数学因素所筹划的自然界要求适用于自身的一种特殊的表达方式，这就是由数学因素所规定的数学方法和实验方法。显然，数学因素不同于数字因素，但数字是数学因素的最常见的形式，相应地，这一最常见的数学因素也就成了一般的数学因素，以数学因素为基础，现代科学根据数学筹划才成为实验的科学。

作为研究的现代科学，除了数学因素这个特征外，另一个重要特征就是实验性。海德格尔认为，认识把自身建立为某个存在者领域中的程式，这里所谈到的程式不单单指我们平常所理解的程序和方式，而是在科学活动中，程式首先是展开一个领域或筹划一个领域，由于在某个存在者领域中，譬如在自然中，自然事件的基本轮廓被先行筹划出来了，研究的基本进程也就完成了。先行筹划决定了事物将如何显现，也就决定了事物将如何经验。事物必须依据科学事先设置好的条件来这样或那样地回答我们提出的问题，在展开和筹划的过程中，这种方法先行起着作用，在这个过程中，科学方法被它的结果包围，方法越来越适应于由它自己所开启出来的程式之可能性。正是通过这种研究，筹划沿着预定的规则朝着既定的方向延伸。也只有凭借这个筹划，在规则范围内的事实才是清晰的，才能真正把自然领域明晰地勾勒出来，而这种针对自然的经验的研究却依赖于实验。

实验保证了法则的统治地位，只有在规则和法则的视野内，事实才作为它们所是的事实而清晰可见。实验同样也保证了研究不至于落入空洞的设计，研究要确实针对成为研究的对象，让筹划的辖区展现出它的全部的丰富性。面对这种丰富性，研究通过某种已知者去论证未知者而同时又通过那种未知者来证实这种已知者。实验以变动的条件使丰富性展现出来，面对这一丰富性，研究工作通过已知者去论证未知者，而同时又通过未知者来证实已知者。不过，这一类论证和证实不仅是在设立和贯彻法则之际依靠法则的指引来进行的，在实验的全部范围内，法则始终是根本的标准。

以经典的物理学为例，物理学之所以成了一门数学物理学，那是因为先行筹划的结果——具有时空关系的质点的自成一体的运动联系，首先预设了以上前提，再加上对时空、力等的规定性，物理学便依据于此建构了它的一系列法则和规律，并且使得任何未知之物均可以通过已知之物来得以说明。同样，未知之物都将进一步证明已知之物，数学物理学的研究就它的每一个追问的步骤而言，事先维系于这种筹划，在这样一个筹划下，科学便成了研究。海德格尔认为，自然科学之所以会被数学化，不是科学发展的一个结果，而是因为它产生的一个原因；但数学的自然研究之所以精确，并不是因为它准确地计算，而是因为它必须这样计算。而精神科学之所以没有被数学化，也是因为它和自然科学筹划不同，它并非要求精确。

实验作为现代科学的一个重要特征也参与了这种筹划活动，自然的轮廓越是精确地被筹划出来，实验就可能变得越精确，科学家从事科学实验，是想通过实验建立和证明在该领域内的法则和规律。但是，任何一个科学实验的设计不可能做到纯粹客观，必定是渗透着理论，通过实验操作使得对象属性和规律暴露出来，而对于实验的评价，就是要看这一属性和规律是否达到了预定的理论目标。如果实验结果没有和预定的目标相符，实验就是失败的，所以海德格尔认为，自然科学并非通过实验才成为研究，相反，只有在自然知识已经转换到可供研究的地方，实验才成为可能。

最后，海德格尔认为，现代科学作为人的一种生存方式，实质上就是人凭借它对自然进行筹划、控制和统治，而这一本质更突出地体现在它的技术本质中。海德格尔考察和分析了现代科学与现代技术的内在关系后，认为现代科学奠基于现代技术的本质之中，现代科学在本质上是技术的。前面已经谈过，海德格尔将现代科学看作是通过数学筹划和程式建立起来的一项活动，那么在科学活动中，自然便被当作一个可精确计算的对象来加以研究，而这本身就是技术的方式。现代科学的根本目的并不在于对现实之物的加工，它竭尽全力并且纯粹地把握现实之物，并且不干预、不改变现实之物。但是，现代科学与其本质发生了背离，现代科学作为在观察意义上的理论是对现实之物的一种极端干预性的加工。正是通过这种加工，它与现实之物本身的一个基本特征相符合，看似作为一种纯理论的科学，其实以内在的要求和规定去调和或改变现实之物，使现实之物的属性、规律等进入该学科的视野。

任何一个在科学领域内出现的新现象都被加工，通过加工，使得它可以被纳入理论范围。这样一来，现代科学丧失了科学原有的意义，而成为了一门技术的科学。在海德格尔看来，一切技术包括现代技术，而现代技术的本质就是一种解蔽或去蔽。技术是一种解蔽方式，解蔽是在无蔽状态中让自然本身显现为某种持存物和在场者而受到摆布。技术是发生在解蔽和无蔽状态发生的领域中，即真理的发生领域中成为其本质的。综上所述，海德格尔对现代科学的本质特征的探讨是从多重角度、多个侧面进行的。作为数学因素的现代科学技术，强调的是现代科学的理论基础的"先验筹划"性质，科学绝非没有任何前提的纯粹理论活动，而是作为科学的总预设、总"先见"的数学因素的一种体现。作为研究的现代科学表明了现代科学研究过程的"程序化"特点，任何一门具体科学必然在筹划展开的过程中，通过它们特定的方法而专门化为特定的研究领域。作为技术的现代科学则强调现代科学从一开始就不是纯理论的研究，而是以征服自然、改造自然为目的的。在近代科学的发展中，各个自然中的对象辖区均被操作技术占领，操作得出结果，又把这些结果当作进一步操作的手段，这种模式包含了现代科学的企业性本质，恰恰是由于这内在的企业性，才能保障技术操作过程中对研究对象、对存在者本身的优先地位。

在海德格尔看来，科学技术的价值显然不是中立的，而如果我们把技术当作某种中性的事物来考察，人们也特别愿意如此，使得我们对技术之本质茫然无知。通常来说，我们将技术看作是合目的的工具，关于技术的观念被海德格尔称为"被叫作工具的和人类学的技术规定"，工具论总是带有"工具"与"目的"相分离的性质。工具与目的相分离之后，工具可以不受制于目的，它可以为多种目的服务，既可以用来造福人类，也可以用来危害人类，而技术本身并无过错，错在使用科技的人类，这种工具论导致了技术价值中立与善恶之争。那么，海德格尔与之不同，他认为，为了获得技术的本质，或者至少是达到技术的本质之近处，必须通过正确的标准来寻找真实的事物。我们必须问：工具性的事物本身是什么？诸如工具和目的之类的事物又何所归属？一个工具是人们借以对上手事物进行操作，从而获得某物的那个事物。导致某种作用的事物，人们称为原因，导致一个物出现的事物被称为该物的原因。古希腊哲学家亚里士多德曾提出四因说，即质料因、形式因、目的因和动力因。海德格尔以银盘为例，银是银盘的质料因，银盘的外形是它的形式因，祭祀和捐献或其他使用是它的目的因，而银匠则是它的动力因。可以说，银盘的出现是以上四种原因共同产生的结果，而其中银匠考虑并聚集上述前三种方式。海德格尔把原因看作肇致另一个事物的事物，四因说揭示的是四种因素共同肇致的方式，但是在我们今天看来，银盘之所以出现，是银匠作为动力因成为其中唯一的原因，而其他三种原因被忽略了，动力因最终决定了对因果性的规定。这种动力因的规定深深地固化在当代人的思维方式之上，通过科学技术，人类可以对物产生作用或影响，并使其发生改变，因此工具性被看作是科学技术的基本特征。

海德格尔反对把技术看作是工具性的事物，这已超越了工具层次而将其看作是一种解蔽的方式，一种展现的真理。这是一种把某物构造出来的方式。任何一物的出现，绝非是工具单方面作用的结果，而是"四因"共同招致的结果，在工具的运作过程中使物走出隐蔽而彰显出来。什么样的工具得以运用，就意味着什么样的世界被呈现出来。因此，技术并非目的的单纯手段，而是世界构造。任何手段被纳入技术，只是因为该手段的运用适合于技术已经开辟的世界；同样，技术也并不只是单纯的人的活动，而是技术规定着技术时代的人按照技术的方式进行活动，而技术的人对技术的本质却茫然无知。

科学哲学成了主流之一，海德格尔对某些科学哲学讨论的问题的关切，始终是服务于澄清科学的形而上学本质这一宗旨，科学已经在我们面前展开了一幅全新的世界的图景，这幅图景与常识所提供的截然不同，日常经验又往往显得不足，需要为之设立基础，从这些基础方面着眼，事物又显出日常经验中没有看到的另外一面。例如日落西山，人们看到的太阳并非是不真实的太阳，但科学告诉我们，那个太阳在几分钟以前就已经落山了，或者更加确切地说，并不是太阳落山，而是地球的自转，近代科学还不止提供一幅不同的世界图景，科学的发展趋向于通常所说的精细化，满足于用于计算的数理性质，而这必然与观照相对立。

科学当然也会牵扯到众多中介，从而能够使其他图像达到感性的知觉，因为理论无论怎样抽象，都绕不过自然的在场，但它始终无法深入到自然的丰满的本质。不仅科学，心理学、历史学、语言学等也无法深入到此在、历史或语言的本质深处，因为自然、人、历史或语言其中出现的对象性的本身"原则上始终只是在场的一种方式，这些在场者可能以某种方式显现，但不必无条件地以这种方式显现"①。

科学无法逾越对象性的局限，越出这一局限就必须把科学自身的本性摆出来，历史学似乎可以反转过来考虑自身的历史，但它不能把握自己作为历史科学的本质。同样，科学亦是如此。寻求科学的本质这项工作已经历经数个世纪，但仍然无果，近代科学的本质仍然不甚清晰。

（二）解 释 学

海德格尔进一步扩大了解释学的范围，加深和加重了解释学的地位，不仅涉及具有历史学性质的文本，更是扩展到了对

---

① 海德格尔. 海德格尔选集[M]. 孙周兴，译. 北京：生活·读书·新知三联书店，1996.

具有历史性质的存在者，即此在的解释。《存在与时间》的任务就是从现象学出发来解释此在，因此，海德格尔把他的现象学称为解释现象学，进而与胡塞尔的现象学决裂，变成了一种本质上不相同的现象学。胡塞尔的现象学所强调的是科学性，是自然科学属性中的严格性，而海德格尔强调的是人文性质、精神性质和历史性质。海德格尔认为此在的现象学就是解释学，其解释学就是具有历史学性质的人文科学的方法论。在海德格尔的思想中，解释学甚至得到了更为广泛的理解，海德格尔常常把自然科学也认作自然的解释。

当然，海德格尔将领会与理解始终放在生存在世的大框架中来考察，这是他克服解释中的主客观对峙的关键，人类的理解并不是与其他活动相隔断的某种纯智力的活动，生存活动中的领会，是从人生存于其中的因缘的整体活动中突出出来的，由于生存活动的因缘联络，任何领会都包含有结构，即把某物作为某一特定物来领会。从这种意义上来说，任何领会与理解也必然就是一种解释，把某种不确定的现成事物解释为确定的现成事物。在常见的认识论中，直观与"朴素知觉"直达某物本身，并不转借于他物，所以这并不包含任何结构，海德格尔却认为不包含结构是一种缺失，证明了朴素的知觉并不朴素，而是从朴素的看法中派生出来的，不包含结构的单纯觉知恰恰就不能对事物有所领会。

另外，海德格尔从整体和个别的角度来强调领会对解释的源始性，把某物看作某物，将其不确定解释为确定，这是以整体的因缘为背景的，但因缘整体本身则不可能被全盘解释。即使有这样一种揭示已经贯穿于因缘的整体性，后者还是将隐退到不突出的领域中，但因缘本就不是若干事物的综合，原则上并不属于解释的范围。海德格尔总是会强调领会的源始性，解释则在这种意义上承担了这种源始性，命题则是从这二者之中派生出来，一方面是明确性的增加，另一方面是源始性的丧失。既然任何解释活动都在在世这个隐约模糊的背景之上，那么解释就不会没有任何前提。海德格尔将这种在先的领会称作"先行具有"，这个词与"意图"相近，先行具有也就表明了解释活动所必需的具有的意图与方向。

在海德格尔看来，没有摒弃先行认知的领会和解释，它们从来就不是没有前结构参与的活动，不是无前提地把握事先给定的事物，而是具有前提构成要素的，这就是所谓的前理解。没有这个理解的前结构，领会和解释就无法进行。理解的前结构恰恰是解释学循环的起点。海德格尔认为，把某物作为某物加以解释，这在本质上是通过前有、先见和先行具有的把握进行的。这就是说，任何理解都具有前结构，也即前理解，而前理解包括先行具有、先见和先行把握这三种要素，前文已述，先行具有就是此在的理解存在与它先行理解的因缘关系整体具有一种先行占有关系；先见指的是在先行具有中那些可以在这种特殊的领会事件中被解释的特殊方向，也就是存在者解释某事物的先行立场和视角；在前结构里被给出的可达到理解的概念则被称为现象把握。海德格尔把三者统称为理解的前结构，有时他也称这种理解的前结构为"解释学处境"。前结构就是理解之前所具有的要素，它包括社会制度、文化背景以及物质条件等。这些条件作为潜在的因素影响并制约着此在的领会过程。这些概念在解释性的理解出现之前，或者是最终地，或者是暂时地被假定。解释学处境与"此在"一道存在。人从其特定的历史环境来领会自身的存在，这是生存的实情，也不主观，更无谓客观。解释的公正与客观恰恰就在于解释者必须主动认识清楚它所依据的前提，从而能在解释时依据这些前提和所待解释的事情本质。

所以，一切领会都不是对领会对象的没有前提的理解，对象其实已经在某种模糊中被理解了，理解是以解释者的前结构先行的前理解为基准的。这就表明，前结构不言而喻地构成解释者不容置疑的先行之见。不过，一旦前理解不能独立领会的时候，就会求助于另一个前理解，这样就陷入无穷倒退的循环过程。既然我们所运用的任何前理解都不可避免地会依赖另外的前理解，也就是说不证自明的前理解是不可能的。海德格尔也就此提出他自己的解释学循环思想，因为单从逻辑上来看，解释所得的结论都早已经包含在对事物的源始领会里了。

海德格尔关于理解的前结构理论实际上是针对胡塞尔的解释学理论。胡塞尔认为，在做现象学直观之前，必须排除一切先见。比如，当我们说"苹果"这个概念时，如果当下有一个直观呈现出来，那么，我们便说"苹果"这个概念是充实的和明见的；如果没有相应的直观，则概念只具有"空洞的意义"。海德格尔极力反对这种看法，如果没有解释学处境作为基础，那么领会就是虚无缥缈的空中楼阁。解释学处境反映了"此在"在理解和解释世内存在者之前的存在状态，解释必然要以理解的前结构为基础和前提才有可能，这种解释者的历史性境遇就作为解释的先决条件而存在。

解释依赖于解释学的处境，只有前理解结构的先行生成，解释才成为可能，解释则是把理解的前结构的模糊的事物明确地呈现出来，精细化、具体化、专题化为特定的存在方式和对象。解释并不是对陌生事物的毫无前提的单纯操作，当我们在对已经有所理解的对象做出解释时，我们就已经占有了它。所以，领会总是从某种前结构出发，总是就我们所使用的概念而发生。领会绝不是没有前结构参与其中的，我们绝不可能以一种纯粹客观的立场来领会任何事物的。这种前结构作为一种潜在的存在，潜移默化地影响着领会者，却不能被人们理智地加以把握，我们的领会和解释不会超出这个范围。前理解是一切解释得以可能的条件，是一切解释的基础，这就说明事物的作为结构来源于理解的前结构。理解的前结构是解释的条件，没有这个条件，解释从根本上就是不可能的。

在传统认识论中，把理解或领会看作是认知结构，是对命题的理论把握，也就是"存在如何理解"的问题。海德格尔的解释学超越了传统的认识论，他所追问的是"理解如何存在"的问题。也就是说，追问的并不是我们怎么知道，而是在领会中才存在的那个存在者的存在方式是什么，在海德格尔看来，领会和解释已不再作为人类认识世界的功能，也不再被视作人文科学的辅助手段，而是此在的存在方式，从而赋予领会和解释以存在论意义。

依照施莱尔·马赫的观点，理解与领会就是一种深度的移情，甚至是与领会对象的作者的思想取得一致。方法论解释学发展到狄尔泰那里，理解与领会则不同于说明，是深入到个体内心深处的行为，与科学说明不同，它是对生命把握的表现。在前文我们讨论关于领会的此在中，曾经论述了海德格尔通过分析"此在"的性质，认为理解或领会并不是一种单纯的智力活动或必然的认知行为，"在存在者层次上的话语中，我们有时会使用对某事有所理解的说法，它的含义是能够领受某事或者胜任某事。从根本的生存上讲，我们所要领受的不是某件事情，而是领受生存本身。换句话说，不同于施莱尔·马赫和狄尔泰的观点，理解或领会并不是进入他者境遇的特殊能力，也不是把握生命表达的能力，而是"此在"在世的基本方式。因缘性的理解与领会和领会着的因缘性构成"此在"的基本生存论环节，理解和领会是作为"此在"的存在方式。既然我们说过生存论上的理解是把在世的种种可能性开展出来的能在，那么在这里提到的理解就具有我们称为筹划的生存论结构，而且筹划着自身的可能性。这在前文已经详细论述过，在此就不赘述了。

在海德格尔看来，解释学循环并不是一种方法论意义上的循环，而是理解的生存论环节，是在存在论意义上的循环，是人类理解的生存论环节的基本特征，是描述了理解的存在论结构的一个要素。海德格尔把生命当作"此在"的理解，揭示解释者理解的前结构所形成的解释学处境和文本之间的循环关系，理解或领会从存在论上来讲是以一种循环的模式发生的。本体论意义上的解释学循环是在历史的此在和历史的文本之间进行的，它实现于传统和解释者之间的交互作用和交互影响之中，它将"事情本身"和读者与文本的对话过程联系起来了。虽然它并不排斥传统解释学的方法论意义的循环，但这种将解释者的历史性排除在外，仅着眼于文本自身的整体与部分的循环，是不可能真正地把握解释学循环的真谛的，因为方法论的循环是从属于本体论的循环的。海德格尔所奠定的解释学循环关系理论是从本体论出发的，证明了这种积极性与合理性，尽管海德格尔对逻辑的证明、正确性等根本不感兴趣，并且认为这也不是真理的本来意义。"此在"在世处于前概念的纯发生域中，无所谓逻辑和判断意义上的循环，有的只是"此在"与世界的相互缘起。在这个根本时间化了的本体域中，传统的形而上学所强调的主客对立已不复存在，认识中的 "彼""此"之分亦被打破。

总之，以施莱尔·马赫和狄尔泰为代表的传统解释学并没有认识到理解者自身的处境，他们所忽略的东西被海德格尔注意到了。海德格尔反对传统解释学所主张的抽象的理性循环假设，而把它们特殊化为进行理解或领会的个人的前理解结构。在进行领会或理解时，理解者所面对的始终是早已熟悉但不明确的事物，这种理解的前结构隐约模糊地存在，既不陌生也不彰显。海德格尔认为，解释依赖于理解的先行具有、先见和先行把握，只有解释学处境在存在论意义上先行具有，解释才会作为可接受的结果成为可能。解释则是把解释学处境明确地展示出来，并且使它们具体化和精确化并作为特定的专题。解释绝对不是面对陌生事物的无前提的单纯把握。不过，海德格尔所谈论的解释学循环更多的是从反驳胡塞尔的角度展开的，也就是说海德格尔反对人们把解释学处境或前理解和解释的关系只说成是为循环论证。

循环论证又称为"乞词魔术"，指的是两个结论中的一个以另外一个为基础，当依循一连串论点时，一部分结论被用作较早前使用前设的论据。如果要证明"鸦片能催眠"，所用的论据是"它有催眠的力量"。而"鸦片有催眠的力量",又要借助于"它能催眠"来证明。这就是犯了循环论证的错误。在循环论证中,论证的前提就是论证的结论,因此又称为"先定结论",这在通常的科学论证中是必须加以纠正的。海德格尔认为,理解或领会建立在理解前结构的基础上,而理解本身的开放性又使领会不断修正着我们的先行理解,而解释并不是一种无前提的把握活动,不是对彻底不知的事物的说明,它不过是使我们已经所理解的事物更加明确地表示出来,解释的内容其实就是理解的再重复。我们通过理解加以解释的事物所表示的是"此在"存在的逐步揭示,反映着此在"此在"的历史性。

解释学循环包含"认识的一种积极的可能性",海德格尔认为,循环论证是一种具有"恶"的性质的非科学的论证方式,即恶性循环,找寻避免它的途径,将其作为不完善性接受下来,也是对领会的误解,决定性的事情不是从循环中脱身,而是以正确的方式进入这个循环,在这一循环中包含着最为源始的认识的积极的可能性。而在《艺术作品的本源》里,海德格尔继续讲道:艺术是什么这个问题需要从艺术作品中汲取答案,但我们只能从艺术的本质来确定艺术作品,将作品收集到一处而后从中将共同点提炼出来,用这种方法追索艺术是无济于事的,因为只要收集艺术作品就得决定什么是艺术和什么不是艺术。因此,问题变成了要想了解艺术作品就要先领会艺术本质,若要领会艺术本质就要对作品先行体会,这样一种循环是无法避免的,这并不是思的无能,而是思的力量,在这条道路上,是思的欢宴。

循环论证于科学认识和科学研究没有什么价值，所以应该被摒弃，取而代之以科学论证。但解释学循环所表示的是"此在"的存在方式，不再是传统认识论所表征和探讨的认识过程。前文已述，"此在"在其存在中，源始地就具有理解的先行具有、先见和先行把握在内的结构，"此在"的存在就是向其生存之可能性进行筹划。"此在"存在着并向其本己的生存可能性筹划，必然通过向世界之为世界的意蕴的筹划过程表现出来。这也就是领会或理解现象的存在论含义。"此在"在有所理解的基础上，进一步通过形成特定的某用具具体地指引结构来展示已经形成的意蕴，使其明确地呈现出来，这也就是解释现象。

海德格尔对解释学的贡献，并不仅仅在于他提出了一套新的理论，更在于他的解释实践与西方大多数哲学家不同，他的见解多半是针对经典作品的解释所提出的。他的解释原则上仍是对存在本身的解释，不过并不是通过此在的生存，而是通过哲学文献或诗歌进行，用以说明存在如何在哲学、诗歌的历史中通过语言绽放自身。通过这样的解释，他断定思想家们的力量在于思及的事物中，而海德格尔却并不如此，他是在某种尚未思到的地方以寻求思的力量。海德格尔在《尼采》中有这样一段论述："他具有的东西本身，思想家从来说不出，它必定总是未说出的……那种东西并不是由他占有的，而是属于存在的……思想家的历史性由他对自己的内在界限的源始忠诚为度，思想家由于如此邻近未经言出的不言者，而不识其内在界限，存在把这'不识'作为掩盖着的礼物，馈赠予那些被唤上思之途的过程的少数几个人。"[①]

黑格尔强调的是摒弃，但海德格尔所强调的是退回，他主张将历史传递下来的思想解放，让它们回到自身的曾在中去，将前人的思想作为源头来领会。海德格尔强调，要思希腊之所思，并且比希腊人更要希腊式，因为一切伟大的思想的自我理解都比后人的理解更加恰当。希腊人将真理领会为去蔽或公开场，但是他们并不去思公开场本身，我们则要更加源始地追寻到希腊思想的源头去。以希腊的方式运思，但所见并非希腊之所见。这样的解释实践方式，使得海德格尔的解释学让人费解，这岂不是将自己的见解强加于原有思想之上了？无论怎样质疑：海德格尔的主导思想是作为解释的思的目的并不是诠释文本，而是深入事情本身，即严格尊奉前人的思想。真正的源头并不是前人的思想，而是存在本身，希腊的哲学是对存在的回应，当今亦应如此。

① 海德格尔. 海德格尔选集[M]. 孙周兴，译. 北京：生活·读书·新知三联书店，1996.

五、感、知与思

总的来看，海德格尔的真理论，在他将来是完全希腊式的，甚至比希腊式还要更加希腊式，对于近代认识论中的提法，他一概不使用。其中心的提法是公开场、存在、存在者这三者都在其中。感知指人的敞开，接受存在的指令，而并不是通常所讲的感性知觉，至于说我们先感觉到感觉材料，综合为这种知觉就更加不能接受了。事物是最先受到感知的，要感觉到纯粹的感觉材料，则需要抽象的训练。或者说，我们感知的或许也不是事物本身，而是比事物更加源始的事物的联络，即使经过抽象，我们也未必能够感觉到纯粹的感性材料，因为它只是一种知性构造。

感知是虔心的聆听，细心的采集，也不同于常识，因为常识需要现成的尺度。如果任何学说不像尺度一般可以拿来使用，肯定就会遭到常识的遗弃了。从前文的阐释中也可以看出，海德格尔口中所谓的常识，或者说流俗的观念是针对哲学中的流行观念，真正应当叫作尝试的应该是未经分化的领会，真知从其中汲取养料，非真则会隐藏其中，真知并不畏惧常识，或者它只是常识的总结。感知并不是感性的，也不是理性的，海德格尔总是强调对理性主义的排斥，但又再三地申明它并非要主张非理性主义，因为海德格尔的所谓"克服理性主义"是要深入到理性由之而来的根源中去，这种根源恰恰是最富有理性的，而缺失根基的理性却只是理性的空壳而已，所以情感比理性更加丰富，对存在也更加开放。

海德格尔将近代哲学的认识方式一概称作为表象的思维，即将存在者对象化，但德国的古典哲学中所讲的理性，是指融会贯通于整体，而不像知性那样将对象对立。对象并不是存在者的源始现象，要将存在者作为对象，人自己就需要有个立足之地，而对象必须同样也在附近显示自身，这也就需要一个公开场，对象就是穿过这纷繁复杂的公开场与认识主体相遇的，所以，我们也不能完全说对象化是表象思维，但对象化和表象思维都是去蔽的方式造成的。海德格尔认为哲学根本没有对象，哲学之思不同于科学和表象的方式，一切科学思维都只是哲学运思的派生形式，作为这种派生形式凝固下来。但科学中的数理计算方式，早在哲学的表象思维中就已经有其根苗了，导致了后期海德格尔要连同哲学与形而上学一同克服，"从科学到思，没有桥梁，只有跳跃"[①]。海德格尔极少将自己的事业称作哲学，他将自己的事业称为思。同时，他认为只有诗与哲学及其运思享有同等的地位。

在思中遭到摒弃不仅只有科学，还有逻辑，海德格尔曾说：逻辑是教书匠，而并不是哲学家发明的，他以莱布尼茨、康德与黑格尔这三位哲人来举例，不论如何的抗争传统，依旧

---

① 海德格尔. 海德格尔选集[M]. 孙周兴，译. 北京：生活·读书·新知三联书店，1996.

沦为逻辑的牺牲品，在辩证法中，思想依旧是在命题中得到规定，这当然也包括马克思的辩证法。而只有思才是对世界揭示的唯一途径，思的是存在，但存在本身早已湮没在这科学技术统治的当代了。

第五讲
艺 术

一、艺 术 品

　　海德格尔指出，在通常的理解下，艺术品来自艺术家的创作活动，通过艺术家的创作产生。但艺术家从何而来？通过什么成为艺术家的？使艺术家成为艺术家的是艺术品。因为一部作品给作者带来了艺术家的声誉，唯有作品才使作者以艺术家的身份出现。艺术家是作品的本源，作品是艺术家的本源。两者相辅相成，不可或缺，但任何一方都不能全部包含另一方。无论它们本身还是二者的关系，艺术家和作品都通过一个最初的第三者而存在。这个第三者才使艺术家和艺术作品获得各自的名称，那就是艺术。

　　艺术家以某种必然的方式成为作品的本源，而作品成为艺术家的本源，同样地，艺术以另一种方式成为艺术家和作品的本源。但艺术是否是一种本源呢？如何有艺术呢？艺术不过是一个名词，没有任何现成事物与其对应。艺术可以被看作一个集合概念，我们把涉及艺术的现实的事物，即艺术作品和艺术家，置于这个集合的观念之中。即使"艺术"这个词所表示的意义超过了一个集合观念，这个词的意思恐怕也只能在艺术作品和艺术家的现实性的基础上存在。或者情况正好相反，只有艺术作为本源存在，艺术作品和艺术家才能存在。

探讨关于艺术作品的本源问题，一定会涉及艺术本质。因为艺术究竟是否存在和如何存在的问题还仍然是一个问题，所以，我们将在艺术作品中找寻艺术的本质，但究竟什么是一件艺术作品呢？

究竟什么才是艺术，应当从作品那里获得答案。什么是作品，我们只能从艺术的本质中获知。一般情况下，理智要求我们避免这种循环，因为它与逻辑相抵触。艺术究竟是什么，可以从现有的艺术作品的比较考察中得知。但如果我们事先并不知道艺术是什么，那么我们又如何确认这种考察以艺术作品为基础？另外，通过对现有艺术作品的特性的收集，从更高层面的概念开始推演，我们同样得不到艺术的本质；因为这种推演也早已具有一种先见性质的规定性，这些规定性必然把我们事先就认定为艺术作品的事物呈现给我们。可见，从现有作品中收集特性和从基本原理中做出推演，同样都是不可能的。这和上文所述的循环是同一途径，保持在这条道路上，是思的欢宴。这不仅从作品到艺术的主要步骤与从艺术到作品的步骤一样，是一种循环，而且我们所尝试的每一个具体的步骤，也都在这种循环之中。

为求达到艺术的本质，找到在艺术作品中真正起支配作用的事物，我们仍然需要探究现实作品，追问一番：作品究竟是什么，它如何成为作品。但在此之前，我们首先决定艺术作品不是什么。

每个人都熟悉艺术作品。人们在公共场所，比如在教堂和住宅里，随处可见建筑和雕塑作品，不同时代和不同民族的艺术作品被人收集起来进行展览。如果我们从这些作品本身，而不触及现实角度去观赏它们，同时又不自欺欺人的话，就势必看到这些作品就是自然现存的事物，与物的自然现存并无区别。一幅画挂在墙上，和一支猎枪或一顶帽子挂在墙上没有分别。一幅油画，比如说凡·高那幅描绘一双农鞋的油画，被人们从一个画展寄送到另一个画展，就像从德国的鲁尔区运出煤炭，从黑森林运出木材一样。在战斗中，士兵把荷尔德林的赞美诗与清洁用具一起放在背包里，贝多芬的四重奏被存放在出版社的仓库里，就像地窖里的马铃薯一样。

所有艺术作品都有这种物的因素，但艺术作品并不是物，更不是对现成事物的简单描摹。前文所说的凡·高的那幅农鞋的油画，并不是将一双现实的鞋描摹得真切而成为艺术品的。这种艺术见解或许过于粗俗和肤浅，虽然寄出油画的发货人或博物馆里的清洁女工可能按处理艺术作品的方式行事，但欣赏者们必须把艺术作品看作人们体验和欣赏的事物。不过，即使享誉甚高的审美体验也摆脱不了艺术作品的物的因素。在建筑物中有石质的事物，在木刻中有木质的事物，在绘画中有色彩，在语言作品中有话音，在音乐作品中有声响。在艺术作品中，物的因素是直观而且稳固的，以至于我们经常会说：建筑物存在于石头里，木刻存在于木头里，油画在色彩里存在，语言作品在话音里存在，音乐作品在声响里存在。但进一步说，要是它们没有物的因素，究竟会是什么？这种在艺术作品中不言自明的物的因素究竟是什么呢？

艺术作品远不只是物的因素，它还是某种别的什么因素。这种因素就是使艺术家成为艺术家的东西。当然，艺术作品是一种被艺术家制作出来的物，但是它所道出的并不是纯然的物本身，它还将别的东西公之于世，即它把这个别的东西敞开出来。所以，海德格尔将作品认作为比喻，因为制作物与这别的敞开的东西结合在一起，形成了作品，这种作品是具备符号性质的。比喻和符号给出一个艺术作品的概念框架，长期以来人们都是在这一概念框架视角中去描绘艺术作品的，但在艺术作品中，唯一的使这种东西敞开并结合起来的，仍然是艺术作品中的物的因素。看起来，艺术作品中的这种物的因素仿佛是一个地基，那别的东西或关于艺术本真的东西就建筑在其上。而且，艺术家以他的手工活动所真正地制造出来的，正是艺术作品中的这种物的因素。

我们的目的意图是找到艺术作品的直接的和全部的现实性；因为只有这样，我们才能在其中找到真实的艺术，因此我们首先必须厘清作品的物的因素，并且必须相当清晰地认识物究竟是什么。只有这样，我们才能说，艺术作品究竟是否为一件物，那神秘的别的东西正是附着于物之上的。也只有这样，我们才能决断，艺术作品是否根本不是物，而是那别的什么。

二、物 与 作 品

物之所以是物，究竟是为什么呢？当我们这样问时，我们要弄清楚的是物的存在，也就是物的特性，亦即要了解物之为物的因素。所以，我们必须来探究物的领域，长期以来，这是一切存在者所属的领域。海德格尔举例说道，山脚下的石头是一件物，田间地头的土块是一件物，陶罐是一件物，水井同样也是一件物。罐中的牛奶和井中的水同样也是物，如果把蓝天白云，田间蓟草，秋风落叶，长空苍鹰都称为物的话，那么牛奶和水当然也不例外。所有我们见到的这一切，事实上都必须被称为物，哪怕是那些不像上面描述的事物那样显示自身的事物，即不显现的事物，人们也命名为物。这种本身并不显现的物，即一种"自在之物"，按康德的观点，这就是世界整体，这种物甚或说是上帝本身。在哲学语言中，自在之物和显现之物，或干脆说一切存在者，统统被叫作物。

在海德格尔所处的时代，飞机和收音机已经成了与人们最接近的物了，但当我们谈到最终的物时，我们想到的是完全不同的事物。最终的物是死亡与审判，是此在的终结。"物"这一字眼在这里大体上是指任何一种非无的东西，在这种意义上来说，艺术作品也是一种物，因为它毕竟也是某种存在者——然而这种物的概念，至少在目前对我们来说毫无帮助，因为我们意图把一般的物的存在方式与作为具有作品的存在方式的存在者互相区分。另外，上帝并非物。同样地，对田间的农夫，锅炉前的伙夫，课堂上的教师以物相称，也颇令我们踌躇不安。人可不是物。甚至森林旷野里的鹿，草木丛中的甲虫和草叶，我们都不敢将其贸然称为物，但在某些特定的时刻，我们将年轻而无力应对某事的年轻人，称为小东西，仅仅是因为他们还不具备某些存在的要素。我们会把一把锄头、一只鞋、一把斧子、一座钟称为物，但是这些事物也并不是纯然的物。能纯然称得上物的只有自然界中的石头、土块、木头，即自然界中无生命的这些事物。自然物和用具就是我们通常所说的物。

这样，我们就从一切皆物，所有存在者都是物，甚至最高的和最终的事物都是物这一最广的范围，回到纯然的物这一狭小圈子里来了。"纯然"一词在这里仅仅指纯粹物，直接是物，仅此而已，可是"纯然"一词似乎更加严格地指那些仅只是物的事物。纯然物即本真的物，这物是连用具也排除在外的。那么，这种本真的物的物因素又是从何而来，只能是在物的那里才能得到确定。这一确定才使我们能够描绘物因素本身。有了这些准备性的论述后，海德格尔才进一步描绘那些可以触摸到的艺术作品的现实性，才能描绘那其中所包含着的别的什么。

众所周知，自古以来，只要存在者究竟是什么的问题一旦被提出来，在其物性中的物，就作为赋予尺度的存在者凸现出来。所以，在传统对存在者的解释中，必然与物性的定义相遇。因此，我们只需在解释过程中查证落实这种关于物的既有认识就行了，而无需对物的物因素做乏味的探究。物究竟是什么，对这一问题的答案我们是再熟悉不过，并且不认为它们有任何值得怀疑之处。

对物的物性的阐释贯穿了西方思想的全过程，这些阐释早已成为不言自明的论调，在今天的日常生活中广为应用。这些阐释概括起来有三种。

首先，物是若干特征的集合，是那些特征的集合赖以出现的属性的总和。例如，一块花岗岩石是一个纯然的物。它坚硬、沉重、有长度、硕大、不规则、粗糙、有色，并且有的部分暗淡，有的部分光亮。人们仅凭观察，就能发觉这块岩石的所有这些特征，并将这些作为认识它的标记。而这些标记意味着这块岩石本身具有的特性，它们就是这个岩石的属性。这个物具有这些属性。当人们在说花岗岩这样的物时，想的是什么呢？显然，人人都自以为知道，物是把各种属性聚集起来的东西，于是人们大谈物的内核——希腊人已经将其称为根据。在希腊人看来，物的内核必然是作为根基并永远置于眼前的事物。而物的特征总是随时随地地与内核一起出现和产生的特性。按上述流行的意见，把物的物性规定为具有诸属性的实体，似乎与我们关于物的朴素观点相吻合。这丝毫不奇怪，流行的对物的态度，即对物的称呼和关于物的谈论，是以这种关于物的一般观点为尺度的。正如语言之中，简单的陈述句由主语和谓语构成，主语一词是希腊文"根据"一词的拉丁文翻译，既为翻译，也就有了转义；谓语所陈述的则是物之特性。

其次，物与命题、命题结构与物的结构之间的简单明了的基本关系早已确凿无疑。然而，我们却必须说：简单陈述句的结构——主语与谓语的联结是否是物的结构——实体与属性的统一的映像，或者说如此这般展现出来的物的结构竟是按命题框架被设计出来的？人们往往将在陈述中把握物的方式转嫁到物自身的结构上去——这很容易理解。但如果这个物是不可见的，那么把命题的表述结构转嫁到物上的做法是如何实现其可能性的？这引发了下面的问题，即究竟谁是第一位和决定性的，是命题结构，还是物的结构？当然，这个问题直到现在还没有得到解决。甚至，以此形态出现的类似的问题究竟是否可以解决，都让人开始怀疑。

从根本上说来，二者并没有这种映照关系，即并不是命题结构给出了构建物的结构的标准，物的结构也不能在命题结构中简单地得到反映。就其本性和其可能的交互关系而言，命题结构和物的结构两者具有一个共同的更为源始的根源。总之，对物的物性的第一种解释，即认为物是其特征的集合载体，不管它多么通俗而且流行，仍然没有像它自己所标榜的那样朴素自然。我们觉得朴素且自然的事物，兴许只是一种习以为常的习惯性的事物，但这种习惯却遗忘了它赖以产生的异乎寻常的事物。然而，正是这种异乎寻常的事物一度作为令人诧异的东西震惊了人们，并使思想惊讶不已。

以上对流行的物的解释，表面上看来言之凿凿。此外，这种物是它的特征集合的载体概念不仅适合于纯然的和本真的物，而且适合于任何存在者。所以，这种关于物的概念也从来不能帮助人们把物性的存在者与非物性的存在者区分开来，因为这种物之概念没有切中物的物因素，没有切中物的根本要素和自足特性。经过长时间的思索，海德格尔指出，我们甚至有这样的感觉，即也许长期以来物的物因素已经遭受了所谓的"强暴"，并且思想参与了这种"强暴"；因为人们坚决拒绝思想而不是努力使思想更具思之品性。但是，在规定物之本质时，如果只有思想才有权界定和言说，那么依然如此肯定的感觉应该是什么呢？这也许说明了我们在这里和在类似情形下称为感觉或情绪的事物是更理智的，亦即更具有知觉作用，因而比一切理智更向存在敞开，所有的理智在此间成了理性，被理性地误解了。"在这里，对非理性的垂涎，作为未经思想的理性的怪胎，帮了古怪的忙。"①据此，海德格尔认为流行的物的概念在任何时候都适用于任何物，但它把握不了本质地现身的物，而倒是扰乱了它。那么，我们如何避免这种扰乱呢？只有这样：我们给予物一个自由的区域，以便它直接地显示它的物因素。在这期间，我们必须排除所有会在对物的理解和陈述中横亘在物与我们之间的事物，唯有这样，我们才能沉浸于物的无伪装的在场。但是这种与物的直接面对面，既不需要我们去索求，也不需要我们去安排，它早就发生着。在视觉、听觉和触觉这样的知觉中，在对色彩、声响、粗糙坚硬的感觉中，物——仅在字面上说——逼迫着我们。在这个在场中，物即在感性的感官中通过感觉可以感知的事物。据此，后来那个物的概念就变得流行了，按这个概念的说法，物无非是感官上被给予的多样性的统一体，至于这个统一体是被理解为全体，还是整体或形式，都丝毫没有改变这个物的概念的决定性特征。

① 海德格尔. 林中路[M]. 孙周兴, 译. 上海：上海译文出版社，2004.

于是，这种关于物的物性的解释，如同前一个解释一样，也是正确的和可证实的。这已经足以令人怀疑它的真实性了。如果我们再考虑到我们所寻求的物的物因素，那么这一物的概念就又使我们无所适从了。正如海德格尔所说，细想起来，我们从未首先并且根本地在物的显现中感觉到一种知觉的涌逼，例如乐音和噪声的涌逼——正如这种物的概念所预先确定的；恰恰不同的是，我们听到的是狂风在烟囱上呼啸，我们听到飞机的轰鸣，我们听到汽车的行驶。物本身要比所有感觉更贴近于我们。我们在屋子里听到敲门声，但我们从未听到听觉的感觉，或者哪怕是纯然的嘈杂声。为了听到一种纯然的嘈杂声，我们必须远离物来听，使我们的耳朵离开物，使我们的感觉纯粹的，也即抽象的听。

在我们眼下所探讨的物的概念中，摒弃这么强烈的对物的扰乱，是具有一种过分的企图的，即要使物以一种最大可能的直接性接近我们，但只要我们把在感觉上感知的事物当作物的物因素赋予物，那么物就绝不会满足上述企图。对物的第一种解释仿佛使我们与物保持着距离，而且把物推得很远；而对物的第二种解释则过于使我们为物所纠缠了。在这两种解释中，物都消失不见了。因此，我们确实需要避免这两种解释的夸大。物本身必须保持在它的自持中。物应当将自身置于它的本己的坚固性中。这似乎是第三种解释所为，而这第三种解释与上面所说的两种解释同样古老。下面就是第三种解释。

第三种解释主张给物以持久性和坚固性的要素，同样也是引起物的感性涌逼方式的要素，即色彩、声响、硬度、大小等，这些是物的质料。把物规定为质料，同时也设定了形式。

物的持久性，即物的坚固性，在于质料与形式的结合。物是具有形式的质料。这种物的解释要求直接观察，凭借这种观察，物就通过外观关涉于我们。有了质料与形式的综合，人们终于寻获了一个物的概念，它对自然物和用具物都是很适合的。这个物的概念使我们能够回答艺术作品中的物因素问题。作品中的物因素显然就是构成作品的质料，质料是艺术家创造活动的基底和领域。但原本就可以立即就得出这个明了的众所周知的观点，海德格尔为什么要在其他流行的物的概念上兜圈子呢？那是因为，对这个物的概念，即把物当作具有形式的质料的概念，海德格尔也心存怀疑。

可是，在我们活动于其中的领域内，质料–形式这对概念不是常用的吗？确实。质料与形式的区分，而且以各种不同的变式，绝对是所有艺术理论和美学的概念图式。但这一不可争辩的事实，却并不能证明形式与质料的区分是有充足的根据的，更不能证明这种区分源始地属于艺术和艺术作品的领域。再者，这对概念的适用范围长期以来已经远远地越出了艺术和美学领域。形式与内容（质料与形式）是无论什么都可以归入其中的笼统概念。甚至，即使人们把形式称作理性而把质料归于非理性，把理性当作逻辑的而把非理性当作非逻辑的，甚或把主体–客体关系与形式–质料这对概念结合在一起，这种表象的概念假说仍具有看似"科学"的概念机制，没有物能够逃脱。

然而，如果质料与形式的区分的情形就是如此，我们又应该怎样借助于这种区分，把握与别的存在者相区别的纯然物的特殊领域呢？或许，只要取消这些概念的盲目扩张和空洞化，按质料与形式来进行这种标画就能重新获得它的规定性力量。但这是有条件的，其条件是：人们必须知道，它是在存在者的何种领域中实现其真正的规定性力量的。这一领域就是纯然的物的领域，这种说法到目前为止还仍只是一个假定而已。而这一概念结构在美学中的大量运用，这更能带来一种想法，即质料与形式是艺术作品之本质的原生的规定性，并且只有从艺术作品出发才反过来被转嫁到物上去。质料-形式结构的本源在哪里呢？在物的物因素中呢，还是在艺术作品的作品因素之中？

海德格尔举例说道：自持的花岗岩石块确定无疑是一种质料，它具有一种笨拙且确定的形式。形式在这里指各种质料部分的空间位置的分布和排列，类似这种分布和排列带来一个特殊的轮廓，也就是一个块状的轮廓，但是，罐、斧子、鞋等，也都是处于某种形式中的质料。在这里，作为轮廓的形式并非一种质料分布的结果，相反地，倒是形式规定了质料的安排。不至于此，形式甚至先行规定了质料的种类和选择：罐要有不渗透性，斧子要有足够的硬度，鞋要坚固，同时具有柔韧性。此外，在这里起支配作用的形式与质料的交织首先就从罐、斧子和鞋的用途方面被安排或处置好了。这种有用性从来不是事后才被指派强加给罐、斧子、鞋这类存在者的，但它更不是作为某种目的而四处飘浮于存在者之上的什么事物。

有用性是一种基本的特征，由于这种基本特征，这个存在者就可以凝视我们，亦即闪现在我们面前，也可以说是现身在场，从而成为这种存在者。不只是赋形活动①，而且随着赋形活动而先行给定的质料选择，当然还有质料-形式结构的统治地位，都建基于这种有用性之中。符合有用性的存在者，总是制作过程的产品。这种产品被制作为用于做什么的工具，所以作为存在者的规定性，质料和形式就寓于工具的本质之中。而器具这一名称本身指的是为使用和需要所特别制造出来的事物，质料和形式这些绝不是纯然物的物性的源始规定性。海德格尔进而举例来说明：工具或器具，拿鞋具来说，作为完成了的器具，也像纯然物那样，是自持的；但它并不像花岗岩石块那样，具有自身构形特性。另外，工具也显示出一种与艺术作品的亲缘关系，因为工具也出自人的手工，而艺术作品由于其自足的在场却又堪与自身构形的不受任何压迫的纯然物相比较。尽管如此，我们并不把作品归纳到纯然的物，我们周围的使用物，或者说工具毫无例外地是最切近和本真的物。所以工具既是物，因为它被有用性规定；但又不只是物，因为它同时又是艺术作品，但又逊色于艺术作品；因为它没有艺术作品的自足的在场。假如允许做一种计算性的排列的话，我们可以说工具在物与艺术作品之间有一种独特的中间地位。

然而，质料-形式结构，由于它首先规定了工具的存在方式，就很容易被看作任何存在者的直接可理解的状态，因为在这里从事制作的人本身已经参与进来了，即参与了一个工具进入其存在的方式。因为工具拥有一个介于纯然物和艺术作品之间的中间的地位，所以人们很自然地想到，借助于工具的存在

---

① 赋形活动：赋予物（质料）以形式的活动。

方式（质料—形式结构）也可以掌握非工具性的存在者，即物和艺术作品，甚至掌握一切存在者。但把质料-形式结构应用到任何一个存在者的这种状态的倾向，还受到了一种特殊的推动，即事先根据一种信仰，即《圣经》的信仰，把存在者整体表象为受造物，在这里也就是被制造出来的事物。虽然这一信仰的哲学能使我们确信上帝的全部创造作用完全不同于工匠的活动，但如果同时甚或先行就根据质料和形式的统一方面来思考受造物，那么，这种信仰就是从一种哲学那里得到解释的，而这种哲学的真理就是基于存在者的一种无蔽状态，后者却不同于信仰所相信的世界。

基于这种信仰的创造观念，虽然现在可能丧失了它在认识存在者整体这件事情上的主导力量，但是一度付诸实行的、从一种外来哲学中移植过来的对一切存在者的神学解释，亦即根据质料和形式的世界观，却仍然保持着它的力量。海德格尔所处的时代，在哲学史上，是中世纪到近代的过渡期发生的事情，近代形而上学也基于具有中世纪特征的形式——质料结构之上，只是这个结构本身从文本角度上还要回溯到外观和物质的已被掩埋的本质之中。因此，按质料和形式来解释物，不论这种解释仍旧是中世纪的还是成为康德先验论的，总之它成了流行的自明的解释了。但正因为如此，它便与上述的另外两种物之物性的解释毫无二致，也是对物的物因素的扰乱。仅是我们把本真的物称为纯然物，就已经泄露了实情。"纯然"毕竟意味着对有用性和制作特性的排除。纯然物同样也是一种工具，尽管是被剥夺了其工具的存在方式的工具，物的存在就在于此后尚留剩下的事物。但是这种剩余没有在其存在特性方面得到特别规定。物的物因素是否在排除所有工具因素的过程中有朝一日显露出来，这仍是一个疑问。因此，物的解释的第三种方式，即以质料-形式结构为线索的解释方式，也终于表现为对物的一种扰乱。

上述三种对物性的规定方式，把物理解为特性的集合载体，感觉多样性的统一体和具有形式的质料。在存在者的真理的历史进程中，这三种解释也有互相重合的时候，在这种重合中，它们各自的固有的事物更加扩张，结果也成为对物、工具和艺术作品的规定方式。于是，由此产生出一种思维方式，我们不仅根据这种思维方式专门去思考物、工具和作品，而且也根据这种思维方式去思考一般意义上的一切存在者。这种久已流行的思维方式先于有关存在者的一切直接经验，这种先见阻碍着对当下存在者之存在的沉思。结果，流行的关于物的概念就阻碍了人们去发现物的物因素、工具的器具因素，当然也就阻碍了人们对艺术作品的作品因素的探究。

这一事实证明了我们了解这些关于物的概念的必要性，一方面是为了思考一下物的概念的由来和对它的漫无边际的推断，另一方面也是为了思考一下物的概念的自明性的外观。当我们企图澄清或用文字表达出物的物因素、工具的工具因素、作品的艺术作品因素时，这种必要性就愈加突出了。不过，为了达到这一目的，有一点是必要的，那就是：对上述思维方式带来的一切先入之见和武断定论保持一定的距离。例如，让物在其物的存在中不受干扰，在自身中憩息。还有什么比使存在者保持其本真更容易的呢？或者，它也许是最困难的事情——尤其是当让存在者保持本真的原样这一意图与为了省事而接受一种未经验证的存在概念这种马虎态度截然对立的时候？我们应该回转到存在者那里，从存在者的存在角度去思考存在者本身。但与此同时，我们可以通过这种思考又使存在者保持本真。

看来，我们对这种思维的运用的最大阻力在于对物的物性的规定。前面说的那些尝试之所以失败，正是因为这个原因，朴实无华的物最为顽强地躲避思想。或者，这种纯物的物的自持性，这种在憩息于自身之中使自己归于无的性质，是否恰恰就是物的本质呢？难道物的本质中的这种排他的要素和关闭的要素就不能为力图思考物的思想所接受吗？果真如此，我们就不应该勉强去探寻物的物因素了。

物的物性很难说明，而且言说的情形也极为罕见。关于这一点，前面所阐释的对物及物性的解释的历史已提供了无可怀疑的证据。这一历史也就是命运，西方思想至今仍在此命运的支配下来思考存在者的存在。不过，我们在明确这一点的同时，也在此历史中发现了一种暗示，即在物的解释过程中，这种解释要求具有特殊的支配地位，并以质料－形式概念为主导引线——这是否是一种偶然现象？对物的这种规定来源于对工具的工具存在的解释。工具这种存在者以一种特殊的方式靠近人的表象，因为它是通过人们自身的制作而进入存在视域的。与此同时，这种以其存在而显得亲熟的存在者，即工具，就在物与艺术作品之间占领了一个特别的中间地位。我们将顺着这一暗示首先找出工具的工具因素。也许，这对我们认识物的物因素和艺术作品的作品因素不无启发，我们只是要避免过早地使物和作品成为工具的变种。这样一来，在工具的存在方式中，本质历史性的差异也有可能出现。然而，哪条道路是通往工具的工具因素的呢？我们应如何去了解工具事实，现在必须做的步骤必须绝对避免任何传统解释的武断定论那一类的做法。对此，如果我们不用某种哲学理论，而径直去描绘一个工具，那就最为保险了。

海德格尔举用农鞋的例子来进行描述：选取一个普通的东西——一双农鞋，为了描绘这样一件有用的工具，我们甚至都用不着展示实物。对它是人尽皆知的，但由于在这里事关直接描绘，因此最好还是为大家的直观认识提供方便，要做到这一点，一个图像的展示足矣，为此我们选择凡·高的一幅著名油画来做例子。这位伟大的画家不止一次地画过这种鞋。但这种鞋有那么好看吗？谁不知道这个鞋是什么模样？如果是木鞋或树皮鞋，鞋必定有被麻线和钉子连在一起的牛皮鞋底和鞋帮，这种工具是用来裹脚的。特殊的鞋或用于田间劳动，或用于翩翩起舞，根据不同的用途，它们的质料和形式也各有不同。

上面这些话无疑是正确的，但都只是常识的重复。工具的存在就在其有用性中，可是这有用性本身的情形又是如何呢？我们已经用有用性来把握工具的工具因素了吗？为了做到这一点，难道我们能不从其用途上来考察有用性吗？田间的农妇穿着鞋，只有在这里，鞋才存在。农妇在从事田间劳动时对鞋想得越少，看得越少，对它们的意识越模糊，它们的存在也就越真实。农妇在劳作或休息时都穿着这双鞋，农鞋就这样实际地发挥其用途。我们正是在使用工具的过程中体验的工具的工具因素。

与此相反，要是我们只一般地把一双农鞋设置为对象，或只是在图像中观察这双摆在那里的空空的无人使用的鞋，我们就永远不会了解真正的工具的特性。例如从凡·高的画中，我们甚至无法辨认这双鞋是放在什么地方的。除了一个不确定的空间外，这双农鞋的用处和所属只能归于无。鞋子上甚至连田地里的土块或泥浆也没有黏带一点，而这些事物本可以多少为我们暗示它们的用途的。这幅画中只是一双农鞋，再无其他。然而从鞋具磨损的内部那黑洞洞的敞口中，凝聚着劳动步履的艰辛；这硬邦邦、沉甸甸的破旧农鞋里，凝聚着那寒风陡峭中迈动在一望无际的永远单调的田垄上的步履的坚韧和滞缓。皮制农鞋上望着湿润而肥沃的泥土。暮色降临，这双鞋在田野小径上踽踽而行。在这鞋具里，回响着大地无声的召唤，显示着大地对成熟的谷物的宁静的馈赠，表征着大地在冬闲的荒芜田野里蒙眬的冬眠。这双鞋具中，浸透着对面包的持久的无怨无艾的焦虑，以及战胜了贫困的无言的喜悦，隐含着分娩阵痛时的哆嗦，死亡逼近时的战栗。这鞋具属于大地，它在农妇的世界里得到保存。正是由于这种保存的归属关系，工具本身才得以出现而自持，保持着原样。

　　然而，我们也许只有在这幅画中才会注意到这所有的一切，而农妇只是穿这双农鞋而已。要是这种简单的穿着真这么简单就好了。夜阑人静，农妇在滞重又健壮的疲惫中脱下它；朝霞初泛，她又把手伸向它；在节日里才将它置于一旁。这一切对农妇来说太寻常了，她从不留心，从不思量。虽说工具的工具性存在就在其有用性之中，但有用性本身又植根于工具的本质存在的充实之中，我们称为可靠性。凭借可靠性，这样的工具把农妇置入大地的无声的召唤之中，凭借可靠性，农妇才把握了她操劳的世界。世界和大地为她而存在，为伴随着她的存在方式的一切而存在，但只是在工具中而存在。我们说"只是"显得有些吝啬，因为正是这工具的可靠性才为这素朴的世界带来安全，保证了大地无限延展的自由。

工具的存在属性即可靠性，它按照物的不同方式和范围把一切物聚集到一起。不过，工具的有用性只不过是可靠性的本质性的后果，有用性在可靠性中漂浮，但要是没有可靠性便没有有用性。具体的工具会用旧用废，但与此同时，使用本身也变得无用，逐渐损耗，变得寻常无殊。因此，工具的存在会在这样的过程中逐渐消耗，最后成为纯然的物，工具存在的消耗过程也就是可靠性的消失过程。也正是由于这一消失过程，有用的物才获得了它们那种无聊而生厌的惯常性，不过，这一过程也是对工具存在的源始本质的又一证明。工具的磨损的惯常性作为工具的唯一的、表面上看来为其所特有的存在方式凸显出来。现在，人们所能见到的只有枯燥无味的有用性。它给人一种印象，即工具的本源在于纯然的制作中，制作过程才赋予某一质料以形式。然而，在真正的工具存在性中，工具远不只是如此。质料与形式以及二者的区别自有更加深邃的本源。

自持的工具的宁静就在可靠性之中，只有在可靠性之中，我们才能发现工具的真实存在，但是我们对自己首先所探寻的事物，物的物因素，仍然茫然无知。对我们真正想要探索的目的，即艺术作品的作品因素，就更是一无所知了。

我们已经阐释了工具的工具性的存在。然而，是如何明了的呢？不是通过对一双农鞋的实物的描绘和解释，不是通过对制鞋工序的讲述，也不是通过对实际使用鞋具的观察，而只是通过对凡·高的一幅画的观赏——这幅画道出了一切。走近这幅作品，我们就突然进入了另一个天地，其体会全然不同于我们惯常的存在。是这幅艺术作品使我们懂得了真正的鞋具是什么，要是认为我们的描绘是一种主观活动，事先勾勒好了一切，然后再把它置于画上，那就是糟糕的自欺欺人。如果非要说这里有什么值得怀疑的地方，我们只能说，站在作品面前体验得太过肤浅，对自己体验的表达太过粗陋、太过简单了。但首要的是，这部作品并不像最初使人感觉到的那样，只为了使人更好地目睹工具是什么。倒不如说，我们通过这幅作品，也只有在这幅作品中，工具的工具性存在才专门露出了真相。

那么，在以上解释和描绘的过程中发生了什么？在这作品中有什么要素在发挥作用呢？海德格尔认为，凡·高的油画揭开了这种工具，即一双农鞋的真正意义是什么，即这个存在者进入它的存在的无蔽之中。希腊人称存在者之无蔽为真理。我们称为真理，但对这字眼少有足够的思索。在作品中，存在者是什么和存在者如何存在被开启出来，作品的真理也就出现了。在艺术作品中，存在者的真理已被设置于其中了。这里提到的"设置"是指被置放到显要位置上。一个存在者，一双农鞋，在作品中走进了它存在的光亮里。存在者的存在进入其显现的恒定中了。艺术的本质就应该是：存在者的真理自行设置进入作品。可是迄今为止，人们却一直认为艺术是与美的事物或与美有关的，与真理毫不相干。产生这类作品的艺术，亦被称为美的艺术，以便与生产工具的手工艺区别开来。在美的艺术中，艺术本身无所谓美，它之所以得到此名是因为它产生美。相反，真理倒是属于逻辑的，而美留给了美学。

可是，艺术即真理的自行设置，并进入作品这一命题是否会使已经过时的观点，即那种认为艺术是现实的模仿和反映的观点，卷土重来呢？当然，对现存事物的再现，要求那种与被再现的存在者的符合一致，要求去模仿；在中世纪，人们称为符合；亚里士多德早已说过相似。长期以来，与存在者的符合一致被当作真理的本质。但我们是否能够认为凡·高的画描绘了一双现存的农鞋，而且是因为把它描绘得惟妙惟肖，才使其成为艺术作品的呢？我们是否应当认为在这幅画中，把现实事物描摹下来，把现实事物转置到艺术家生产的一个产品中去呢？绝对不是。

艺术作品绝不是对那些时常现存手边的个别存在者的再现，恰恰相反，它是对物的普遍本质的再现。但这普遍本质何在，又如何在呢？艺术作品又是如何与其符合一致的呢？一座希腊神庙竟与何物的何种本质相符合呢？谁敢断言神庙的理念在这建筑作品中得到表现是不可能的呢？只要它是一件艺术作品，在这件艺术作品中，真理就已蕴含其中了。想一想荷尔德林的赞美诗《莱茵河》吧。诗人事先得到了什么，他如何得到的，使他能在诗中将它再现出来？如果荷尔德林的这首赞美诗或其他类似的诗作仍不能说明现实与艺术作品之间的描摹关系，那么，另一部作品，即迈耶尔的《罗马喷泉》一诗，似乎可以最好地证明那种认为作品描摹现实的观点。

海德格尔继续解释，《罗马喷泉》这首诗既不是对实际现存的喷泉的诗意描画，也不是对罗马喷泉的普遍本质的再现。但是，真理已设置入作品中去了。什么样的真理在作品中发生呢？真理当真能发生并历史性地存在吗？可针对于此，人们却会说，真理乃是某种无时间的和超时间的事物。

我们寻求艺术作品的现实性，是为了实际地找到孕育于作品中的艺术。我们已经指出，物性的根基是作品最直接的现实。若要把握这种物性因素，传统的物的概念可是毫无助益的，因为它自己都不曾把握物的本质。流行的物的概念把物规定为具有形式的质料，这根本就不是出自物的本质，而是出于工具的本质。我们也已经表明，长期以来，在对存在者的解释中，工具存在一直占据着十分重要的优先地位，人们过去从未予以思考这种工具存在的优先地位，这也要求我们要在避开流行解释的同时重新追问工具性。

我们曾通过一部作品告诉自己，工具是什么。与此同时，在作品中发挥作用的要素也几乎不露痕迹地显现出来，这就是存在者在其存在中的开启，亦即真理的生发。然而，如果作品的现实性只能通过在作品中附着于作品的要素来规定的话，那么，如何解释我们在艺术作品的现实性中寻获现实的艺术作品这一意图呢？一旦我们首先把作品的现实性推断为物性的根基，我们就误入歧途了。现在，经过上文的阐释，有两点已经明朗了。

第一，流行的物的概念不足以用来把握作品的物性因素。第二，我们意图根据流行的物的概念将其界定为作品的最切近的现实性的那个要素，即物性的根基，并不以根基的方式归属于作品。如果我们在作品中寻求物因素的根基，实际上也就不自觉地把这件作品当作工具，并在工具上准予建立一座包含着艺术成分的上层建筑。但作品并不是工具，更不是被配置上审美价值的工具。作品丝毫不是这种事物。相同之处仅仅在于，作品与工具一样，只有当其不再内含和需要自身特有的工具特征和存在方式，不再需要有用性和制作过程时，才是一纯然的物。

我们对作品的追问总是摇摆不定，这是由于我们过去从未探究过作品，所探究的只是半物半器的事物。当然，这并不是才由我们想出来的追问，它是美学的追问态度。美学对艺术作品的认识自始就把艺术置于对一切存在者的传统解释的统辖之下。不过，我们对这种传统的追问态度的动摇还不是最为要紧的。最至关紧要的是，只有当我们去思考存在者的存在之际，作品的作品因素、工具的工具因素和物的物因素才会接近我们。为此，我们必须拆除自以为是的障碍，把流行的伪装概念撇在一边。作品中物的因素不容否定，但如果这种物因素属于作品的作品存在，那就只能从作品的作品因素出发去思考它。所以，走向对作品的物性现实性的规定之路，不是从物到作品，而是从作品到物。艺术作品以自己的方式开启存在者之存在。这种开启的过程，即去蔽，亦即存在者之真理，是在作品中发生的。在艺术作品中，存在者的真理自行设置进入作品。艺术就是自行设置的、进入作品的真理。那么，这种不时作为艺术而发生的真理本身又是什么呢？

三、作品与真理

艺术作品的本源是艺术，但艺术是什么呢？海德格尔指出：在艺术作品中，艺术是现实的，因此首先要寻求作品的现实性。这种现实性表现在哪里？凡是艺术作品都显示出物的因素，虽然方式各不相同。依靠通常惯用的物的概念来解释作品的物的特性早已宣告失败，这不只是因为这些物的概念不能解释物的因素，而且由于它追问作品的物性根基，把作品逼入了一种先见，阻断了我们到达作品存在的通路。只要作品的纯粹与独立没有清楚地显明出来，作品的物的因素就根本无法揭示。

然而，作品本身是可以通达的吗？若要使这成为可能，也许有必要使作品从它自身以外的事物的所有关系中解脱出来，从而使作品只为了自身并根据自身而存在，而艺术家的独到匠心的意旨也正在于此。作品要通过艺术家进入自身而纯粹自立。正是在伟大的艺术中（本文只谈论这种艺术），艺术家与作品相比才是无足轻重的，为了作品的产生，他就像一条在创作中自我消亡的通道。作品本身就这样摆和挂在陈列馆和展览厅中。然而，作品在那里自然地就是它们自身所是吗？或者，它们在那里倒不如说是艺术行业的对象？作品乃是为了满足公众和个人的艺术享受的。官方机构负责照料和保护作品。鉴赏家和批评家也忙碌于作品。艺术交易操劳于市场。艺术史研究把作品当作科学研究的对象。然而，在所有这些繁忙中，我们能遇到作品本身吗？

海德格尔以在慕尼黑博物馆里的《埃吉纳》群雕，索福克勒斯的《安提戈涅》的最佳校勘本为例，指出它们作为其所是的作品已经脱离了它们自身的本质空间。不管这些作品的名望和感染力是多么巨大，不管它们被保护得多么完好，人们对它们的解释是多么准确，它们从原初诞生的地方被移到一个博物馆里，它们也就远离了其自身的世界。但即使我们努力终止和避免对作品的移置，例如在帕埃斯图姆探访神庙，在班贝格探访大教堂，现存作品的世界也已经颓落了，这种世界的逃离和颓落再也不可逆转。作品不再是原来曾是的作品。虽然作品本身是我们在那里所遇见的，但它们本身乃是曾在之物。作为曾经的存在者，作品在传承和保存的范围内面对我们。从此以后，作品就一味地只是这种对象。它们面对我们，虽然还是先前自立的结果，但已经不再是这种自立本身了。这种自立已经从作品那里逃逸了。所有艺术行业，哪怕它被抬高到极致，哪怕它的一切活动都以作品本身为轴心，它始终只能达到作品的对象存在，但这种对象存在并不构成作品的本己存在。

然而，如果作品处于上面所说的这种关联之外，那它还是作品吗？作品处于关联之中，这是作品的本性，仿佛前面所说的，此在在世。只是还要追问：作品处于何种关联之中。一件作品何所属？作品之为作品，唯属于作品本身开启出来的领域。因为作品的本已存在在这种开启中成为自身的本质，而且仅只在开启中成为本质。我们曾说，真理之生发在作品中起作用。对凡·高的油画的提示试图道出这种真理的生发。鉴于此，才出现了什么是真理和真理如何可能发生这样的问题。

现在，我们在对作品的观照中来追问真理问题，但为了使我们对处于问题中的事物更熟悉些，有必要重新澄清作品中的真理的生发。针对这一意图，海德格尔认为选择不属于表现性艺术的作品，才能更好地说明问题。一件建筑作品不描摹什么，比如一座希腊神庙。它互补性地置身于巨岩满布的岩谷中，这个建筑作品包含着神的形象，并在这种隐蔽状态中，通过敞开的圆柱式门厅让神的形象进入神圣的领域。贯通这座神庙，神在神庙中在场，神的这种现身在场是在自身中对一个神圣领域的扩展和勾勒，但神庙及其领域并非飘浮于不确定性中。正是神庙作品才嵌合那些道路和关联的统一体，同时使这个统一体聚集于自身周围；在这些道路和关联中，诞生和死亡，灾祸和福祉，胜利和耻辱，忍耐和堕落——从人类存在中获得了人类命运的形态。这些敞开的关联所作用的范围，正是这个历史性民族的世界。出自这个世界并在这个世界中，这个民族才回归到它自身，从而实现它的使命。这个建筑作品岿然地屹立于岩石上，这一屹立道出了岩石那种笨拙而无所逼迫的承受的幽秘。建筑作品无声地承受着席卷而来的猛烈风暴，因此才证明风暴本身的强力。岩石的璀璨光芒看来只是太阳的恩赐，然而它使得白昼的光明、天空的辽阔、夜晚的幽暗显露出来。神庙的坚固的耸立使得不可见的大气空间昭然可睹了。作品的坚固性遥遥面对海潮的波涛起伏，由于它的泰然宁静才显出广阔海潮的凶猛。树木和草地，兀鹰和公牛，蛇和蟋蟀才进入它们突出鲜明的形象中，从而显示为它们所是的事物。希腊人很早就认为这种绽露、涌现本身和整体照亮了人在其上和其中赖以筑居的地方，我们称为大地。

在这里，"大地"一词所说的，既与关于堆积在那里的质料体的观念相去甚远，也与关于一个行星的宇宙观念格格不入。大地是一切涌现者的返身隐匿之所，并且是作为一种把一切涌现者返身隐匿起来的涌现。在涌现者中，大地现身为庇护者，神庙作品岿然无声地开启着世界，同时把这个世界重又置回到大地之中。如此这般，大地本身才作为家园般的基地而显现，但是人和动物、植物和物，从来就不是作为恒定不变的对象，不是现成的和熟悉的，从而可以附带地把对神庙来说适宜的周遭表现出来，此神庙有朝一日也成为现身在场的场所。如果我们反过来思考一切，倒是更切近于所是的真相；当然，这是有前提的，即我们要事先看到一切如何不同地转向我们。

神庙在其岿然无声的矗立中才赋予物以外貌，才赋予人类以关于他们自身的展望，只要这个作品是作品，只要神还没有从这个作品中逃逸，那么这种视界就总是敞开的。神的雕像的情形亦然，这种雕像往往被奉献给竞赛中的胜利者。它并非人们为了更容易认识神的形象而制作的肖像。它是一部作品，这部作品使得神本身现身在场，因而就是神本身。相同的情形也适合于语言作品，在悲剧中并不表演和展示什么，而是进行着新神反抗旧神的斗争。由于语言作品产生于民众的言语，作品不是谈论这种斗争，而是改换着民众的言说，从而使得每个本质性的词语都从事着这种斗争并做出决断：什么是神圣，什么是凡俗；什么是伟大，什么是渺小；什么是勇敢，什么是怯懦；什么是高贵，什么是粗俗；什么是主人，什么是奴隶。

那么，作品存在之意义何在呢？在对刚才十分粗略地揭示出来的要素的不断展望中，我们首先对作品的两个本质特征较为明晰了。这里，我们是从早就为人们所熟悉了的作品存在的表面特征出发的，亦即是从作品存在的物因素出发的，而我们通常对待作品的态度就是以物因素为立足点的。

要是一件作品被安放在博物馆或展览厅里，我们会说，作品被建立了艺术意义。但是，这种建立与一件建筑作品的建造意义上的建立，与一座雕像的竖立意义上的创造，与节日庆典中悲剧的表演意义上的创造，是大相径庭的。这种创造乃是奉献和赞美意义上的树立。这里的"创造"不再意味着纯然的设置，在建立作品时，神圣作为神圣开启出来，神被召唤到其现身在场的敞开之中；在此意义上，奉献就是神圣之献祭。赞美属于奉献，它是对神的尊严和光辉的颂扬。尊严和光辉并非神之外和神之后的特性，不如说，神就在尊严中，在光辉中现身在场。我们所谓的世界，在神之光辉的反照中发出光芒，亦即光亮起来；树立意味着把在指引尺度意义上的公正性开启出来；而作为指引尺度，是本质性因素给出了指引，但为什么作品的建立是一种奉献着、赞美着的树立呢？因为作品在其作品存在中要求如此。作品是如何要求这样一种建立的呢？因为作品本身在其作品存在中就是有所建立的。而作品之为作品要建立什么呢？作品在自身中凸显着，开启一个世界，并已在运作中永远守护这个世界。

正如神庙，作品的存在就是建立了一个世界。但这个世界是什么呢？其实，当我们谈论神庙时，我们已经说明了这个问题。只有在我们这里所走的道路上，世界的本质才得以显示出来，甚至这种显示也局限于抵制起初会把我们对世界之本质的洞察引入迷途的事物。

世界并非现存的可数或不可数的、熟悉或不熟悉的物的纯然聚合，但世界更不是加上了我们对这些物之总和的表象的想象框架。世界之为世界，它比我们自认为十分亲近的那些可把握的事物和可掌握的事物的存在更加完整。世界绝不是立身于我们面前能让我们细细打量的对象。只要诞生与死亡、祝福与惩罚不断地使我们进入存在，世界就始终是非对象性的事物，而我们人始终归属于它。在世，我们的历史的本质性的决断才发生，我们采纳它、离弃它、误解它、重新追问它，因为世界之为世界。一块石头是无世界的，植物和动物同样也没有世界，它们不过是一种环境中的掩蔽了的存在者，它们与这个环境相依为命。与此相反，农妇却有一个世界，因为她居留于存在者之敞开领域中。她的鞋具或其他农具在其可靠性中给予这世界一个自身的必然性和亲近度。由于一个世界敞开着，所有的物都有了自己的快慢、远近、大小。在世界中，广袤聚集起来，由如此广袤而来，诸神决定着自己的赏罚，甚至那诸神离去的厄运也是世界之为世界的方式。

因为一件作品是作品，它就为那种广袤设置空间。在这里，"为……设置空间"特别地意味着：开放敞开领域的自由并且在其结构中设置这种自由。这种设置是出于上面所说的树立。作品之为作品建立一个世界，作品展开了世界的敞开领域。但是，建立一个世界只是这里要说的作品的存在的本质特性之一。至于另一个与此相关的本质特性，我们将用同样的方式从作品的凸显的因素中了解清楚。海德格尔对另外一个本质特性是这样阐释的：

一件作品从这种或那种作品材料那里，诸如从石头、木料、铁块、颜料、语言、声音等之中被创作出来，我们也说，它由此被制造出来。然而，正如作品要求一种在奉献着——赞美着的树立意义上的建立，因为作品的作品存在就在于建立一个世界。同样地，制造也是必不可少的，因为作品的作品存在本身就具有制造的特性。作品之为作品，本质是有所制造的。但作品制造的什么呢？关于这一点，只有当我们追究了作品的表面的、通常所谓的制造，我们才会有所了解。

一个世界的建立需要作品存在。倘在此种规定的视界内来思考，那么，在作品中哪些本质是人们一向称为作品材料的事物？工具由有用性和适用性所决定，它选取适用的质料并由这种质料组成。石头被用来制作器具，比如制作一把石斧，石头于是消失在有用性中。质料越优良越适宜，它也就越无抵抗地消失在工具的存在中。与此相反，神庙作品由于建立一个世界，它并没有使质料消失，倒是使质料出现，而且使它出现在作品的世界的敞开领域之中：岩石能够承载和持守，并因而才称其为岩石；金属闪烁，颜色发光，声音朗朗可听，词语得以言说。所有这一切得以出现，都是由于作品把自身置回到石头的硕大和沉重、木头的坚硬和韧性、金属的刚硬和光泽、颜色的明暗、声音的音调和词语的命名力量之中。

作品回归之处，作品在这种自身回归中让其出现的事物，我们曾称为大地。大地是涌现着、庇护着的场所。大地是无所逼迫的无碍无累、不屈不挠的事物。立于大地之上并在大地之中，历史性的人类建立了他们在世界之中的栖居之所。由于建立一个世界，作品创造大地。在这里，我们应该从这个词的严格意义上来对创造进行思。作品把大地本身挪入一个世界的敞开领域中，并使之保持于其中。作品让大地成为大地。作品把自身置回到大地中，于是大地被创造出来。但为什么这种创造必须这样发生呢？什么是大地——恰恰以这种方式达到无蔽领域的大地呢？石头负荷并显示其沉重，这种沉重向我们压过来，它同时却拒绝我们向它穿透。要是我们砸碎石头而试图穿透它，石头的碎块却绝不会显示出任何内在的和被开启的要素。石头很快就又隐回到其碎块的负荷和硕大的同样的阴沉之趣中去了。要是我们把石头放在天平上，以这种不同的方式来试图把握它，那么，我们只不过是把石头的重量带入重量计算之中而已。这种对石头的规定或许是很准确的，但只是数字而已，而负荷从我们这里逃之夭夭了。色彩闪烁发光而且难求闪烁，要是我们自作聪明地加以测定，把色彩分解为波长数据，那么色彩早就不见踪影了。只有当它尚未被揭示、未被解释之际，它才显示自身。因此，大地让任何对它的穿透在它本身那里破灭了，同样使任何纯粹计算式的胡搅蛮缠彻底幻灭了。虽然这种胡搅蛮缠以科学技术对自然的对象化的形态给自己罩上统治和进步的假象，但是，这种支配始终是意欲的昏庸无能。只有当大地作为本质上不可展开的事物被保持和保护之际——大地退遁于任何展开状态，亦即保持永远的闭锁——大地才敞开地澄明了，才作为大地本身而开显。大地上的万物，亦即大地整体本身，汇聚于一种交响齐奏之中，但这种汇聚并非消逝。在这里流动的是自身持守的河流，对河流的界线的设置，把每个在场者都限制在其在场中。因此，在任何一个自行锁闭的物中，有着相同的自不相识。大地的本质是自行闭锁，制造大地就是把作为自行闭锁者的大地带入敞开领域之中。

这种对大地的制造由作品来完成，因为作品把自身置回到大地中，但大地的自行闭锁并非单一的、僵固的遮盖，而是自行展开到其质朴的方式和形态的无限丰富性中。虽然雕塑家使用石头的方式，仿佛与泥瓦匠与石头打交道并无二致，但是雕塑家并不消耗石头——除非出现败作时，才可以在某种程度上说他消耗了石头。虽然画家也使用颜料，但他的使用并不是消耗颜料，倒是使颜色得以闪耀发光。虽然诗人也使用词语，但不像通常讲话和书写的人们那样必须消耗词语，倒不如说，词语经由诗人的使用，才成为并保持为词语。

在作品中根本就没有作品质料的痕迹。甚至，在对工具的本质规定中，通过把工具标示为在其工具性本质之中的质料，这样做是否就切中了工具的构成因素，这一点也还是值得我们怀疑的。建立一个世界和制造大地，乃是作品之作品存在的两个基本特征。当然，它们是休戚相关的，处于作品存在的统一体中。当我们思考作品的自立，力图道出那种自身持守的紧密一体的宁静时，是在寻找这个统一体。

可是，凭上述两个基本特征，即使有某种说服力，也毋宁说是在作品中指明一种发生，而绝不是一种宁静；因为宁静不是与运动对立的要素又是什么呢？但它绝不是排除了自身运动的对立，而是包含着自身运动的对立。唯有动荡不安的事物才能宁静下来。宁静的方式随运动的方式而定。在物体的单纯位移运动中，宁静无疑只是运动的极限情形。要是宁静包含着运动，那么就会有一种宁静，它是运动的内在聚合，也就是最高的动荡状态——假设这种运动方式要求这种宁静的话，而自持的作品就具有这种宁静。因此，当我们成功地在整体上把握了作品存在中的发生的运动状态，就贴近于这种宁静了。海德格尔继续问道：建立一个世界和制造大地在作品本身中显示出何种关系？

世界是自行公开的敞开状态，即在一个历史性民族的命运中素朴而本质性的决断的宽阔道路的自行公开的敞开状态。大地是那永远自行闭锁者和如此这般的庇护者的涌现。世界和大地本质上彼此有别，但相依为命。世界建基于大地，大地穿过世界而涌现出来，但是世界与大地的关系绝不会萎缩成互不相干的对立之物的空洞的统一体。世界立身于大地，在这种立身中，世界力图超升于大地。世界不能容忍任何闭锁，正如前文所述，因为它是自行公开的事物，但大地是庇护者，它总是倾向于把世界摄入它自身并扣留在它自身之中。

世界与大地的对立是一种争执，但由于我们总是把这种争执的本质与分歧、争辩混为一谈，并因此只把它看作紊乱和破坏，我们轻而易举地歪曲了这种争执的本质。然而，在本质性的争执中，争执者双方相互进入其本质的自我确立中，但本质之自我确立从来不是固执于某种偶然情形，而是投入本已存在之渊源的遮蔽了的源始性中。在争执中，一方超出自身包含着另一方。于是争执愈演愈烈，愈来愈成为争执本身。争执愈强烈地独自夸张自身，争执者也就愈加不屈不挠地纵身于质朴的恰如其分的亲密性之中。大地离不开世界之敞开领域，因为大地本身是在其自行闭锁的被解放的涌动中显现的。而世界不能漂浮进而飞离大地，因为世界是一切根本性命运的具有决定作用的境地和道路，它把自身建基于一个坚固的基础之上。

因为艺术作品建立一个世界并创造大地，所以艺术作品就是这种争执的诱因，但是争执的发生并不是为了使作品把争执消除和平息在一种空泛的一致性中，而是为了使争执保持为一种争执。作品建立一个世界并创造大地，同时就完成了这种争执，艺术作品的本己存在就在于世界与大地的争执的实现过程中。因为争执在亲密性之互补性中达到其极致，所以在争执的实现过程中就出现了作品的统一体。争执的实现过程是作品运动状态的不断自行夸大的聚集。因而，在争执的亲密性中，自持的作品的宁静就有了它的本质。

只有在作品的这种宁静中，我们才能看到，是什么在作品中发挥作用。迄今为止，认为在艺术作品中真理被设置于作品的看法始终还是一个先入为主式的断言。真理究竟怎样在作品之作品存在中发生呢？也即在世界与大地的争执的实现过程中，真理究竟是怎样发生的呢？什么是真理呢？

我们关于真理的本质的知识是那么微乎其微、愚笨不堪，这已经由一种漫不经心的态度所证明了，我们正是凭着这种漫不经心而肆意沉湎于对这个基本词语的使用。对于真理这个词，人们通常是指这个真理和那个真理，它意味着某种真实的东西。这类东西据说是在某个命题中被表达出来的知识。但是，我们不光称一个命题是真的，我们也把一个事物叫作真的，譬如，与假金相区别的真金。在这里，"真的"意指与真正的、实在的黄金一样多。而这里对于"实在之物"的谈论意指什么呢？在我们看来，"实在之物"就是实际存在着的事物，即在真理中的存在者。真实就是与实在相符，而实在就是处于真理之中。正如前文的循环思想的论述，这一循环又闭合了。

何谓"在真理之中"呢？真理是真实之本质。我们说"本质"，我们思考的是什么呢？本质通常被看作是真实的万物所共同拥有的特征。本质出现在类概念和普遍概念中，类概念和普遍概念表象出一个对多样有效的统一。但是，这种同样有效的本质却不过是非本质性的存在，那么，某物的本质性体现在何处？大概它只在于真理中的存在者的所是之中。前文也已经阐释了，一个事物的真正本质由它的真实存在所决定，由每个存在者的真理所决定。可是，我们现在要寻找的并不是本质的真理，而是真理的本质。这因此表现为一种荒谬的纠缠。这种纠缠仅只是一种奇怪现象吗？或者，它只是概念游戏的空洞的诡辩？

真理意指真实的本质，即存在者的无蔽状态，但这就是一种对真理的本质的规定吗？我们难道不是只做了一种词语用法的改变，也即用无蔽代替真理，以此标明一件事情吗？当然，只要我们不知道究竟要发生什么，才能迫使真理之本质必得在"无蔽"一词中道出，那么，我们确实只是变换了一个名称而已。

海德格尔进而指出，这并不是说需要革新希腊哲学，哪怕是不可能的革新竟成为可能，对我们也毫无助益。因为自其发端之日起，希腊哲学的隐蔽的历史就没有与"去蔽"一词中赫然闪现的真理之本质保持一致，同时不得不把关于真理之本质的知识和言说越来越置入对真理的一个派生本质的探讨中，作为无蔽的真理的本质在希腊思想中未曾得到思考，在后继时代的哲学中更是理所当然地不受理会了。对思而言，无蔽乃希腊式此在中遮蔽最深的东西，但同时也是早就开始规定着一切在场者之在场的东西。

但为什么我们就不能停留在千百年来我们已十分熟悉的真理之本质中就算了呢？直到今天，真理便意味着知识与事实的一致。然而要使认识以及构成并表达知识的命题能够符合事实，以便使事实事先能约束命题，事实本身却还必须显示出自身来。而要是事实本身不能处于遮蔽状态，或者说要是事实本身并没有处于无蔽领域之中，它又怎样能显示自身呢？命题之为真，是由于命题符合于无蔽之物，亦即与真实相一致。命题的真理始终是正确性，而且始终仅仅是正确性。自笛卡儿以来，真理的批判性概念以作为确定性的真理为出发点，但也只不过是把真理规定为正确性的真理概念的变形，我们对真理的本质十分熟悉，它亦即表象的正确性，完全与作为存在者的无蔽状态的真理一起沉浮。如果我们在这里和在别处把真理理解为无蔽，并非仅仅是在对古希腊词语更准确的翻译中寻找避难之所。相反，我们实际上是在思索流行的，因而也被滥用的在正确性意义上的真理之本质的基础是什么，这种真理的本质是未曾被经验和未曾被思考过的东西。我们只得承认，为了证明和理解某个陈述的正确性（真理），我们自然要追溯到已经显而易见的事物，这个前提实在是无法避免的。只要我们这样来谈论和相信，那么始终只是把真理理解为正确性，它却还需要一个前提，而这个前提就是我们自己刚才所做的。

但是，并不是我们把存在者的无蔽设为前提，而是存在者的无蔽（即存在）把我们置入本质之中，以至于我们在表象中总是被投入无蔽之中并与无蔽亦步亦趋。知识自身所指向的事物不仅必须以某种方式是无蔽的，而且这一"指向某物"的活动发生于其中的整个领域，以及那种使命题与事实的符合公开化的事物，也必须作为整体发生于无蔽之中。倘若不是存在者之无蔽已经把我们置入一种光亮领域，而一切存在者在光亮中站立起来，又从光亮中返回自身，那么，我们凭我们所有正确的观念，就可能一事无成，甚至也不能先行假定，我们所指向的事物已经显而易见了。

这是怎么回事呢？真理作为无蔽是如何发生的呢？这里我们首先必须更清晰地说明无蔽究竟是什么。物存在；人存在；礼物和祭品存在；动物和植物存在；工具和艺术作品存在。存在者处于存在之中，是注定在神性和反神性之间的被掩蔽的厄运贯通存在。存在着的许多事物并非人所能掌握的，只有少量的为人所认识。所认识的也始终是一个大概，所掌握的也始终不可靠。一如存在者太易于显现出来，它从来就不是我们的制作，更不是我们的表象。我们思考一个统一的整体，好像就把握了一切存在者，尽管只是粗糙有余的把握。

然而，超出存在者之外，但不是离开存在者，而是在存在者之前，还发生着另一回事。在存在者整体中间有一个敞开的处所，有一种澄明在此。从存在者方面来思考，这种澄明比存在者更具存在者特性。因此，这个敞开的中心并非由存在者包围着，不如说，光亮的中心本身就像我们所不认识的无一样，围绕一切存在者而运行。唯有在存在者进入和离开澄明的光亮领域之际，存在者才能作为存在者而存在。唯有这一澄明才允诺并且保证我们人通达非人的存在者，走向我们本身所是的存在者。由于这种澄明，存在者才在确定的和不确定的程度上是无蔽的，就连存在者的遮蔽也只有在光亮的区间内才有可能。我们遇到的每一存在者都遵从在场的这种异乎寻常的对立，因为存在者同时总是把自己抑制在一种遮蔽状态中。存在者进入其中的澄明，同时也是一种遮蔽，但遮蔽以双重方式在存在者中间起着决定作用。要是我们关于存在者还只能说"它存在"，那么，存在者就拒绝我们，作为拒绝的遮蔽不只是知识的一向的界限，而是光亮领域之澄明的开端。但遮蔽也同时存在于光亮领域之中，当然是以另一种方式。存在者蜂拥而动，彼此遮盖，相互掩饰，少量阻隔大量，个别掩盖全体。在这里，遮蔽并非简单的拒绝，而是存在者虽然显现出来，但它显现的不是自身而是其他。

　　遮蔽是一种伪装。倘若存在者并不伪装存在者，那么我们又怎么会在存在者那里看错和搞错，我们又怎么会误入歧途、晕头转向，尤其是如此狂妄自大呢？存在者能够被假象迷惑，这就决定了我们会有差错误会，而非相反。

　　遮蔽可能是一种拒绝，或者是一种伪装。遮蔽究竟是拒绝，抑或伪装，对此我们简直无法确定。遮蔽掩饰和伪装自身，这就是说存在者中间的敞开的处所，亦即澄明，绝非一个永远拉好帷幕的固定舞台，好让存在者在这个舞台上演它的好戏。恰恰相反，澄明唯有作为这种双重的遮蔽才发生出来。存在者之无蔽从来不是一种纯然现存的状态，而是一种生发。无蔽（即真理）既非存在者意义上的事物的一个特征，也不是命题的一个特征。

我们相信我们在存在者的切近的周围中是游刃有余的。存在者是熟悉的、可靠的、亲切的，但具有拒绝和伪装双重形式的持久的遮蔽仍然穿过澄明，亲切根本上并不亲切，而是阴森的。真理的本质，亦即无蔽，由一种否定而得到彻底贯彻。但这种否定并非匮乏和缺憾，仿佛真理是摆脱了所有遮蔽之物的纯粹无蔽似的，倘若果真能如此，那么真理就不再是真理本身了。这种以双重遮蔽方式的否定属于作为无蔽的真理之本质，真理在本质上即是非真理。为了以一种也许令人吃惊的尖刻来说明，我们可以说，以遮蔽方式的否定属于作为澄明的无蔽。相反，真理的本质就是非真理。但此命题不能说成是真理根本上是谬误。同样，这个命题也没有认为"真理从来不是它自身，辩证地来看，真理也总是其对立面"。

只要遮蔽着的否定作为拒绝首先把永久的渊源归于一切澄明，而作为伪装的否定把难以取消的严重迷误归于一切澄明，那么真理就作为它本身而成其本质。在真理之本质中处于澄明与遮蔽之间的对抗，在真理的本质中可以用遮蔽着的否定来称呼它，这是源始的争执的对立。就其本身而言，真理的本质即是源始争执，敞开的中心是在这一源始争执中被争得的。而存在者或者站到这个敞开中心中去，或者离开这个中心，把自身置回到自身中去。

这种敞开领域发生于存在者中间，它展示了一个我们已经提到的本质特征。世界和大地属于敞开领域，但是世界并非直接就是与澄明相应的敞开领域，大地也不是与遮蔽相应的锁闭。毋宁说，世界是所有决断与之相顺应的基本指引的道路的澄明，但任何决断都是以某个没有掌握的、遮蔽的、迷乱的事物为基础的，否则它就绝不是决断。大地并非直接就是锁闭，而是作为自行锁闭者而展开的。按其自身的本质而言，世界与大地总是有争执的，是好争执的。唯有这样的世界和大地才能进入澄明与遮蔽的争执之中。

只要真理作为澄明与遮蔽的源始争执而发生，大地就一味地通过世界而凸现，世界就一味地建基于大地。但真理如何发生呢？海德格尔回答：真理以几种根本性的方式发生。真理发生的方式之一就是艺术作品的本己存在。艺术作品建立着世界并创造着大地，作品本身是世界与大地争执的实现过程，在这种争执中，存在者整体的无蔽亦即真理就显现出来了。

在神庙的蠹立中发生着真理。这并不是说，某种事物被正确地表现和描绘出来了，而是说，存在者整体被带入无蔽并保持于无蔽之中。保持原本就意味着守护。在凡·高的油画中蕴含着真理。这并不是说，在此画中某种现存之物被正确地临摹出来，而是说，在鞋具的工具存在的敞开中，存在者这一整体，亦即在冲突中的世界和大地，进入无蔽状态之中。

在艺术作品中发挥作用的是真理，而不只是一种真实。刻画农鞋的油画，描写罗马喷泉的诗作，不光是显示——如果它们总是有所显示的话——这种个别存在者是什么，而是使得无蔽本身在与存在者整体的关涉中发生出来。鞋具愈淳朴、愈根本地在其本质中出现，喷泉愈不假修饰、愈纯粹地以其本质出现，伴随它们的所有存在者就愈直接、愈有力地变得更具有存在者特性。于是，自行遮蔽着的存在便澄明了。如此这般形成的光亮，把它的闪耀嵌入作品之中。这种被嵌入作品之中的闪耀就是美。美乃是作为无蔽的真理的一种现身方式。

现在，结合前文对真理的论述，我们从几个方面对真理的本质有了较清晰的把握，因而对作品中谁起作用也比较清楚了。但是，眼下显然可见的作品之作品存在依然还没告诉我们任何关于作品的最切近、最突出的现实性和艺术作品中的物因素。甚至，在我们追求尽可能纯粹地把握艺术作品自身的独立时，我们完全忽略了一件事情，即作品始终是作品——宁可说是一个被创造的事物。要是有某事物能把作品之为作品突显出来的话，那么它只能是作品的被创作存在。因为作品是被创作的，而创作需要一种它借以创造的媒介物，那种物因素也就进入了作品之中。这是无可争辩的。不过，悬而未决的问题是作品存在如何属于作品？对此问题的澄清要求弄清下面两点：第一，区别于制造和被制造存在的被创作存在和创作究竟是什么？第二，从艺术作品本身的内在本质出发，才能确定被创作存在如何属于作品和它在多大程度上决定了艺术作品的作品存在。作品的内在本质是什么呢？

在这里，创作始终被认为是关涉艺术作品的。艺术作品的本质就是真理的发生。我们一开始就从它与作为存在者之无蔽的真理的本质的关系出发，从而规定创作的本质。被创作存在之属于艺术作品，只有在更其源始的对真理之本质的澄清中才能得到揭示。这就又回到了对真理及其本质的追问上来了。

于是，海德格尔更彻底地发问：一种与诸如某个艺术作品之类的事物牵连，如何处于真理的本质中？为了能成为真理，能够被设置入作品中的真理，或者在一定条件下甚至必须被设置入作品中的真理，到底有何种本质？但我们曾把艺术作品内部包含有真理性规定为艺术的本质。因此，最后的问题就是：什么是能够作为艺术而发生，甚或必须作为艺术而发生的真理？何以有艺术呢？

四、真理与艺术

前文已经说过，艺术是艺术作品和艺术家的本源。本源即存在者之存在现身于其中的本质来源。什么是艺术？我们在现实的作品中寻找艺术之本质。艺术作品的现实性是在作品中发挥作用的要素，即真理的发生来规定的。我们把此种真理之发认为世界与大地之间的争执的实现。在这种争执的被聚合起来的动荡不安中有宁静。艺术作品的自持就建基于此。真理之生发在作品中发挥作用，但这样发挥作用的要素却在作品中，因而在这里就已经先行把现实的作品设定为发生的载体。对现存作品的物因素的追问又迫在眉睫了。于是，下面这一点终于清楚了：无论我们多么热诚地追问作品的独立性，如果我们不领会艺术作品是一个制成品，就不会找到它的现实性。其实这种见解简直近在咫尺，因为"艺术作品"一词告诉我们被制成的是什么。艺术作品的作品因素，就在于它由艺术家所赋予的被创作存在之中。

然而，作品的被创作存在只有在创作过程中才能为我们所把握。在这一事实的强迫下，我们不得不深入领会艺术家的活动，以便达到艺术作品的本源。完全根据作品自身来描述作品的作品存在，这种做法业已证明是行不通的。

如果现在我们撇开艺术作品不管，去追踪创作的本质，那么，也就只是坚持我们起初关于农鞋的油画，继而关于希腊神庙所说出来的看法。我们把创作思为生产，但工具的制作也是一种生产。手工业却无疑不创作作品——这是一个奇特的语言游戏，哪怕我们有必要把手工艺产品和工厂制品区别开来，手工业也不创作作品，但是创作的生产又如何与制作方式的生产区别开来呢？按照字面来看，我们多么轻而易举地区分艺术作品创作和工具制作，而按照它们各自的基本特征探究生产的两种方式，又是多么举步维艰。依照最切近的印象，我们在陶匠和雕塑家的活动中，在木工和画家的活动中，发现了相同的行为。艺术作品创作本身需要手工艺行为。伟大的艺术家最为推崇手工艺才能，他们首先要求熟悉技巧的细心照料的才能。最重要的是，他们努力追求手工艺中永葆青春的训练有素。这一点我们已充分看到，对艺术作品有良好领悟，希腊人用同一个词来表示技艺和艺术，并用同一个名称来称呼手工技艺家和艺术家。

因此，看来最好是从创作的手工技艺方面来确定创作的本质。但上面提到的希腊人的语言用法以及他们对事情的经验迫使我们深思。不管我们多么普遍、多么清楚地指出希腊人常用相同的词目来称呼技艺和艺术，这种指示依然是肤浅的和有失偏颇的。因为这个词并非指技艺也非指艺术，也不是指我们今天所谓的技术，根本上，它从来不是指某种实践活动。这个词指向的，更确切地说是知道的一种方式。知道就是已经看到，而这是从"看"的广义上说的，就是对在场者之为这样一个在场者的觉知。对希腊思想来说，知道的本质亦即存在者之解蔽，它承担和引导任何对存在者的行为。知道使在场者之为这样一个在场者处于遮蔽状态，而特地把它带入其外观的无蔽状态中，因此，作为希腊人所经验的制造就是存在者的生产。艺术家之所以为一个制造者，并非因为他只是一个工匠，无论是作品的制造，还是工具的制造，都是在生产过程中发生的，这种生产自始至终就使得存在者以其外观而出现于在场中，但这一切都发生在自然而然地展开的存在者中间，也即在涌现中间发生的。

在艺术作品制作中，看来好像手工制作的作品却有着不同的特性。艺术家的活动由创作之本质来决定和完成，并且也始终被扣留在创作之本质中。如果不能以手工艺为引线去思考创作的本质，那么我们应依照什么线索去思考艺术创作的本质呢？莫非除了根据那些被创作的事物即作品外，还有别的办法吗？尽管艺术作品实际上是在创作中完成的，它的现实性也因此取决于这一活动，但创作的本质是由艺术作品的本质所决定的。尽管作品的被创作出现与创作本身有关，但被创作的存在和创作都得根据艺术作品的本已存在来规定。至此，我们为什么起初只是详尽地分析作品，直到最后才来看这个被创作的本已存在，也就毫不奇怪了。如果被创作存在在本质上属于艺术作品，一如从"作品"一词中即可听出被创作存在，那么，我们就必须进一步更为本质性地去领会，究竟什么要素可以被规定为艺术作品的本已存在。

根据我们已获得的对作品的本质界定，在艺术作品中真理的生发起着作用。出于这种考虑，我们就可以把创作规定为：

让某物作为一个被生产出来的事物而出现。艺术作品之所以成为作品，是真理的生成和发生的一种方式。一切全然在于真理的本质中。但什么是真理？什么是必定在一种被创作的作品中发生的真理呢？真理何以出于其本质的基础而牵连于某一艺术作品？我们能从上面所揭示的真理之本质来理解这一点吗？

真理是非真理，因为在遮蔽意义的尚未被解蔽的事物的渊源范围内就属于真理。真理之为真理，现身于澄明与双重遮蔽的对立中。真理是源始的争执，在这其中，敞开领域一向以某种方式被争得了，于是显示自身和退隐自身的一切存在者进入敞开领域之中或离开敞开领域而固守自身。无论何时何地发生这种争执，争执者即澄明与遮蔽，由此而分道扬镳。因此就争得了争执领地的敞开领域，这种敞开领域的敞开性也是真理；当且仅当真理把自身设立在它的敞开领域中时，真理才是它所是，亦这种敞开性。因此在这种敞开领域中始终必定有存在者存在，好让敞开性获得栖居之所和固定性。敞开性占据着敞开领域，因此敞开性开放并维持着敞开领域。由于我们指出敞开性自行设立于敞开领域之中，思就触及了一个我们在此还不能予以说明的区域，所要指出的是，如果存在者之无蔽状态的本质以某种方式属于存在本身，那么，存在从其本质而来，让敞开性亦即此之澄明的领地得以出现，并引导这个领地成为任何存在者以各自方式展开在其中的领地。

真理之发生无非是真理在通过真理本身而公开自身的争执和领地中设立自身。真理是澄明与遮蔽的对抗，因此真理包含着此处所谓的设立或建立。但是，真理并非事先在某个不可预料之处自在地现存着，然后再在某个地方把自身安置在存在者中的事物。这是绝不可能的，因为存在者的敞开性才提供出某个地方和一个充满在场者的场所的可能性。敞开性的澄明和在敞开中的设立是同属一体的。它们是真理之发生的同一个本质，真理的发生以其形形色色的方式是历史性的。

真理把自身设立于由它开启出来的存在者之中，有如下几种方式：根本的设立方式就是真理把自身置入作品中。另外，真理现身运作的另一种方式是建立国家的活动，真理获得闪耀的方式是邻近于那种并非某个存在者而是最具存在者特性的事物。真理设立自身的一种方式是本质性的牺牲。真理生成的又一种方式是思想者的追问，这种作为存在之思的追问命名着大可追问的存在。相反，科学绝不是真理的源始发生。科学无非是一个已经敞开的真理领域的扩建，而且是通过把握和论证在此领域内显现为可能和必然的正确之物来扩建。当且仅当科学超出正确性之外而达到一种真理时，也即达到对存在者之为存在者的彻底揭示，它也就成为哲学了。

因为真理的本质在于把自身设立于存在者之中从而成其为真理，所以在真理的本质中包含着与作品的牵连，后者乃真理本身得以在存在者中间存在的一种突出的可能性。真理进入艺术作品的设立是一个存在者的生产，这个存在者先前还不曾在，此后也不再重复。生产过程把存在者如此这般地置入敞开领域之中，从而被生产的事物照亮了它出现于其中的敞开领域的敞开性。当生产过程特地带来存在者之敞开性亦即真理之际，被生产者就是艺术作品。这种生产就是艺术创作。作为带来真理的创作毋宁说是在与无蔽之关联范围内的一种接收和获取。那么，被创作存在又是什么？我们可以用两个本质性的规定来加以说明。

真理把自身设立在作品中，唯独作为在世界与大地的对抗中的澄明与遮蔽之间的争执而现身。真理作为世界与大地的争执被置入作品中，这种争执不会在特地被生产出来的存在者中被解除，也不会单纯地得到安顿，而是由于这个存在者而被开启。因此，这个存在者自身必具备争执的本质特性。在争执中，世界与大地的统一性被争得了。由于一个世界开启，世界就对一个历史性的人类做出胜利与失败、祝福与惩罚、主人与奴隶的决断，涌现着的世界使得尚未决断的东西和无度的东西显露出来，从而开启尺度和决断的隐蔽的必然性。

当一个世界开启时，大地也耸然凸现。大地显示自身为万物的载体，入于其法则中被庇护和持久地自行锁闭着的事物。世界要求它的决断和尺度，并让存在者进入它的道路的敞开领域之中。大地力求承载着——凸显着保持自行锁闭，并力求把万物交付给它的法则。争执并非作为一纯然裂缝之撕裂的裂隙，而是争执者相互归属的亲密性。这种裂隙把对抗者一道撕扯到它们的出自统一基础的统一体的渊源之中。裂隙乃是基本图样，是描绘存在者之澄明的涌现的基本特征的剖面。这种裂隙并不是让对抗者相互破裂，它把尺度和界限的对抗带入共同的轮廓之中。

只有当争执在一个有待生产的存在者中被开启出来时，亦即这种存在者本身被带入裂隙之中，作为争执的真理才得以设立于这种存在者之中。裂隙乃是剖面和基本图样、裂口和轮廓的统一牵连。真理在存在者中设立自身，而且这样一来，存在者本身就占据了真理的敞开领域。这裂隙必须把自身置回到石头吸引的沉重、木头缄默的坚固、色彩幽暗的浓烈之中。于是进入敞开领域而被制造，从而被置入亦即设置作为自行锁闭者和保护者进入敞开领域而凸显的事物中。唯有当生产者把自身交给在敞开领域中凸现的锁闭者和保护者时，真理的占据才能发生。

争执被带入裂隙，因而被置回到大地之中并且被固定起来，这种争执乃是形态。作品的被创作存在意味着：真理之被固定于形态之中。形态乃是构造，裂隙作为这个构造而自行嵌合，被嵌合的裂隙乃是真理之闪耀的嵌合。这里所谓的形态，始终必须根据摆置和座架来理解，作品作为这种摆置和座架而现身，因为艺术作品建立自身和制造自身。在艺术作品创作中，作为裂隙的争执必定被置回到大地中，而大地本身必定作为自行锁闭者被生产和使用，但这种使用并不是把大地当作一种材料加以消耗或肆意滥用，而是把大地从中解放出来，使之成为大地本身。对大地的使用是对大地的劳作，虽然看起来劳作如同工匠利用材料，因而给人这样一种假象，似乎艺术作品创作也是手工技艺活动。其实绝非如此——作品创作始终是在真理固定于形态中的同时对大地的一种使用。与之相反，工具的制作却绝非直接是对真理之发生的获取。当质料被做成工具形状以备使用时，工具的生产就完成了。工具的完成意味着工具已经超出了它本身，并将在有用性中消耗殆尽。作品的被创作存在却并非如此。这一点从我们下面就要谈到的第二个特点来看，就一目了然了。

工具的完成状态与作品的被创作存在有一点是相同的，那就是它们都含有某种生产出来的事物，但与其他一切生产不同，因为艺术作品是被创作的，所以被创作存在也就成了被创作艺术作品的一部分。但是，难道其他的生产品和其他的生产品就不是这样吗？任何生产品，只要它是被制成的，就肯定会被赋予某些被生产存在。确实如此。不过，在艺术作品中，被创作存在也被寓于艺术创作品中，这样的被创作存在也就以独特的方式从创作品中，从如此这般的生产品中凸显出来，若果真如此，那我们就必然能发现和体验到作品中的被创作的存在。 从作品中浮现出来的被创作的存在并不能表明这个作品一定出自名家大师之手，艺术创作品是否能被当作大师的杰作，其创作者是否因此而为众目所望，这并不是问题的关键。关键并非要查清姓名不详的作者。关键在于，这一单纯的"存在事实"是由作品将它带进敞开领域之中的。也就是说，在这里，存在者的无蔽发生了，而这种发生还是第一次。换言之，这样的作品存在了，的的确确存在了。艺术品作为这种作品所造成的冲击，以及这种不显眼的冲击力的连续性，便构成了作品的自持的稳固性。正是在艺术家和艺术作品问世的过程、条件都尚无人知晓的时候，这一冲击力，被创作存在的这个"此"就已在作品中最纯粹地出现了。

诚然，"此"被制造也属于任何备用的、处于使用中的工具，但这"此"在工具中并未出现，它消失于有用性之中了。一件工具越是上手，它的"此"就越难辨认出来。结果，在它的工具存在中，工具就越发把自己关闭死了。比如，一把榔头就是如此。一般说来，我们在每个现成存于手边的事物上都可以发现这一点，但是，即便注意到这一点，人们也很快就忘掉，因为这太寻常了。不过，还有什么比存在者存在这回事情更为寻常的呢？在艺术作品中情形就不同了，它作为这件艺术作品而存在，这乃是非同寻常的事情。它的被创作存在这一发生事件并非简单地在艺术作品中得到反映，确切地说，作品把这一事件——艺术作品作为这件作品而存在——在自身面前投射出来，并且已经不断地在自身周围投射了这一事件。作品自己敞开得越彻底，那唯一性，即作品的的确确存在着这一事实的唯一性，也就越明朗。进入敞开领域的冲击力越强大，作品也就越令人感到意外，也越孤独。这种"存在"的浮现就孕育于作品的生产之中。

对艺术作品的被创作存在的逼问应把我们带到艺术作品的作品因素以及作品的现实性的近处，被创作存在显示自身为通过裂隙进入形态的争执的被固定存在。在这里，被创作存在本身以特有的方式被寓于作品中，而作为无声的冲击力进入敞开领域中，但作品的现实性并非仅仅限于被创作存在。作品越孤独地被固定于形态中而立足于自身，越纯粹地显得解脱了与人的所有关联，冲击力作为这种作品存在的"此"，也就越互补性地进入敞开之中，阴森遮蔽的事物就愈加本质性地被冲开，而以往显得亲切的事物就愈加本质性地被冲翻。然而，这形形色色的冲撞不具有什么暴力的意味，因为作品本身越纯粹地进入存在者的由它自身开启的敞开性中，作品就越容易把我们移入这种敞开性中，并同时把我们移出寻常平庸。服从于这种过程意味着：改变我们与世界和大地的关系，然后抑制我们的一般流行的行为和评价、认识和观看，以便逗留于作品中发生的真理那里。唯有这种逗留的抑制状态才让被创作的作品成为如其所是的艺术作品。这种"让作品成为作品"，我们称为作品的保存。唯有这种保存，作品在其被创作存在中才表现为现实的，对于现在来说也是以艺术作品的方式在场。如果作品没有被创作便无法存在，因而本质上需要创作者，同样地，如果没有保存者，被创作的事物也将不能存在。

然而，如果作品没有寻找保存者，没有直接寻找保存者从而使保存者应和在作品中发生着的真理，那么这并不意味着，没有保存者作品也能成为作品。只要艺术作品是一件作品，它就总是与保存者相关，即使在（也正是在）它只是等待保存者，恳求和希冀它们进入其真理之中的时候。甚至作品可能碰到的被遗忘状态也不是一无所有，它仍然是一种保存。它有求于艺术作品。作品的保存意味着：置身于艺术作品中发生的存在者之敞开性中。可是，保存的这种"置身于其中"乃是一种"知道"。知道并不在于对某物的单纯的认识和表象。谁真正地知道存在者，他也就知道他在存在者中间企图或意愿什么。

海德格尔指出，这里所谓的意愿既非运用知道，也不事先决定知道，它是根据《存在与时间》所思的基本经验被理解的。保持着意愿的知道和保持着知道的意愿，乃是生存着的人类绽出地进入存在之无蔽状态。在《存在与时间》中思考的决心并非主体的深思的行动，而是此在摆脱存在者的困围向着存在之敞开性的开启。然而在生存中，人并非出于内在而到达外在，不如说，生存的本质乃是亏欠着置身于存在者之澄明的本质性分离中，这在前文也略有论及。在先已说明的创作中也好，在现在所谓的意愿中也好，我们都没有设想一个以自身为目的来争取的主体的活动和行为。

意愿乃是生存着的自我超越的冷静的决心，这种自我超越委身于那种被设置于作品中的存在者之敞开性。这样，那种"置身于其中"也被带入法则中。艺术作品的保存作为知道，乃是冷静地置身于作品中发生着的真理的阴森遮蔽的事物中。这种知道作为意愿在艺术作品的真理中找到了自己的家园，并且只有这样，它才是一种知道；它没有剥夺作品的独立性，也没有把作品强行拉入纯然体验的领域，更不把作品贬低为一个体验的激发者的角色。艺术作品的保存并不是把人孤立于其私人体验，而是把人推入与艺术作品中发生着的真理的归属关系中，从而把相互共同存在确立为出自于无蔽状态之关联的此之在的历史性亏欠。再者，在保存意义上的知道与那种鉴赏家对作品的形式、品质和魅力的鉴赏力相去甚远。作为已经领会的知道乃是一种决心，是置身于那种已经被作品嵌入裂隙的争执中去。艺术作品本身，也只有作品本身，才能赋予和先行确定作品的适宜的保存方式。保存发生在不同等级的知道中，这种知道具有各个不同的作用范围、稳固性和清晰度。如若作品仅仅被提供给艺术享受，这也还没有证明作品之为作品处于保存中。

一旦那种进入阴森惊人的事物中的冲力在流行和鉴赏中被截获了，艺术行业就开始围着作品团团转了。就连艺术作品的小心谨慎的流传，力求重新获得艺术作品的科学探讨，都不再达到艺术作品自身的存在，而只是一种对它的回忆而已，但这种回忆也能给作品留有一席之地，从中构成作品的历史。相反，艺术作品最本己的现实性，只有当作品在通过它自身而发生的真理中得到保存时才起作用。作品的现实性的基本特征是由作品存在的本质来规定的。现在我们可以重新捡起我们的主导问题：那个保证作品的直接现实性的作品之物因素的情形究竟是怎样的呢？情形是，我们现在不再追问作品的物因素的问题了，因为只要我们做出那种追问，我们即刻而且事先就确定无疑地把艺术作品当作一个现存对象了。以此方式，我们从未能从艺术作品角度出发来追问，而是从我们自身出发来追问。而这个作为出发点的我们并没有让艺术作品成为一个作品而存在，而是把作品看成能够在我们心灵中引发此种或彼种状态的对象。

然而，在被当作对象的作品中，那个看来像是流行的物的概念意义上的物因素的事物，从艺术作品方面来了解，实际上就是作品的大地因素。大地进入作品而凸显，因为艺术作品作为其中有真理起作用的作品而现身，而且因为真理唯有通过把自身设立在某个存在者之中才得以现身。但是，在本质上自行锁闭的大地上，敞开领域的敞开性得到了它的最大的抵抗，并因此获得它的永久的立足之地，而形态必然被固定于其中。

那么，我们对物的物因素的追问是多余的吗？绝对不是。作品因素固然不能根据物因素来得到规定，但是对艺术作品的作品因素的认识，却能把我们对物之物因素的追问引入正轨。这并非无关紧要，只要我们回想起那些陈旧的思维方式如何扰乱物之物因素，如何使它成了对存在者整体的武断解释，就会明白这一点的。这种对存在者整体的武断解释不仅无助于对工具和艺术作品的本质的把握，而且也使我们对真理的源始本质茫然无知。

要规定物之物性，无论是对特性集合的载体的考察，还是对其统一给予的感觉之多样性的分析，都无济于事。至于考虑那种被自为地表象出来的，从工具因素中得知的质料—形式结构，就更不用说了。为了求得一种对物的物因素的正确而有分量的认识，我们必须看到物对大地的归属性。大地的本质就是它那无所逼迫的仪态和自行锁闭，但大地仅仅是在嵌入一个世界之际，在它与世界的对抗中，才将自己揭示出来。大地与世界的争执在作品的形态中固定下来，并通过这一形态才得以敞开出来。我们只有通过艺术作品本身才能体验工具的工具因素。这一点不仅适用于工具，而且也适用于物的物因素。我们绝对无法直接认识物之物的因素，即使可能认识，那也是不确定的认识，也需要艺术作品的帮助。这一事实本身间接地证明了，在艺术作品的作品存在中，真理的发生也即存在者之开启在起作用。

但是，如果艺术作品无可争辩地把物因素置入敞开领域之中，那么就艺术作品方面来说，艺术作品不是已经——而且在它被创作之前并为了这种被创作——被带入一种与大地中的万物的关联，与自然的关联之中了吗？这正是我们最后要回答的一个问题。阿尔布雷特·丢勒想必是知道这一点的，他说了如下著名的话："千真万确，艺术存在于自然中，因此谁能把它从中取出，谁就拥有了艺术。""取出"在这里意味着画出裂隙，用画笔在绘画板上把裂隙描绘出来。但是，我们同时要提出相反的问题：如果裂隙并没有作为裂隙，也就是说，如果裂隙并没有事先作为尺度与无休止的争执而被创作的构思带入敞开领域中，那么，裂隙何以能够被描绘出来呢？诚然，在自然中隐藏着裂隙、尺度、界限以及与此相联系的可能生产，亦即艺术。但同样确凿无疑的是，这种隐藏于自然中的艺术唯有通过艺术作品才能显露出来，因为它源始地隐藏在艺术作品之中。

对艺术作品的现实性的这一番刻意的寻求乃是要提供一个基地，使得我们能在现实作品中发现艺术和艺术的本质。我们对于艺术的本质的追问，以及认识艺术的道路，应当重新被置于某个基础之上。如同任何真正的回答，对这个问题的回答只是一系列连同步骤的最后一步的最终结果。任何回答只要是植根于追问的回答，就始终能够保持回答的力量。从艺术作品的作品存在来看，作品的现实性不仅更加明晰，而且根本上也更加丰富了。保存者与创作者一样，同样本质性地属于艺术作品的被创作存在，但艺术作品使创作者的本质成为可能，由于其本质也需要保存者。如果说艺术是作品的本源，那就意味着艺术使作品、创作者和保存者在根本上息息相关，源于作品的本质。但艺术本身是什么呢？我们正当地称为本源的艺术是什么呢？

真理的生发在艺术作品中起作用，而且是以艺术作品的方式起作用。因此，艺术的本质先行就被规定为真理的先行设置于作品，但我们自知，这一规定具有一种蓄意的模棱两可。一方面，艺术是自身建立的真理固定于形态中，这种固定是在作为存在者之无蔽状态的生产的创作中发生的。而另一方面，设置入作品也意味着艺术作品存在进入运动和进入发生中，这也就是保存。于是，艺术就是对作品中的真理的创造性保存。因此，艺术就是真理的生成和发生。那么，难道真理源于无？的确如此，如果无意指对存在者的纯粹，而存在者则被看作是那个惯常的现存事物，后者进而通过作品的立身实存而显露为仅仅被设想为真的存在者，并被艺术作品的实存撼动，从现存事物和惯常事物之中是从来看不到真理的。毋宁说，只有通过对在被抛入状态中到达的敞开性的筹划，敞开领域之开启和存在者之澄明才发生。

作为存在者的澄明和遮蔽，真理乃通过诗意创造而发生。凡是艺术都是让存在者本身之真理到达而发生，一切艺术本质上都是诗。艺术作品和艺术家都以艺术为基础，艺术的本质乃真理之自行设置入作品。由于艺术的诗意创造本质，艺术就在存在者中间打开了一方敞开之地，在此敞开之地的敞开性中，一切存在遂有迥然不同的仪态。凭借那种被置入作品中的、对自行向我们投射的存在者之无蔽状态的筹划，一切惯常之物和过往之物通过艺术作品而成为非存在者。这种非存在者已经丧失了那种赋予并保持作为尺度的存在的能力。在此令人感到奇怪的是，艺术作品根本上不是通过因果关系对以往存在者发生影响，艺术作品的作用并不在于某种制造因果的活动，它在于存在者的无蔽状态（亦即存在）的一种源于作品而发生的转变。

然而，诗并非异想天开的虚构，并非对非现实领域的单纯表象和幻想的悠荡飘浮。作为澄明着的筹划，诗在无蔽状态中展开的事物和先行抛入形态的裂隙中的事物，是让无蔽发生的敞开领域，并且正是这样，即现在敞开领域才在存在者中间使存在者发光和鸣响。在对艺术作品的本质和作品与存在者的真理的生发的关系的本质性洞察中，出现了这样一个疑问：根据幻想和想象力来思考诗的本质——同时也即筹划之本质——是否已经有些过头了。诗的本质，现在已得到了宽泛的，但并不因此而模糊的了解，在此它无疑是大可追问的事物。

如果说一切艺术本质上皆是诗，那么建筑艺术、绘画艺术、音乐艺术都势必归结为诗歌了。这根本就是呓语。当然，只要我们认为，上面所说的各类艺术都是语言艺术的变种——如果我们可以用语言艺术这类容易误解的名称来规定诗歌的话——那就是独断的呓语。其实，诗歌仅只是真理之澄明的筹划的一种方式，即广义上的诗意创造的一种方式。虽然语言艺术作品，即狭义的诗，在整个艺术领域中是占有突出地位的。为了认识这一点，只需要有一个正确的语言概念即可。流行的观点把语言当作一种传达，语言用于会谈和约会，一般来讲就是用于互相理解。但语言不只是而且并非首先是对要传达的信息的声音表达和文字表达，同样，语言并非只是把或明或暗如此这般的意思转运到词语和句子中去，不如说，只有语言才使存在者作为存在者进入敞开领域之中。在没有语言的地方，比如，在石头、植物和动物的存在中，便没有存在者的任何敞开性，因而也没有不存在者和虚空的任何敞开性。

海德格尔曾言：语言自己说话。这种情形体现在某种我们欲说无言之时，这时候语言就说话了，通常的言谈并不是由语词的通常意义指导的，而是由语言的丰富性指导的。正如前文所言，海德格尔在《语言的本质》中也曾说过："只有当事人把从未被说出的东西付诸语言，这全要看语言是否馈赠或拒绝适当的言辞。"[①] 而言此未曾言者，是诗人。诗人割舍了言辞和现成事物的关系，但割舍不是丧失，诗人通过割舍得到经

艺术 第五讲

293

---

① 海德格尔. 林中路[M]. 孙周兴，译. 上海：上海译文出版社，2004.

验，这类似于悲哀，因为学会割舍而悲哀，教人学会泰然自若地与被割舍的事物邻处。

前文也已经说过，名称和解释作为结构联系在一起，某种事物作为其本身而得到领会，海德格尔说得更加明确，命名不是贴标签，也不是将语言作为工具使用，而是唤入言语。诗文中还探索了言语与物的关系，事物只在语言中才存在，没有语言，即破碎无物。因为言语本身就是关联，它将现成存在保持在世内存在中，现成存在由于语言而如其所是的存在。那么，没有言语来表达的事物，就没有成为如其所是的现成存在，无名并不是保密，我们通常只能对已知的保密，但不知道名称的却无法保密。

一直以来，我们都在用语言来讲述，语言从话语得到规定，我们总也追不上我们要讲清楚的事物，即语言。语言的本质不能用言语来表述，这种守真自在恰恰是语言的本质，语言是此在生存论上的构成环节。我们只能经验语言，为了经验语言，思就必须介入进来。我们不能说言语是某种事物，或者言语存在，只能说"有"言语，"兹予"言语，言非物，言不具备存在性质。但是言语给予存在，它本身作为给予者而存在，有了语言，世内的现成存在事物才得以彰显。那么言语的来源如何？现在我们来思这个给予，诗人同样也在思索，思聆听着诗。诗与思相邻。相邻不一定是物理上的空间距离较小，而是由近得到规定的。诗与思都是话语的方式，话语或言说充满着邻近，话语给予空间，开放存在，让世内存在者公开，来到世界内照面，于是它们如其本是地保持自身。

由于语言首度命名存在者，这种命名才把存在者带向词语而显现出来。这一命名指派存在者，使之源于其存在而达于其存在。这样一种言说就是澄明的筹划，它宣告出存在者作为什么事物进入敞开领域。筹划是一种投射的触发，作为这种投射，无蔽把自身打发到存在者本身之中。而筹划着的宣告即刻成为对一切阴沉遮蔽的纷乱的拒绝，在这种纷乱中存在者蔽而不显，逃之夭夭。筹划着的言说就是诗：世界和大地的言说，世界和大地之争执的领地的言说，因而也是诸神的所有远远近近的场所的言说。诗是存在者的无蔽的言说。始终逗留着的真正语言是言说的生发，在其中，一个民族的世界历史性地展开出来，而大地作为闭锁者，得到了保存。筹划着的言说在对可言说的事物的准备中同时把不可言说的事物带给世界。在这样一种言说中，一个历史性民族的本质的概念，亦即它对世界历史的归属性的概念，先行被赋形了。

在这里，诗是在一种广义上，同时也在与语言和词语的紧密的本质统一性中被理解的，从而必定有这样一个悬而未决的问题：艺术，而且是包括从建筑到诗歌的所有样式的艺术，是否就涵盖了诗的本质？语言本身就是根本意义上的诗，但因为语言是存在者之为存在者在其中得以完全展开的那种生发，所以，诗歌，即狭义上的诗，在根本意义上才是最源始的诗。语言是诗，不是因为语言是源始诗歌；不如说，诗歌在语言中发生，因为语言保存着诗的源始本质。相反，建筑和绘画总是，而且始终只发生在言说和命名的敞开领域之中，它们为这种敞开所贯穿和引导，所以，它们始终是真理把自身建立于艺术作品中的本己道路和方式之上，是在存在者之澄明范围内的各有特色的诗意创作，而存在者的澄明早已不知不觉地在语言中发生了。

作为真理的自行设置进入艺术作品，艺术就是诗。不只作品的创作是诗意的，作品的保存同样也是诗意的，只是有其独特的方式罢了。因为只有当我们本身摆脱了我们的惯常性而进入作品所开启出来的事物之中，从而使我们的本质置身于存在者的真理中时，一个艺术作品才是一个现实的作品。艺术的本质是诗，而诗的本质是真理的创建。在这里，我们所理解的"创建"有三重意义：第一是作为赠予的创建；第二是作为建基的创建；第三是作为开端的创建。但是，创建唯有在保存中才是现实的。因此，保存的样式与创建的样式相吻合。对于艺术的这一本质构建，我们眼下只能用寥寥数语的勾勒来加以揭示，甚至这种勾勒也只是前面我们对艺术作品的本质的规定所提供的初步线索。

真理的设置进入作品冲开了阴森遮蔽的事物，同时冲倒了寻常的和我们认为是寻常的事物。在艺术作品的开启中，绝不可能从过往之物那里得到证明并推导出来，过往之物在其特有的现实性中被艺术作品驳倒。因此艺术所创建的作品，绝不能由现存之物和可供使用之物来抵销和弥补。创建是一种充溢，一种赠予。真理的诗意创作的筹划把自身作为形态而置入作品中，这种筹划也绝不是通过进入虚空和不确定的东西中来实现的。毋宁说，在艺术作品中，真理被投向即将到来的保存者，亦即被投向一个历史性的人类，但这个被投射的东西，从来不是一个任意逾越的要求。真正诗意创作的筹划是对历史性的此在已经被抛入其中的那个环境的开启。那个环境就是大地。对于一个历史性的民族来说就是他的大地，是自行锁闭着的基础；这个历史性的民族随着一切已然存在的事物——尽管还遮蔽着自身——而立身于这一基础上，但它也是他的世界，这个世界由于此在与存在的无蔽状态的关联而起着支配作用。因此，在筹划中人与之俱来的那一切，必须从其锁闭的基础上引出，并且特别地被置入这个基础之中。这样，基础才被建立为具有承受力的基础。

因为是这样一种引出，所有的艺术创作便是一种汲取（犹如从井泉中汲水）。毫无疑问，现代主观主义直接曲解了艺术创造，把创造看作骄横跋扈的主体的天才活动。真理的创建不光是在自由赠予意义上的创建，同时也是在铺设基础的建基意义上的创建。它绝不从流行和惯常的事物之中获得其赠品，从这个方面来说，诗意创作的筹划乃来源于"无"。但从另一方面看，这种筹划也绝非来源于无，因为由它所投射的事物只是历史性此在本身的隐秘的使命。

赠予和建基本身就拥有我们所谓的开端的直接特性，但开端的这一直接特性，出于直接性的跳跃的奇特性，并不是排除而是包括了这样一点，即开端久已并悄然地准备着自身。真正的开端作为跳跃始终是一种领先，在此领先中，一切后来的事物都已经被越过了，哪怕是作为一种被掩蔽的事物。开端已经隐蔽地包含了终结。可是，真正的开端绝不具有源始之物的草创特性，源始之物总是没有将来的，因为它没有赠予和建基的跳跃和领先。它不能继续从自身中释放出什么，因为它只包含了把它固缚于其中的事物本身，此外并没有其他。相反，真正的开端总是包含着阴森遮蔽之物亦即与亲切之物的争执的未曾展开的全部丰富性。作为诗的艺术，正是第三种意义上的创建，即真理之争执的引发意义上的创建。作为诗的艺术乃是作为开端的创建。每当存在者整体作为存在者本身要求进入敞开性的建基时，艺术就作为创建而进入其历史性本质之中。

在西方，这种作为创建的艺术最早发生在古希腊。那时，后来被叫作存在的要素被决定性地设置进入作品中了。进而，如此这般被开启的存在者整体变成了上帝的造物意义上的存在者，这是在中世纪发生的。这种存在者在近代之初于近代进程中又被转换了，存在者变成了可以通过计算来控制和识破的对象。上述种种转换都展现出一个新的和本质性的世界。每一次转换都必然通过真理之固定于形态中，固定于存在者本身中而建立了存在者的敞开性。每一次转换都发生了存在者之无蔽状态。无蔽状态自行设置进入艺术作品中，而艺术完成这种设置。每当艺术发生，亦即有一个开端存在之际，就有一种冲击力进入历史中，历史才开始或者重新开始。在这里，历史并不是指无论何种或无论多么重大的事件的时间的顺序，历史乃是一个民族进入其被赋予的使命中而同时进入其捐献之中。历史就是这样一个进入的过程。

艺术是真理之自行设置进入艺术作品。在这个命题中隐含着一种根本性的模棱两可，据此看来，真理同时既是设置行为的主体又是设置行为的客体，但主体和客体在这里是不恰当的名称，它们阻碍着我们去思考模棱两可的本质。艺术是历史性的，历史性的艺术是对作品中的真理的创作性保存。艺术发生为诗。诗乃赠予、建基、开端三重意义上的创建。作为创建的艺术本质上是历史性的。这不只是说：艺术拥有外在意义上的历史，它在时代的变迁中与其他许多事物一起出现，同时变化或消失，为历史学提供变化多端的景象。真正说来，艺术为历史建基，艺术才是根本性意义上的历史。艺术让真理脱颖而出，作为创建的保存。艺术是使存在者的真理在作品中一跃而出的源泉，使某物凭一跃而源出，在出自本质渊源的创建的跳跃中把某物带入存在之中，这就是"本源"一词的意思。艺术作品的本源，同时也就是创作者和保存者的本源，也就是一个民族的历史性此在的本源，乃是艺术。之所以如此，是因为艺术在其本质中就是一个本源：是真理进入存在的突出方式，亦即真理历史性地生成的突出方式。

追问艺术的本质。为什么要进行这样的追问呢？海德格尔指出，进行这样的追问，目的是为了能够更本真地追问：艺术在我们的历史性此在中是不是一个本源，是否并且在何种条件下，艺术能够而且必须是一个本源。这样一种沉思不能勉强艺术及其生成。但是，这种沉思性的知道却是先行的，因而也是必不可少的对艺术的生成的准备。唯有这种知道为艺术准备了领域，为创造者提供了道路，为保存者准备了空间。在这种只能缓慢地增长的知道中将做出决断：艺术是否能成为一个本源，因而必然是一种领先，或者艺术是否始终是一个附庸，从而只能作为一种流行的文化现象而伴生。

作为存在者的我们，在我们的此在中历史性地存在于本源的近旁吗？我们是否知道亦即留意到本源的本质呢？或者，在我们对待艺术的态度中，依然只是因袭陈规，照搬过去形成的知识而已？

通过前文的阐释，海德格尔指出这部分的思考关涉艺术之谜，这个谜就是艺术本身。这里绝对没有想要解开这个谜，我们的任务在于认识这个谜。几乎是从人们开始专门考察艺术和艺术家的那个时代起，此种考察就被称为美学的考察。美学把艺术作品当作一个对象，而且把它当作广义上的感性知觉的对象，现在人们把这种知觉称为体验。人体验艺术的方式，被认为是能说明艺术之本质的。无论对艺术享受还是对艺术创作来说，体验都是决定性的源泉。一切都是体验，但也许体验是艺术死于其中的因素，这种死发生得如此缓慢，以至于它需要经历数个世纪之久。

诚然，人们谈论着不朽的艺术作品和作为一种永恒价值的艺术。但此类谈论用的是那种语言，这种语言并不认真对待一切本质性的事物，因为认真对待最终意味着：思。在今天，又有何种畏惧更大于这种对思的畏惧呢？此类关于不朽的作品和艺术的永恒价值的谈论并不具有内容和实质，同时，此类谈论只不过是在伟大的艺术及其本质已经远离了人类的时代里出现的一些肤浅的陈词滥调。

黑格尔的《美学》是西方历史上关于艺术之本质的最全面的沉思，因为是依据形而上学而做的沉思。在《美学》中有这样几个命题。

"第一，对我们来说，艺术不再是真理由以使自己获得其实存的最高样式了。第二，我们诚然可以希望艺术还将会蒸蒸日上，并使自身完善起来，但是艺术形式已不再是精神的最高需要了。 第三，从这一切方面看，就艺术的最高的职能来说，它对于我们现代人已经是过去的事了。"①

---

① 黑格尔. 美学[M]. 朱光潜，译. 北京：商务印书馆，1986.

尽管我们可以确认，自从黑格尔于1828年到1829年冬天在柏林大学做最后一次美学讲座以来，至今已经看到了许多新的艺术作品和新的艺术思潮。但是，海德格尔指出，不能借此来回避黑格尔在上述命题中所下的判词。黑格尔绝不想否认可能还会出现新的艺术作品和艺术思潮。然而，问题是：艺术对我们的历史性此在来说仍然是决定性的真理的一种基本和必然的发生方式吗？或者，难道说艺术根本不再是这种方式了？但如果艺术不再是这种方式，那么问题是：怎么会这样呢？黑格尔的判词尚未获得裁决。因为在黑格尔的判词背后，潜伏着自古希腊以来的西方思想，这种思想相应于一种已经发生了的存在者之真理。如果要对黑格尔的判词做出裁决，那么这种裁决乃是出于存在者之真理并对这种真理做出裁决。在此之前，黑格尔的判词就依然有效。但因此就有必要提出下面的问题：此判词所说的真理是否最终的真理？如果它是最终的真理又会怎样？这种问题时而相当清晰，时而只是隐隐约约地与我们相关。只有我们事先对艺术的本质有了深思熟虑，我们才能探问这种问题。我们力图通过提出艺术作品的本源问题而迈出几步，关键在于洞察艺术作品的作品特性。在这里，"本源"一词的意思是从真理的本质方面来思考的。

我们所说的真理与人们在这个名称下所了解的事物大相径庭。人们把"真理"当作一种特性委诸于认识和科学，从而把它与美和善区别开来，美和善则被视为表示非理论活动的价值的名称。

真理是存在者之为存在者的无蔽状态。真理是存在的真理，美与真理并非比肩而立的。当真理自行设置进入作品，它便显现出来。这种显现——作为在艺术作品中的真理的这一存在和作为作品——就是美。因此，美属于真理的自行发生。美不只与趣味相关，也不只是趣味的对象。美依据于形式，而这无非是因为形式一度从作为存在者之存在状态的存在之中获得照亮。那时，存在发生为外观并且适合于形式。在场即形式和质料的统一整体，亦即活动，以实现的方式存在。这种在场的方式后来成了现实之物的现实性；现实性成了事实性；事实性成了对象性；对象性成了体验。对于目前的世界来说，存在者成了现实之物，而在存在者作为现实之物存在的方式中，隐蔽着美和真理的一种奇特的合流。西方艺术的本质的历史相应于真理之本质的转换。假定形而上学的艺术概念获得了艺术的本质，那么，我们就绝不能根据被看作自为的美来理解艺术，同样也不能从体验出发来理解艺术。

第六讲

哲学的终结和思的任务

一、哲学的终结

哲学即形而上学。形而上学着眼于存在，着眼于存在中的存在者的共属一体，来思考存在者整体——世界、人类和上帝。形而上学以论证性表象的思维方式来思考存在者之为存在者，因为从哲学开端以来，凭借于这一开端，存在者的存在就把自身显示为根据。根据之为根据，是存在者作为如此这般的存在者由于它才成为在其生成、消亡和持存中的某种可知的东西，或是某种被处理和被制作的东西。作为根据，存在把存在者带入其当下在场，而根据显示自身为在场性，在场性的现身当前乃在于在场性把各具本己方式的在场者带入在场状态。依照在场性的印记，根据具有建基特性——它是实在的存在者状态上的原因，是使对象之对象性得以成立的先验的可能性，是绝对精神运动和历史生产过程的辩证中介，是价值设定的强力意志。为存在者提供根据的形而上学思想的特性乃在于形而上学从在场者出发去表象在其在场状态中的在场者，并因此从其根据而来把它展示为有根据的在场者。

关于哲学的终结的谈论到底意味着什么？我们太容易从消极的意义上把某物的终结理解为单纯的终止，或是理解为没有继续发展，甚至理解为颓败和无能。相反，关于哲学的终结的谈论却意味着形而上学的完成，但所谓"完成"并不是指尽善尽美，也并不是说哲学在终结处已经臻至完满的最高境界。从某种程度上说，我们缺乏明确的尺度，让我们评价形而上学的某个阶段相对于另一个阶段的完满性。在根本上，我们也没有权力做这样一种评价。柏拉图的思想并不比巴门尼德的思想更加完满；黑格尔的哲学也并不比康德的哲学更加完满。哲学的每一阶段都有其本己的必然性。我们只能承认，一种哲学就是它之所是。我们无权偏爱一种哲学而不要另一种哲学——有关不同的世界观可能有这种偏爱。

"终结"一词的古老意义与"位置"相同："从此一终结到彼一终结"，意思即是从此一位置到彼一位置。哲学的终结是这样一个位置，哲学历史之整体把自身聚集到它的最极端的可能性中去了，作为完成的终结意味着聚集。纵观整个哲学史，柏拉图的思想以有所变化的形态始终起着决定性作用，形而上学就是柏拉图主义。尼采把他自己的哲学标示为颠倒了的柏拉图主义，随着这一已经由马克思完成了的对形而上学的颠倒，哲学达到了最极端的可能性。哲学进入其终结阶段了。无论人们现在如何努力尝试哲学思维，这种思维也只能达到一种模仿性的复兴及其变种而已。那么，难道哲学的终结不是哲学思维方式的终止吗？得出这个结论，或许还太过草率。终结作为完成乃是聚集到最极端的可能性中去。只要我们仅仅期待发展传统式的新哲学，我们就不免太过狭隘地思这种聚集。我们忘了，早在希腊哲学时代，哲学的一个决定性特征就已经显露出来了：这就是科学在由哲学开启出来的视界内的发展。科学的发展即科学从哲学那里分离出来与独立性的建立，这一进程属于哲学之完成。这一进程的展开如今在一切存在者领域中正处于鼎盛时期。它看似哲学的纯粹解体，其实恰恰是哲学之完成。

要说明此点，我们指出心理学、社会学和人类学的独立性，或者指出作为符号逻辑和语义学的逻辑的作用，就绰绰有余了。哲学转变为关于人的经验科学，转变为关于一切能够成为人所能经验到的技术对象的事物的经验科学。人正是通过他的这种技术以多种多样的制作和塑造方式来加工世界，因而把自身确立在世界中。所有这一切的实现在任何地方都以科学对具体存在者领域的开拓为根据和尺度。 现在，自我确立的诸科学将很快被控制论这样一门新的基础科学规定和操纵。我们并不需要先知先觉就能够认识到这一点。控制论这门科学是与人之被规定为行动着的社会生物相吻合的，因为它是关于人类活动的可能计划和设置的控制的学说。控制论把语言转换为一种信息交流，艺术逐渐成为被控制的而又起着控制作用的信息工具。

哲学之发展为独立的诸科学——而诸科学之间却又愈来愈显著地相互沟通起来——乃是哲学的合法的完成。哲学在现时代正在走向终结。它已经在社会中行动着的人类的科学方式中找到了它的位置，而这种科学方式的基本特征是它的控制论的亦即技术的特性。追问现代技术的需要大概正在渐渐地熄灭，与之同步，技术更加明确地操纵着世界整体的现象和人在其中的地位。诸科学将根据科学规则来说明一切在科学的结构中依然让我们想起源出自哲学的来源的规则因素。任何一门科学都依赖于范畴来划分和界定它的对象领域，都在工具上把范畴理解为操作假设。这些操作假设的真理性不仅仅以它们的在研究的进步范围内所达到的效果为衡量尺度。科学的真理是与这种效果的功效相等同的。

哲学在其历史进程中试图在某些地方表述出来的认知，即关于存在者之不同区域的存在论，现在被诸科学当作自己的任务接管过去了。诸科学的兴趣指向关于分门别类的对象领域的必要的结构概念的理论。"理论"在此意味着：对那些只被允许有一种控制论功能而被剥夺了任何存在论意义的范畴的假设。表象计算性思维的操作特性和模式特性获得了统治地位。然而，各种科学在对其区域性范畴的无可逃避的假设中依然谈论着存在者的存在，只是它们不这样说而已。它们能够否认出自哲学的来源，但绝不能摆脱这一来源。因为在各种科学的研究方式中，关于各种科学出自哲学的诞生的证物依然在说话。

哲学的终结显示为一个科学技术世界以及相应于这个世界的社会秩序的可控制的设置的胜利。哲学的终结就意味着植根于西方——欧洲思维的世界文明之开端，但在哲学展开为各种科学这一意义上的哲学的终结，也必然是对哲学思维已经被置入其中的一切可能性的完全现实化吗？或者对于思想来说，除了我们所刻画出来的最终可能性——哲学消解于被技术化了的各种科学，还有一种可能性——哲学思维虽然必须由这种可能性出发，但哲学作为哲学不能经验和接纳这种可能性了。

如果情形真是这样，那么在哲学从开端到终结的历史上，想必还有一项任务隐而不宣地留给了思想，这一任务既不是作为形而上学的哲学能够达到的，也不是起源于哲学的各种科学可以通达的。见下文所述。

二、思 的 任 务

是否有一种既不是形而上学，又不能是科学的思想？是否有一项在哲学开端之际就对哲学锁闭自身，而在后面的时代里不断变本加厉地隐匿自身的任务呢？在这里，在这样一些断言中，难道不是含有一种企图凌驾于伟大的哲学思想家之上的傲慢自大吗？上述疑问在所难免，但很容易打消，因为任何想对我们所猜度的思的任务有所洞见的尝试，都不免要依赖于对整个哲学史的回溯；不仅如此，这种尝试甚至必须得去思那种赋予哲学以历史性的对象。

海德格尔认为，正因为这样，思，必然不及哲学家的伟大，且更逊色于哲学。之所以逊色，是因为在工业时代被科学技术打上烙印的公众状态中，这种思所具有的直接或间接的效用显然更逊色于哲学所具有的效用，但是我们所探讨的思之所以保持着谦逊，是因为它的任务只是预备性的，而不具有任何创造的特性。它满足于唤起人们对一种可能性的期待，而这种可能性的轮廓还是模糊不清的，它的到来还是不确定的。思想必须学会参与到为思想所保留和贮备的事物中，在这种学会中思想为自己的转变做了预备。

目前，我们所思的是一种可能性：眼下刚刚发端的世界文明终有一天会克服那种作为人类之世界栖居的唯一尺度的特性，那种尺度即科学—技术—工业。尽管这不会出于自身和通过自身而发生，但会借助于人对一种使命的期许——不论人们倾听与否，这种使命总是在人的尚未裁定的天命中说话。同样不确定的是，世界文明是否将遭到突然的毁灭，或者它是否将长期地稳定下来，却又不是滞留于某种持久不变的一种持存，而毋宁说是把自身建立在常新的绵延不断的变化中。

我们所探讨的具有预备性的思并不想预见将来，并且它也不能预见未来，它不过是尝试对现在有所言说，言说某种很久以前恰恰就在哲学开端之际，并且为了这一开端已经被道出的而又未曾得到明确的思想的事物。为此，我们求助于一个由哲学提供出来的路标。当我们追问思的任务的时候，就意味着要在哲学的视野内规定思想所关涉的对象，规定对思来说还有争议的事物，也即争执。这就是德语中"事情"一词的意思。这个词道出了在眼下的情形中思想所关涉的对象，按柏拉图的说法，即事情本身。

在近代哲学里，哲学主动明确地召唤思，让其"面向事情本身"。海德格尔强调，在"面向事情本身"的呼声中重点强调的是"本身"，这一呼声貌似含有拒绝的意思，与哲学的事情格格不入的那些关系被拒绝了。关于哲学的目标的空洞言论，即属于这类关系，而关于哲学思维的结论的空洞报告也在这类关系之中，这二者绝不是哲学的现实整体，这个整体唯有在其变易过程中才显示出来，这种变易在事情展开的表现中进行。在表现中，主题和方法成为同一的，在黑格尔的思想观点中，这个同一性被称为观念。凭此观念，哲学的事情"本身"才得以显现，但事情是历史地被规定的，亦即主体性。黑格尔说，有了笛卡儿的"我思故我在"，哲学才首次找到了坚固的基地，在那里哲学才能有家园之感。如果说随着作为突出的基础的我思自我，绝对基础就被达到了，那么这就是说，主体是被转移到意识中的根据，即真实的在场者，就是在传统语言中十分含糊地被叫作"实体"。

黑格尔宣称："真理不仅应被理解和表述为实体，而且同样应被理解和表述为主体"，这就意味着：存在者的存在，即在场者的在场性，只有当它在绝对理念中作为本身自为地现身在当下的时候，才是明显的，因而也才是完全的在场性。但是，自笛卡儿以来，理念即知觉，存在向它本身的生成是在思辨辩证法中进行的——只有观念的运动，即方法，才是事情本身。"面向事情本身"的呼声要求的是合乎事情的哲学方法。但哲学的事情究竟是什么，这自始至终就是被认为是确定了的。作为形而上学的哲学的事情乃是存在者之存在，也是以实体性和主体性为形态的存在者之在场性。

百年以后，"面向事情本身"的呼声在胡塞尔的论文《作为严格科学的哲学》中出现了，海德格尔指出，这一呼声首先还是有拒绝的意思，但在这里，拒绝的指向与黑格尔是不同的另一方向。拒绝所针对的那种要求成为意识探究活动的真正科学方法的自然主义心理学，这种方法自始至终就阻挡着通向意向性意识的道路。但是，在"面向事情本身"的呼声中，同时还反对历史主义，这种历史主义在关于哲学观点的讨论中和对哲学世界观类型的划分中丧失了自身。

那么，什么是哲学研究的事情呢？"面向事情本身"的呼声决定着方法的获得和研究的阐释，也决定着哲学的程序，通过这一程序，事情本身才成为可证明的被给予性。对胡塞尔来说："一切原则的原则"首先不是关于内容的原则，而是关于方法的原则。在《纯粹现象学和现象学哲学的观念》一书中，胡塞尔规定了"一切原则的原则"。"一切原则的原则"是"任何原本地给予的直观都是认识的合法性源泉，在'直观'中源始地在其具体现实性中向我们呈现出来的一切，是可以直接如其给出自身那样被接受的，但也仅仅是在它给出自身的界限之内……"

胡塞尔说，从这一原则出发，"任何可设想的理论都不能迷惑我们"。"一切原则的原则"包含方法优先的论点，同时也决定了唯有何种事情能够符合方法。"一切原则的原则"要求绝对的主体性作为哲学的事情。向这种绝对主体性的先验还原给予并保证这样一种可能性：在主体性中并通过主体性来论证在其有效结构和组成中，也在其构造中的一切客体的客观性。因此先验的主体性表明自身为"唯一的绝对的存在者"。同时，作为关于存在者的存在构造的"普遍科学"的方法，先验还原具有这一绝对存在者的存在样式，也即哲学之最本己的事情的方式。方法是指向哲学的事情，它之所以属于事情，是因为它就是"事情本身"。如果有人问："一切原则之原则"从何处获得它的不可动摇的权力？那么答案必定是：从已经被假定为哲学的事情的先验主体性之中。

我们已经把对"面向事情本身"这个呼声的讨论选为我们的路标。它把我们带到通向一种对在哲学终结的思的任务的规定的道路上去。我们已经获得了这样一种洞见：对"面向事情本身"这个呼声而言先行确定的是作为哲学的事情，即哲学所关涉的事物。从黑格尔和胡塞尔的观点来看，哲学的事情就是主体性。对这个呼声来说，有争议的并非事情本身，而是它的表现，通过这种表现，事情本身才成为现身当前的现象。黑格尔的思辨辩证法是这样一种运动，在这种运动中事情本身达乎其自身，进入其自身的在场。胡塞尔的方法应将哲学的事情带向终极的被给予性，也就说，带向其本己的在场了。两种方法尽可能地大相径庭。但两者要表达的事情本身是同一事情，尽管是以不同的方式经验到的。

我们会问：在"面向事情本身"这个呼声中始终未曾表明思的对象是什么？以此方式追问，则我们就能注意到，恰恰就在哲学上已经把其事情带到了绝对知识和终极明证性的地方，如何隐藏着不再可能是哲学的事情的有待思的对象。但在哲学的事情及其方法中未曾思的是什么呢？思辨辩证法是一种哲学的事情如何从自身而来自为地达乎显现并因此成为现身当前的方式。这种显现必然在某种光亮中进行，唯有透过光亮，显现者才显示自身，也即才显现出来，但从光亮方面来说，光亮又植根于某个敞开之境和某个自由之境；后者能在这里或那里，此时或彼时使光亮启明。光亮在敞开之境中游戏运作，并在那里与黑暗相冲突。无论是在一个在场者遭遇另一个在场者的地方，或者一个在场者仅仅只是在另一个在场者近旁逗留的地方，即便在像黑格尔所认为的一个在场者思辨地在另一个在场者中反映自身的地方，都已有敞开性在起支配作用，都已有自由的区域在游戏运作。只有这一敞开性也才允许思辨思维的道路通达它所思的对象。

我们把这一允许某种可能的使显现和显示的敞开性命名为澄明。这样形成的自由之境就是澄明，澄明是一切在场者和不在场者的敞开之境，思想必然要对其称为澄明的事情投以特别的关注。在这里，海德格尔强调这并不是从空洞的词语之中抽取出空洞的观念，尽管在表面上太容易让人有这样的感觉。毋宁说在这里所关注的事情，即合乎实情地以"澄明"的名称来命名的这种事情。在我们现在所思的关联中，"澄明"这个词所命名的事物即自由的敞开之境，用歌德的话来说，它就是"原现象"。我们将其认定为是一个"原事情"。这就是说，在眼下的情形中，即澄明在追问着现象之际从现象中学习，也让现象对我们有所言说。因此，思想也许终有一天将无畏于这样一个问题：澄明即自由的敞开之境究竟是不是这样一种事物，在其中纯粹的空间和绽放出的时间，以及一切在时空中的在场者和不在场者才具有聚集一切和庇护一切的位置。答案应当是肯定的。

与思辨辩证法的思维方式相同，源始直观及其可证明性也依赖于已然起着支配作用的敞开性，即澄明。明证的事物是能直接直观的事物。所有明确地或不明确地响应"面向事情本身"这个呼声的哲学思想，都已经进入澄明的自由之境中了，但哲学对于澄明一无所知。虽然哲学谈论理性之光，却并没有关注存在之澄明。唯有敞开之境才能照亮，即理性之光。理性之光虽然关涉澄明，但极少构成澄明，以至于我们不如说，它只是为了能够照耀在澄明中的在场者才需要这种澄明。这不只是哲学之方法的真实情形，而且也是——甚至首先是——哲学的事情在场者之在场性的真实情形。不论在场者是否被经验、被掌握或被表达，作为逗留进入敞开之境中的在场性始终依赖于已然起着支配作用的澄明。即便不在场者，除非它在澄明之自由之境中在场，否则也不能成其为不在场者。

一切形而上学都以柏拉图的语言为基础。形而上学思想的基本词语，也是形而上学对存在者之存在的表达的基本词语，即理念，是存在者作为这样一个存在者在其中显示自身的外观。外观则是一种在场方式。没有光就没有外观——柏拉图早已认识了这一点，但如果没有澄明，就没有光亮。就连黑暗也少不了这种澄明。否则我们如何能够进入黑暗之中并在黑暗中迷途徘徊呢？在哲学中，在存在或在场性中起着支配作用的澄明本身依然是未曾思的，尽管哲学在开端之际也谈论过澄明。在巴门尼德的哲理诗中，最早专门思了存在者的存在，在其中，巴门尼德谈论了无蔽，对无蔽进行了运思。无蔽被他称为圆满丰沛的，因为它在纯粹的圆球形轨道上旋转，在这个圆球形轨道上，开端和终结是处处同一的。在这一旋转中绝无扭曲、阻隔和锁闭的可能性。凝神冥思的人要去经验那无蔽的不动心脏。"不动心脏"是指在其最本己的事物中的无蔽本身，一个寂静之所，在其中把允诺无蔽的事物聚集在自身那里，允诺无蔽的东西乃是敞开之境的澄明。敞开性在这种澄明中才有可能显现。

先于任何别的事物而允诺无蔽的，是这样一条道路，思想就在这条道路上追踪某个事物并且领悟这个事物：在场如何现身并保持在场。澄明首先允诺通往在场性的道路的可能性，允诺在场性本身的可能在场。我们必须把无蔽思为澄明，这种澄明允诺存在和思想以及它们互为互与的在场。

对思想的某种约束性的可能要求植根于存在与思想上述这种亲密关系。如果没有对作为澄明的先行经验，则一切关于有约束和无约束的思想的谈论都还是无根基的。柏拉图把在场性规定为理念，这种规定的约束性从何而来？亚里士多德把在场解释为现实，就何而言这种解释是有约束力的呢？

只要我们还没有经验到巴门尼德所必定经验过的，即无蔽，我们就不可能去追问这些十分离奇的始终在哲学中被搁置起来的问题。通往无蔽的道路与凡人的意见游荡其上的街道马路大相径庭。无蔽不是什么终有一死的事物，恰如它不是死亡本身。无蔽犹如这样一个因素，在这个因素中，存在和思想以及它们的共属才是一体的。虽然无蔽在哲学开端之际就被命名了，但在后来的时代里哲学没有专门思这个无蔽本身。因为自亚里士多德以来，作为形而上学的哲学的事情就是在本体论神学上思存在者之为存在者。在这里，海德格尔指出在哲学中未曾思的对象，但他同时也说，这并不构成对哲学的一种批判。

海德格尔没有将澄明意义上的无蔽与真理等同起来。相反，被思为澄明的无蔽，才允诺了真理之可能性。因为真理本身就如同存在和思想，唯有在澄明的因素中才能成其所是。真理的明证性和任何程度上的确定性，或真理的任何一种证实方式，都已经随着这种真理而在起支配作用的澄明的领域中运作了。被思为在场性之澄明的无蔽，这并不是真理。

追问无蔽本身，并不是追问真理。关于"存在的真理"的谈论，在黑格尔的《逻辑学》中是有其合理的意义的，因为真理在那里就意味着绝对知识的确定性。但是与胡塞尔一样，与一切形而上学一样，黑格尔也没有追问存在之为存在，即没有追问如何可能有在场性本身这样一个问题。唯有当澄明决定性地运作之际，才有在场性本身。此澄明被命名无蔽，但本身尚未被思及。追问真理即陈述的正确性如何只有在在场性之澄明的因素中才被允诺而出现。

由于缺少思，在这一问题的视界内，在场性的澄明意义上的无蔽，很快就只被人们当作表象和陈述的正确性而来经验了。这样一来，真理的本质的转变即从无蔽到正确性的转变的断言，也是站不住脚了。作为在思想和言说中的在场性和现身当前化的澄明，很快就进入符合方面，即达到在表象和在场者的符合一致的关系意义。在这一过程中，出现了另外一个问题：对于人的自然经验和言说来说，无蔽仅仅显现为正确性和可靠性？是因为人在在场之敞开性中的绽放出的逗留盘桓仅朝向在场者和在场者之现成的当前化吗？这除了意味着在场本身和与之相随的允诺着在场性的那个澄明始终被忽视了这样一回事情之外，还意味着别的什么呢？人们的经验和思考的只不过是作为澄明的在场性所允诺的事物，而在场性本身之所是却未被经验也未被思。

这一点蔽而不显。它的发生是因为自身遮蔽和遮蔽状态，本就属于无蔽，这并不是一个空洞的附加，也不是仿佛阴影属于光明，相反，遮蔽乃是作为无蔽的心脏而属于无蔽。而且，在在场性之澄明的这一自身的遮蔽中，难道不是还有庇护和保藏由之而来，无蔽才能被允诺，从而在场着的在场者才能显现出来。如果情形是这样，那么澄明就不会是在场性的单纯澄明，而是自身遮蔽着的在场性的澄明，是自身遮蔽着的庇护的澄明。我们以此追问，才踏上哲学终结之际思之任务的道路。

也许，这会被认为是虚幻的神秘玄想，甚或糟糕的神话，归根到底是一种颓败的非理性主义，一种对理性的否定。但何谓理性和思想？何谓根据和原则，甚至一切原则的原则？如果我们不是以一种希腊方式将其经验为无蔽，然后超出并越过希腊方式的思为自身遮蔽的澄明，那么上面的问题能够得到充分的规定吗？只要理性和合理性的事物在其本己的特性中还是可疑的，那么，就连关于非理性主义的谈论也还是虚幻无据的。支配着现时代的科学技术的理性化日复一日愈来愈惊人地用它巨大的成效来证明自身的合法性，但这种成效丝毫没有言说允诺理性和非理性以可能性的事物。效果证明着科学的理性化的正确性，但是可证明的事物是否穷尽了存在者的一切可敞开性，对可证明之物的固守是否阻挡通达存在者的道路，这依然是个问题。

也许有一种思想，它超出了理性与非理性的分别之外，它比科学技术更要清醒些，因而也能清醒地旁观，它没有什么效果，却依然有自身的必然性。当我们追问这种思的任务时，要质疑的不仅是这种思想，而且还有对这种思想的追问。鉴于整个哲学传统，这就意味着——我们所有的人都还需要在思想方面接受教育，并且在此之前首先还需要对何谓在思想中受过教育和未曾受过教育这回事情有所认识。在这方面，亚里士多德在《形而上学》中曾说："未曾受过教育就是不能分辨何处必须寻求证明，何处不需要寻求证明。"①

这话值得深入地细细品味。尚未确定的是，人们应以何种方式去经验不需要证明就能为思想所获得的事物。是以辩证法的中介方式，还是以原本给予的直观方式，或者两者都不是，这很难确定。唯有要求我们先于其他一切而允许进入的事物的特性才能决定这一点，但在我们还没有允许它进入之前，它又如何可能让我们做出决定呢？在这里，我们处于一种循环之中，这也许就是被思为澄明的圆满丰沛的无蔽本身。因此，海德格尔指出，思的任务的标题就不是"存在与时间"，而是澄明与在场性。澄明从何而来？如何有澄明？在这个"有"中又包含着什么？据此，思的任务应该是放弃以往的思想，而去规定思的事情。

① 亚里士多德. 形而上学[M]. 吴寿彭，译. 北京：商务印书馆，1995.

参 考 文 献

[1] 海德格尔. 存在与时间[M]. 陈嘉映，王庆节，译. 北京：生活·读书·新知三联书店，1999.

[2] 海德格尔. 形而上学导论[M]. 熊伟，王庆节，译. 北京：商务印书馆，1996.

[3] 海德格尔. 路标[M]. 孙周兴，译. 北京：商务印书馆，2001.

[4] 海德格尔. 在通向语言的途中[M]. 孙周兴，译. 北京：商务印书馆，2004.

[5] 海德格尔. 论真理的本质[M]. 赵卫国，译. 北京：华夏出版社，2008.

[6] 海德格尔. 物的追问[M]. 赵卫国，译. 上海：上海译文出版社，2010.

[7] 海德格尔. 林中路[M]. 孙周兴，译. 上海：上海译文出版社，2004.

[8] 海德格尔. 海德格尔选集[M]. 孙周兴，译. 北京：生活·读书·新知三联书店，1996.

[9] 胡塞尔. 纯粹现象学通论（节选本）[M]. 倪梁康，选编.

李幼蒸，译. 北京：商务印书馆，2002.

[10] 舍勒. 人在宇宙中的地位[M]. 李博杰，译. 贵阳：贵州
人民出版社，2000.

[11] 黑格尔. 美学[M]. 朱光潜，译. 北京：商务印书馆，
1986.

[12] 黑格尔. 逻辑学[M]. 杨一之，译. 北京：商务印书馆，
1982.

[13] 康德. 纯粹理性批判[M]. 邓晓芒，译. 北京：人民出版
社，2004.

[14] 亚里士多德. 灵魂论及其他[M]. 吴寿彭，译. 北京：商
务印书馆，1999.

[15] 亚里士多德. 形而上学[M]. 吴寿彭，译. 北京：商务印
书馆，1997.

[16] 柏拉图. 柏拉图全集[M]. 王晓朝，译. 北京：人民出版
社，2003.

[17] 陈嘉映. 海德格尔哲学概论[M]. 北京：生活·读书·新
知三联书店，1995.

后记

　　当海德格尔在1927年发表了《存在与时间》第一部分以后，这位大学教师在平凡生活中所产生的思想暴露在了公众视野内，他的思想被推向了现象学的顶峰，甚至整个哲学范围内的顶峰。此后，他运思半个世纪，沉潜往复、硕果累累。但实际上，在《存在与时间》之前，海德格尔作为胡塞尔的助教，在学校中开设课程研讨班的时候，就已经开启了自己的哲学思想，《哲学的观念和世界观问题》作为一个著名的演讲，标志了海德格尔哲学思想的开端。

　　从海德格尔哲学思想的发展上来看，20世纪20年代末至30年代初，海德格尔的思想又进入了另一重要阶段，这一时期海德格尔的思想正在经历一个转折，即从以人的生存来规定存在转到以存在规定人的生存。同样，海德格尔对物、艺术、语言、真理等的观念也发生了变化，也出现了新的提法。在这一时期海德格尔撰写的主要著作有《论根据的本质》《康德与形而上学问题》《形而上学是什么》《真理的本质》《论人类自由的本质》。1935年前后完成的《形而上学导论》和《艺术作品的本源》可看作转折后的首批重要著作。

　　第二次世界大战以前，海德格尔加入了纳粹党，搅进万劫不复的纳粹运动。"二战"结束以后，海德格尔因其与纳粹的牵连被禁止授课，直到1951年解禁。这段时期，海德格尔闲居在家，编辑旧稿成书，发表的《林中路》的文集包括他20世纪三四十年代的一批最重要的中短篇文章。1951年解禁后，海德格尔从前与当时所著的著作大量出版，其中最重要的有三册《演讲与论文集》，包括20世纪四五十年代的中短篇讲稿与论文。论文集《同一与差异》被海德格尔自诩为《存在与时间》以后最重要的文集。《走向语言之途》收录了20世纪四五十年代关于语言论的六篇论文和谈话。《路碑集》收录了四十年间的其他短文，标志着海德格尔的思想的停顿与行进。20世纪20年代的《现象学的基本问题》，20世纪30年代的《谢林〈论人类自由的本质〉》，20世纪40年代的《尼采》等大部头讲稿也是20世纪60年代和20世纪70年代间发表的。

除了丰富的著述，海德格尔在教育方面也卓有成效，单看他的学生就可以知道：伽达默尔、阿伦特等，著名的海氏学者如皮默尔、珀格勒等也是海德格尔所带研究班的学生。据学生们回忆，只是阅读海德格尔的著作，是无法与亲身聆听他的授课相提并论的，相比于伟大的作家，海德格尔更是一名伟大的教师。

舍汉曾说："马丁·海德格尔也许是本世纪（20世纪）最有影响的哲学家。从许多方面看，他是个没有生平事纪的人……他1889生于德国西南部，除了在马堡工作五年之外，一生都在西南部工作，1976年5月26日在那里去世。然而，在这八十六年里，他的思想震撼了整个哲学界。海德格尔的生平事纪和他的思想历程其实就是一回事。他自始至终生活在他的思想中。所以，真正值得一写的传记，只能是一部哲学传记，标出他思想的未源与发展。"

正如舍汉所说，海德格尔的生活看似平淡无奇。革命性的哲思，惊世骇俗的理论，却带着一份平俗的履历。有的人生活，有的人提炼生活，但提炼着生活的海德格尔同样也经历着生活。

海德格尔在德国教授思想，法国却有学生、主义，开展着运动、时尚；海德格尔从来不承认他和法国存在主义有什么特殊的关系，但世人所认为的海德格尔，是这场席卷世界的思想文化运动的宗师。

但人生不论如何波澜起伏，又如何平淡无奇，这都是生活的表象。有的人的生活热闹非凡，处于万事交汇的中心，但思想性情浅薄淡漠；而有的人的生活安静平凡，但思想气象万千，性情亦深邃丰满，海德格尔当然是后者，永远心无旁骛地行进在思的路途上。